本书为教育部人文社会科学研究西部和边疆地区项目

"边疆社会变迁与民族多元认同问题研究——以云南为例"

研究成果（12XJA850004）

本书由普洱市民族宗教事务局专项经费资助出版

云南边疆少数民族认同变迁研究

左永平　著

人民出版社

自 序

　　多年以前，有人曾问我的工作单位，我说是在某高校，对方看了我一眼，说道："是单位的驾驶员吧！"我一时语塞。从相貌上看，我在人们的眼中的确不像一个有文化的"知识青年"，更不像人们心目中的高校教师。我讨厌这种模式化的职业评判眼光，但也曾经试图戴一副眼镜表示自己的身份，其实我的视力很好。我的血液里流淌着游猎民族不羁的基因，我想要的是不拘一格的人生，自然被传统的眼光视为"麻烦青年"。时尚轻狂是年轻时代美妙精彩的体验和经历，曾狂热地追求时尚，长发、吉他和奇装异服，从外表到气质都力图表现出与众不同的前卫，甚至离另类只半步之遥了。现在回想起来，其实我不自觉想表现的是来自边陲的少数民族青年，依然可以站在时代最前沿，并要成为引领者，我们与他们（内地人）没有任何时间和地域距离，这是试图证明我和他们是一样的"潜意识"的流露。回首当年，率真而有趣，这是一个时代的边疆文化现象。年轻时的我们，确实想和我们认为的"边缘落后"的文化决裂，那是边疆各族青年的文化认同转型思潮的表现。但正是他们的行为和表现，在不自觉中改变着传统边疆民族地区的文化格局，创造着新的边疆文化，他们的故事，述说了边疆的过去、现在与未来，本书的研究有一个重要的表达就是他们在认同思潮中的迷惘与无奈。

　　我出生的地方，是被称为中国最贫困、最落后、最闭塞、"最原始"的地方，这个地方叫西盟佤族自治县，一个人口还不到10万的边境小县。"西盟"佤语意为"产金子的地方"，实际上这里一片赤贫，生存条件非常艰苦，我从小到大就没有见过什么金子，不知为何起这样的名字。中华人民共和国成立以前，这里还保留有古老的猎头祭谷的习俗，原始而神秘，让人闻之生畏，乃至中华人民共和国成立后很长一段时间内地人都不敢来西盟。其实人们多虑了，这里的人们淳朴善良、豪放好客，但西盟长期以来被视为"贫困"代名词却是不争的事实。我很相信"否极泰来"，正是因为西盟的"最原始、最落后"，如今戏剧性地成为人们趋之若鹜的旅游和研究之地——中国最后的原始部落，所有的人都要求西盟保留"原始"，除了西盟人。西盟地处边境，举目向西便是缅甸，小时候常会有不安的感觉，我们离外国太近了！一步之遥的外国，带来了外面世界的新奇，在还是相对闭塞的时代，这里接触到了很多东南亚时尚元素，人们也许想不到，当很多内地人还不知道什么是流行歌曲的时候，这里的山寨已经传出邓丽君的歌声。我后来到内地上大学，同学的评价是"超乎时代的潮"，这让我自信心爆棚。其实，我在高中毕业之前从未走出西盟一步，足见边远闭塞的真实与残酷。中国的高考制度，逐渐改变了少数民族边远山区人们的命运，通过高考这条宝贵路径，把这里的年轻人拉到了时代的地平线。我正是有幸搭载上高考列车的幸运儿之一，高考把我送到了数千公里之外的湖北武汉——华中师范大学。拿到录取通知书后，母亲欣喜之余脸上流露出忧色，那个对她来说闻所未闻的遥远地方，超出了她所认知的地理知识和距离长度。事实上当时从西盟到武汉真可谓漫漫求学路，足足需要9天时间。

大学给我带来的是全新的知识和广阔的视野，还有兄弟姐妹一般的同学，来自全国各地的同学成为我的宝贵财富。在我心里产生了作为中国国家公民身份的平等感、存在感和自豪感，国家从未忘记即使是生活在几乎与世隔绝之地的任何一位公民，这对于生活在边陲角落的少数民族年轻一代，意义和价值怎么评价都不为过。随着时间的推移，我越来越感到应当用理性和学术眼光来思考这个可被称为伟大的边疆社会变迁，思考边疆新生代人们的生活、追求、梦想和困惑，他们是边疆的现在和未来，这成了一种责任担当。这就是本书研究的缘起。

本书名为《云南边疆少数民族认同变迁研究》，好像挺前沿且"高大上"，这与我一贯有些自不量力、好高鹜远的做派有关，志大才疏，让同行见笑了。严格说来，确实才疏学浅，挑战前沿，心有余而力不足的现实压得我喘不过气，但这是我想要达到的目标高点，有理想、有目标，人生才有活力与动力，挑战一下又何妨。反反复复看了所谓的成果，实在有点献丑之意，尽一份责任吧，过程比结果更精彩，聊以自慰，是为序。

2019 年 8 月于普洱

目　录

前　言

"认同可以建立一个国家，也可以撕裂一个国家"。[1] 美国著名政治学家、汉学家白鲁恂（Lucian W. Pye）在《族群》一书序言中特别强调了认同行为的重要意义，这就是我们研究当代中国西南边疆民族认同现状的主要原因。

中国目前在民族认同与国家认同问题上进入了一个新时期，即国家认同的建构与民族认同的重新整合时期，不管我们承认与否，国家认同的规划建构和民族认同的勃然兴起是客观事实。目前，政府坚持民族区域自治政策，坚持多元文化，坚持尊重各种各样的文化价值，但在坚持中国国家认同方面有没有投入同样的力量呢？如果一个国家的民族政策只讲多元，不讲认同，那会出现很多问题，例如严重的北爱尔兰问题。我们要看到民族政策终极目标是身份的统一，而不是身份的差异。[2]

所以，从实践上来讲，是促进民族间身份趋同还是加深民族身份日益差别化，认同是一个根本考量。西部的问题，一是经济发展问题，二是民族和谐与发展问题。随着国家经济实力的稳步增长，经济问题的解决只是时间问题。民族问题由于其特殊性，在经济问题解决的前提下，未必能短时期内解决。国家民族问题的终极目标，是在共同发展的基础上，建构和形成一个强大凝聚力的国家认同。中国历来形成了一个国家认同的文化基础，但不等同于国家认同历史上就形成了，今天的现代民族国家认同也处在建构阶段。西南地区，少数民族众多，占全国的三分之二，云南尤为典型，有 25 个世居少

---

[1] 葛剑雄等：《谁来决定我们是谁》，译林出版社 2013 年版，第 26 页。
[2] 叶海林：《民族政策终极目标是国家身份的认同》2013 年 12 月 21 日，见 http: // world. people. com. cn/n/2013/1221/c157278-23909063. html。

数民族。中华人民共和国成立以后，在民族问题上采取三大举措：一是民族识别，将 400 多个称为"民族"的群体识别成为 56 个民族，通过民族识别和民族调查，基本上摸清了各少数民族的社会历史状况，为制定实施民族政策提供了科学依据，为各民族实现当家作主、享有平等权利创造了必要前提。将处于不同历史阶段的共同体，不论人口多少、居住地域大小、社会发展程度高低、宗教信仰异同，凡是具备民族条件的，都确认为单一民族，并通过国家宪法和法律的形式，赋予各民族在政治、经济和文化等一切领域平等的权利，共同管理国家事务。二是在民族地区实行民族区域自治，全国共设 155 个民族自治地方，其中自治区 5 个，自治州 30 个、自治县（旗）120 个（其中自治旗 3 个），1093 个民族乡，合计面积达 646.95 万平方公里，占全国面积的 64.3%。55 个少数民族中，有 44 个民族实行了区域自治；民族自治地方政府的主要领导，全部由实行自治的主体民族的干部担任。三是实行民族平等与民族团结的民族政策。中华人民共和国成立初期，中央人民政府采取了一系列重要举措，消除历史遗留的民族隔阂和歧视，加强各民族间的团结和信任。1949—1964 年，中央多次派出慰问团、访问团、代表团深入民族地区，各少数民族也组织了许多参观团参观首都和内地建设，有效疏通了民族关系。帮助少数民族群众解决生产生活困难，解决历史遗留下来的民族之间和民族内部的纠纷。

从文化的角度来看，是尊重中国多民族的实际，区域自治、民族平等诸多方面取得了举世公认的成就。在教育方面，政府举办民族院校和民族中小学，在高等院校举办民族班、民族预科班，在内地举办西藏班（校）、新疆班，在少数民族聚居区开展"双语教学"，实施西部"两基"攻坚计划和教育对口支援，推行少数民族高层次骨干人才培训计划等。改革开放以来，国家高度重视民族教育，特别是党的十八大以来，民族教育实现翻天覆地的变化，40 余年的改革发展红利惠及各族群众，55 个少数民族都有了自己的本科生和研究生。根据教育部 2017 年教育统计数据，各级各类学校少数民族学生数分别是研究生占比 4.85%，其中博士研究生占比 6.01%，普通本科学生占比全部本科生 27535869 人中的 9.04%，达到 2488788 人；各级各类学校少数民族教师人数不断增长，在高校占 5.74%，中等教育占 8.44%，初等教育占

9.1%，小学占 10.43%。"40 年来，各级各类内地民族班培养了 85 万名优秀少数民族人才，其中大多数回到家乡就业，成为推动民族地区经济社会发展的重要力量。"① 这些数据与中国第六次人口普查中少数民族人口 8.49% 的比例基本吻合，充分说明了中国各民族共同发展进步的事实在教育领域里的体现。

从政治、经济和文化的发展数据来看，中国的民族及其地区发生了前所未有的变化。但是，我们必须持续关注和研究民族问题，民族认同问题依然是研究的重点。从长远的角度看是认同问题，虽然关于认同问题的研究有很多，但是我们的研究还要从不同民族的族群意识、族群认同，特别是新时期的国家认同行为和角度来研究。与经济和政治的投入比较，正如社科院全球战略院国际问题专家叶海林所说的"政府在身份认同方面投入不够"。要解决认同问题，首先要了解认同的现状，了解不同民族、不同地区、不同年龄的民族认同与国家认同的权重、认同方式和认同行为；其次，在当代中国，边疆民族地区的身份认同呈现出流动性和多元化的特征，认同可以因不同的时间、地点和不同的对象而发生变化，中华人民共和国成立以来的现代化进程和高速的城镇化，在多民族聚居地区，在文化上形成了有别于传统主流文化的新群体——民族亚文化群体，该群体在认同行为上表现出的焦虑、困惑、无序与无所适从，正是本书研究的主题。

中华人民共和国成立以来，边疆社会发生了翻天覆地的变化，尤其是改革开放以后，打破了边疆民族分布的传统格局，民族的流动交往空前频繁。在民族认同上，最明显的表现是民族认同从单一的族群认同向多元认同转变，亚文化特征非常明显，这是中国多民族国家现代化进程中边疆民族地区出现的普遍性问题，而对这一现象的关注和研究还处于初始阶段，尤其缺乏实地调查和实证研究。因此，我们有必要且必须去加以正视和研究。

民族学研究专家王明珂对于民族认同问题的看法有着独到的视角，他认

---

① 中华人民共和国教育部发展规划司：《各级各类学校少数民族教师、教职工数》，http：//www. moe. gov. cn/s78/A03/moe_ 560/jytjsj_ 2017/qg/201808/t20180808_ 344692. html），《改革开放 40 年来教育事业发展成就辉煌 我国教育总体水平迈进世界中上行列》，《中国教育报》2018 年 12 月 18 日第 1 版、第 9 版。

为民族认同不是唯一的身份，唯一的精神出口，这也是当代中国边疆地区的认同现实，他说："民族认同可以被当作一种精神寄托。我还是觉得它对于我们非常重要。你在遇到挫折的时候，你在外面打拼的时候，或者受很多苦的时候，民族认同就像母亲一样，你在这里得到一种温暖。但是，你不能把它当作唯一的身份，唯一的精神出口。很多我们做族群研究的学者，就是想揭露这种情况。其实我们不是在强调人们的族群身份，反而是告诉大家，你为什么会去强调自身的族群身份。如此，希望人们以后遇到经济挫折、社会挫折时，真正去面对自身的挫折，而不是在族群认同里发泄。"事实上，边疆民族地区的年轻一代，没有把民族认同视为唯一，他们试图脱离民族认同的"母体"去寻找和适应新的精神家园和精神寄托。民族认同的多元化，证明了认同不是唯一的精神出口，这就是有别于传统认同行为的认同新形态，导致了认同和文化偏离传统主流，我们称之为认同的"亚形态"，这不是个体，这是群体，这不是单一民族，而是不同民族中逐渐产生的一个庞大的群体。"亚文化群体"已经悄然形成，它与北美和其他西方国家的移民族群的认同整合行为有本质的差别，它是中国本土的，同时又是流动和无序的，我们将这种在中国边疆民族地区流动的亚文化群体称为"民族亚文化群体"。我们必须直面多民族聚集地区由于多元认同产生的亚型社会群体——"亚文化群体"的客观存在的事实，关注认同多元所引发的社会困惑与迷惘，关注其多元化的社会诉求和期待，处理好个体身份认同与国家认同的关系，探寻有效的实现方式和权利保障机制，理论建设意义和现实应用价值十分显著。

　　本书的研究从几个方面开展。一是对边疆民族地区的认同体系的历史构建进行梳理，立足云南边疆民族地区的历史发展脉络和民族认同历史的文化遗产来探讨云南作为多民族地区和边疆地区是怎样成为中国的民族团结、各族和谐、特色鲜明的民族文化多样性的区域；二是对认同关系进行分析与辨识，从认同的历史环境和人文环境条件的变化关系着手，研究传统认同格局在文化和社会环境的巨大变化时期，认同行为发生了哪些新的变化，认同的分化与重构成为当今边疆民族地区认同的基本特征；三是国家对认同行为引导的基本思路和现状的研究，观察认同在新时期的变化情况。总之，本书立足于普通民众生活的村落社区和典型个案，以点带面，重点研究云南边疆地区现代化转型引发社会剧烈变迁的时期，衍生出的人口众多、情况复杂且具有普遍性的民族亚文化群体的认同焦虑、认同困惑和认同诉求，关注他们的自我定位和价值取向，尤其是关注当前国家认同与民族认同平行发展时期的新规律，为云南作为民族团结示范区、为中国特色的民族认同理论体系的进一步完善和发展进行积极的理论探索。

第一章 边缘与中心的文化争论

云南地区的民族生态十分复杂，除汉族外，人口在 4000 人以上的少数民族共 25 个。云南地区数以百计的族群实体在历史中迁徙、延续、分化和组合，逐渐演化成今日之 25 个民族，他们是中华民族的组成部分。他们怎样成为国族的一部分，他们自己又是如何看待作为中华民族的一分子？我们首先要让历史来回答这这些问题，其次才是人类学该解决的问题。

"认同"是我们要回答这个问题的关键词。认同一词出现在 19 世纪，其概念由心理学的意义延伸到了文化领域，在民族国家大讨论的时候，国家认同、民族认同的意识和行为成为研究的重点。认同从亲情到族情再到文化，一直存在于人类社会当中，因此它不是近代或现代社会的产物。研究当今民族国家及其认同时，我们不得不回过头去审视我们曾经过往的历史，去回顾和观察认同体系的形成和变化。在中国，尤其在边疆民族地区，所有棘手的问题，都和"认同"有关，历史学家葛兆光对此进行分析时指出："传统中国的中心，疆域、族群、文化、历史都很清楚，边缘却一直在移动和变化，可是，移动变化的边陲是很麻烦的事情，所以，国际学术界比如欧洲东方学的重心，曾经是在中国周边而不是中国中心。为什么会发生这种情况呢？因为没有一个国家像中国这样复杂、丰富和特殊。中国学界如果能够合理地，哪怕只是历史地解释这种复杂性与丰富性，说明中国形成的历史，说明中国疆域、族群、文化、宗教以及国家的历史演变，分梳出传统中国的自我认识怎样转化成现代世界中的自我认识，就已经很了不起了。"① 这说明什么呢？说明我们对于中国的诸如民族的、历史的、文化的认同问题研究远远不够，

---

① 葛剑雄等：《谁来决定我们是谁》，译林出版社 2013 年版，第 21 页。

历史以来包括今天，我们往往以传统的中心视角来研究中国文化的其他部分，边疆的、民族的往往成为他者的角色，这种传统的思维和视野，严重影响客观分析评价全局的中国历史发展现实。西方人不以中国传统的中心来研究中国，这是个革命性的视角变化。新加坡学者杨斌在《季风之北，彩云之南：云南的形成（公元前 2 世纪—20 世纪）》（*Between Winds and Clouds：The Making of Yunnan，Second Century BCE to Twentieth Century CE*）一书中对云南的研究，一个突出的特点就是不以中心模式看云南历史。视角变化带来的是中国文化多样性的内容和更加丰富的形式，而且对中国现代国家历史与现实结合的理论无疑是有巨大意义的。比如不同时期的中国，是什么样的中国，中国的称呼是不是只有汉族有权利使用？在中国这块土地上，对于曾经的辽、金、西夏还有云南的南诏、大理等政权，他们只是地方政权？从区域控制和军事实力上，北宋和南宋是否比他们强，两宋就是正统王朝？就是中心？北宋和辽的关系是以"澶渊之盟"为基础建立的，北宋每年送给辽岁币银 10 万两、绢 20 万匹，这算什么？这就是北宋向辽朝贡，按常理，哪个是正统？皇帝会向臣子上贡吗？当时小小的西夏，北宋也要给银子。尊重历史事实实在不是件容易的事，为什么魏蜀吴的三国史没有歧义地被人们接受，没有人去关心哪个是正统的，而辽、宋、夏、金，人们认为两宋为正统，传统的中原中心论的影响是十分深刻的，中心史观如今受到挑战，对中国历史研究新视野的开拓是有积极意义的。

云南在中国的西南地区，在中国的历史长河中熠熠生辉，昆明不是今天才有名声的，早在西汉时期，昆明就名享天下。"汉习楼船"就因为西汉人认为"西南夷"势力强大，且熟识水战，而中原士兵不识水战，征伐之举必将受阻，于是汉武帝下令在长安开凿一个人工湖，称为"昆明池"，修造有楼的大型战船，专供士兵操练水战使用。到了清代，乾隆皇帝非常景仰汉武帝开疆拓土的气魄和功绩，把北京西湖更名为"昆明湖"以表纪念。除了古哀牢和古滇国之外，云南历史上的两个著名的地方政权——南诏与大理，一个是威震中南半岛，曾打败过唐朝和吐蕃的强大政权，一个是风花雪月、浪漫传奇的大理。在中国传统的历史记录中，他们上不了正史，二十四史中有辽史、有金史，从未听说有过南诏史和大理史，但这不妨碍云南历史的辉煌。

这提醒我们，对云南的历史研究必须加强，尤其是不同于北方和中原的多民族共生数千年的特殊历史，从中去感受中华民族多元历史和文化的无穷魅力，去寻找和开拓民族研究的新视野、新天地。

在中国的历史和现实中，云南扮演这样的角色：最早中国远古人类生活的实证地，中国的文化走廊和迁徙通道，中国的民族融合与调适的新中心。之所以要讨论这个问题，是因为涉及云南多元文化和民族认同及其发展变化的历史轨迹和成因，必须要加以研究和叙述。

一、历史与文化视野中的云南

云南，以她得天独厚的黄金地理优势，包容和养育了多民族儿女，她在中国与印度两大文明的结合地带，融合成一个新的区域文化——云南文化，云南由此成为中国多元文化的范式地区，云南一直以自己与众不同的方式诠释着包容与创新的文化进程。

云南，这不仅仅是中国的一个省份，更多的是一个文化符号。云南有几个中国之最：中国历史之源——170 万年前的元谋人；中国 56 个民族的一半在云南——25 个世居民族；中国历史上民族区域管理制度之最——587 家土司。这里是中华民族多元一体的典范，云南最为显著的特征就是历史以来一直存在和发展的多元民族及其文化。众多的民族为何聚居在这里？几千年来他们如何共同生活在一起？又如何很好地保存着自己的文化和传统？

（一）黄金纬度与云南

云南是我国少数民族最多的地方，除了汉族，还聚居着 25 个民族，她们分别是彝族、哈尼族、白族、傣族、拉祜族、佤族、布朗族、纳西族、苗族、傈僳族、回族、壮族、瑶族、藏族、景颇族、布依族、普米族、怒族、阿昌族、德昂族、基诺族、水族、蒙古族、独龙族和满族。在这些民族当中，有多达 15 个是云南独有的少数民族，包括白族、傣族、哈尼族、拉祜族、佤族、布朗族、傈僳族、纳西族、景颇族、普米族、阿昌族、怒族、德昂族、独龙族和基诺族。云南的世居民族主要分属于来自西北的氐羌系、东南的百越系和南亚孟高棉语系的百濮诸族，加上后来的苗瑶系及元朝以后的蒙、回、满等民族，形成了族源丰富的民族聚集区。云南可谓是中国民族的博物馆。什么原因使众多民族汇集于此，那就是黄金纬度的恩赐。

北纬 23 度是个关键。以东经 100 度，北纬 23 度为交叉点向东西南北四周延伸的地带，及北纬 20 度至北纬 28 度的区域，就是我们认为的"黄金纬度"。无论从中国的角度还是世界的角度，这都是当之无愧的黄金线。在黄金纬度上，向西诞生了印度河文明、两河流域文明、尼罗河文明，向东穿越太平洋，在美洲诞生了墨西哥的印第安玛雅文明，这条线上不仅是人类的文明线，还是佛教、伊斯兰教和基督教的宗教纬度，有世界最大的沙漠，有最为丰富的石油资源，有立体的森林植被，有民族多样性的族群生态；云南所拥有的是除了沙漠和石油之外的一切，这是自然的恩赐，是云南多元色彩的民族文化之根本。

云南地跨 8 个纬度，全省东西最大横距 864.9 公里，南北最大纵距 990 公里，面积 39.4 万平方公里，地势西北高东南低，最高点为滇藏交界的德钦县梅里雪山主峰卡格博峰，海拔 6740 米，最低点在与越南交界的河口县境内南溪河与元江交汇处，海拔仅 76.4 米，高低相差 6000 多米。云南地理最显著的特征是高山峡谷纵横，澜沧江、怒江、红河南北纵贯全境，湖泊星罗棋布，大小坝子交错其间。从北部的高原、草原、牧场到南部的热带雨林，展现了云南植物和作物的丰富性与多样性。地理环境和资源的多样性，直接决定了云南多样性民族群体存在的自然基础。人类生存最直接的资源，在这里得到了均衡的配置，我们称之为资源的共享可能性由此得到天然的良性平衡。

人类的生存，首先要解决的是食物的资源问题，游牧民族需要草场，农耕民族需要耕地，游猎民族需要的是森林和可供采食的植物，但是这些资源是有限的，因此人类为此的争夺演变为你死我活的战争，资源富集的地方往往战乱不止。云南是恰好具有上述各类资源而战乱又相对较少的地方，尤其与北方草原的频繁战争比较，这里江河纵横、高山横断，各为桃源，成为各自的世外栖息地。云南吸引了游牧民族、农耕民族和游猎民族汇聚于此，成为四面八方族群的天然庇护所。千百年来，不同的民族在云南找到了各自生活的纬度，并且形成资源共享、资源互补的良性互动，族群共生在这里得到了生动的诠释。例如，傣族依水而居，以水稻为主食，杆栏式的建筑使其战胜了潮湿和瘴疬，成为坝区的主要居民；佤族居住在高山云雾之巅，生性剽悍，以狩猎、采集为主，住房简单原始，适应高寒山地生活，同在一座山里生活，山上山下，共享所需，两者在资源的利用上没有冲突，各取所需，互通有无。在云南的孟连，生活在坝子的傣族在农忙季节，请生活在高山上的佤族来帮忙，并带来坝区缺乏的山货，换回些稻谷、布匹等生活用品，资源分工明确，久之就形成一种相对固定的形式，傣族称之为"宾弄赛嗨"，意为"结对子的亲戚"。由资源分配关系进一步演化为民族民间的和睦亲情关系，这就是典型的资源共享、良性互动的族群关系。

（二）两大文明与云南

云南实际上属于中南半岛的北端部分，根据目前学界对现代人类祖先起源的研究，认为现代人类起源非洲。东亚大陆的现代人，大部分通过云南进入，云南是我们祖先迁徙的必经之路。这条生命之路从此就承担了文明发展交流的桥梁和纽带。印度文明兴起之后，向东发展；中华文明兴起向印度洋方向发展，两者在云南交汇，形成了一个文化交汇点，两大文明的交汇发展，这包含了一部分中国的地区，即云南文化区域。这是两大文明的桥梁，英国人 H. R. 戴维斯（H. R. Davies）将云南形象地称作"印度与扬子江之间的锁链"。新加坡国立大学历史系任教的杨斌的《云南的形成》一书中，描述了云南在中国历史文化中的地位，"近代以前，今天的中国西南部和东南亚之间实际上并没有一个很明确的分界，而云南与东南亚的关系，在元朝以前比中原要密切得多，那时云南在经济文化上与南亚和印度洋的交往和相互影响，远非中原可比，甚至可以说，那时的云南是东南亚的一部分，而不是当时的'中国'的一部分"。① 这个观点我们未必赞同，但有一点，说明了云南有别于中国其他地方的文化差异性和文化独特性，这使中国的多元文化色彩更加靓丽。

---

① 程映虹：《从"云南"与"中国"的关系史看"中华民族"的形成》，《当代中国》2009 年第 3 期（总第 106 期）。

在今天西双版纳勐海县的曼赛村，村里全为傣族，但令人惊奇的是这个小小的村子竟然平行伫立着佛教的缅寺和伊斯兰教的清真寺。村里傣族一半信仰佛教，一半信仰伊斯兰教，这就是云南宗教信仰多元化的现实写照。云南宗教十分发达，佛教就有小乘佛教（南传上座部）、汉传佛教、藏传佛教，还有中国传统的道教，元代以后的伊斯兰教和近代传入的基督教，加之许多少数民族的自然崇拜、原始宗教，可谓中国之宗教博物馆。文字方面也是百花齐放，除了汉字之外，还有傣族文字，傣族的文字源于印度巴利文，并演化为傣仂文（西双版纳傣文）、傣哪文（德宏傣文）、傣绷文和金平傣文（又称傣端文）。此外还有彝族文字、纳西族的东巴文，当然还有藏族的梵文、蒙古族的蒙文，云南文字包括了方块字、象形字、字母文字，可谓文字的博物馆。

（三）民族生态与云南

云南不仅民族众多，为中国之最，且分布没有按族群地域常规布局，没有明显的族群边界和文化边界。从云南民族分布现状中我们看到，民族分布交叉散落，被形象地描述为"大杂居、小聚居"。云南民族多元性表现在以下几个方面。

一是民族自然遍布全省各个角落。全省 29 个民族自治县，没有一个单一的民族县（市），也没有一个民族只住一个县（市），大部分民族自治县为两个或三个主体民族，如江城哈尼族彝族自治县、镇沅彝族哈尼族拉祜族自治县。有的民族自治县，自治主体民族多达 4 个，如临沧市的双江拉祜族佤族布朗族傣族自治县，这也是全国绝无仅有的；有 8 个地级市，8 个民族自治州。需要说明的是，8 个地级市并非都是少数民族人口比例少，比如普洱市是云南最大的州市，有 14 个世居民族，9 县 1 区，其中 9 个县为民族自治县，少数民族人口占到 61%，是典型的多民族地区。

二是百花齐放的民族文化。云南的每个民族都有着自己独特的民族文化，大多数民族又有着不同支系的民族文化，其文化特征如中国人类学家费孝通所言的"各美其美"，绚丽多姿。曾经创建强大的南诏政权的彝族，有着悠久的历史和文化。美丽的神话"阿诗玛"就是云南的象征，彝族的神话史诗

《梅葛》（mei ge），长 5775 行①，是云南民族文化的瑰宝之一。哈尼族的元阳哈尼梯田，鬼斧神工，稻田通天，是人类改造和适应自然的杰出典范，成为著名的世界文化遗产。白族在苍山脚、洱海畔创建的大理国，给后人无限遐想，有 1000 多年历史的"三月街"远近闻名。纳西族人数不多，却创造了让世人惊叹不已的象形文字"东巴文"，东巴文至今仍在使用。傣族不仅有金碧辉煌的缅寺，热闹的"泼水节"，还是我们已知为数不多的以糯食为主食的民族，并且以傣族为中心形成了澜沧江湄公河流域的"糯食文化带"。云南还有两个特点鲜明的原始民族，一个是"原始"的佤族，他们创造出距今 3000 多年具有很高文明价值的沧源崖画，在木鼓的歌舞声中，我们感知到了原始文明。另一个是拉祜族，几千年来，他们保持着游猎民族的原始遗风，从遥远的甘肃、青藏高原一路走来，迁徙的步伐一直到 20 世纪末，只有歌声陪伴他们，让人匪夷所思的是他们居然是"弹吉他的民族"，这在中国没有第二。云南民族奇异的文化远不止于此，我们不仅惊叹他们各自的奇特文化，更惊叹的是产生这种文化的环境和场域，使不同的、众多的文化能够自我发展、持续发展。

三是如花朵一样繁茂盛开的民族支系。支系繁茂是云南民族的特点之一，20 世纪 50 年代初期，一些民族仅自报的族称即达几十个，云南省自报族称达 260 余个，自报的族称就是民族的支系。民族识别以后，彝族的、哈尼族的支系最多，"《彝族简史》则以《彝族自称、他称简表》列出 35 个自称、44 个他称"。② 说明彝族的支系至少不低于 35 个。此外，哈尼族的支系有 25 个，傣族有 9 个支系，人数较少的拉祜族也有拉祜纳、拉祜西、拉祜普、拉祜尼等支系。发达的民族支系，传递出的信息是本民族的文化多样性，这是大生态的民族文化多样性的基础；还传递出不同民族的政治包容性和文化包容性。支系的出现和存在，是一种生存策略，正如彼得·L. 伯格（Peter L. Berger）的理论观点叫"多元论策略"。支系形成的一个重要原因是与其他文化的接触和交流。首先，这个民族要具有开放性，接纳和包容他者文化；

---

① 云南报业集团书刊编辑部：《中国云南彝族》，云南民族出版社 2011 年版，第 157 页。
② 黄泽：《族群视角下的云南少数民族支系研究》，《西南边疆民族研究》2003 年第 1 期。

其次，其他民族也需要具有文化包容性和他者文化接纳机制，只有这样，民族的支系才能形成并具有以本体文化为主，带有明显地域特征和他者文化痕迹的支系文化。

二、边缘与中心

今天，包括专业的研究者在内，普遍认为云南是边缘或者边陲地区。中国历史辉煌激荡，犹如长江黄河奔流向东，气势恢宏，有多少人想到她的源头是清澈的涓涓细流。当我们回溯历史，去思考我们曾经的状态时，我们想到了孔子之言："礼失而求诸野。"核心未必就在中心，边陲的云南其实是中国历史的另一个中心。

首先，云南是古人类的中心。这里有两层含义：一是中国古人类的发源地；长期以来，古人类学界都将元谋人作为中国最早的古人类，并写进了教科书。元谋人的发现将中国人类历史向前推进了170万年。二是按照当前流行的人类起源非洲的观点，云南是来到中国的古人类必经的南方通道，英国人 H. R. 戴维斯将云南形象地称作"印度与扬子江之间的锁链"。这很像铁索桥，看似危险，却是安全的必须通道。直到中国的青铜时期，云南依然不失中心风范，在商周时期，云南的青铜文化就灿烂夺目，"既充分展现了其青铜文化的地域性，又折射出其文化来源的多元性"。[1]

藏彝走廊的意义，远远超出了本身的学术范畴。多元一体的局面是中国的特点，云南是起点也是终点。

中国与南亚印度文明的双向交流靠两条线，北线由西北翻过帕米尔，进入印度，南线通过云南进入印度，即著名的丝绸南路。根据"汉习楼船"所反映出的历史事实，南方丝绸之路要早于北方丝绸之路，[2] 云南因此成为南方丝绸之路的核心枢纽。藏彝走廊首先是民族迁徙的走廊，云南的氐羌系民族大都沿此走廊南下。其次是古代的经贸大道，享誉中外的茶马古道正是沿此

---

① 范勇：《云南青铜文化的年代与分期》，《四川文物》2007 年第 4 期。

② 林超民：《民族学评论》（第三辑），云南人民出版社 2010 年版，第 119 页。

道北上。"藏彝走廊"从地域上来说主要指川、滇西部及藏东横断山脉的高山峡谷区域，也有人称为"六江流域"。在这里，怒江、澜沧江、金沙江、雅砻江、大渡河和岷江六条大江自北向南奔腾而过，自然形成了诸多以江水为路径的天然河谷通道，自远古时起已成为众多民族南迁北伐的历史地理场域，也是历史上西北与西南各民族之间进行沟通往来的重要通道。民族人类学家李绍明先生在谈到藏彝走廊时这样评价："从石器时代一直到近现代，众多民族在这里留下了他们自己活动的实物证据，其内容之丰富，丝毫不亚于中原地区。所有这些宝贵资料，对于研究我国西南地区及中南半岛各民族的起源、迁徙、关系以及各民族的社会历史、语言、宗教、文化诸方面均具有重大意义。"① 对于理解中华民族多元一体民族格局的形成史，以及统一多民族国家的建构历程的研究而言具有重要的学术价值，也是研究现代中国的重要平台。

图 1-1 藏彝走廊新貌（孙立飞摄）

费孝通关于此问题讲道："从宏观的研究来说，中华民族所在的地域至少可以大体分成北部草原地区，东北角的高山森林区，西南角的青藏高原、藏彝走廊，然后是云贵高原、南岭走廊、沿海地区和中原地区。这是全国这个

① 石硕：《藏彝走廊：历史与文化》，四川人民出版社 2005 年版，第 57 页。

棋盘的格局。我们必须从这个棋盘上的演变来看各个民族的过去和现在的情况，进行微型的调查。"他还进一步阐述了中华民族聚居地区是由6大板块和3大走廊构成的格局的看法。板块是指北部草原区、东北部的高山森林区、西南部的青藏高原区、云贵高原区、沿海区和中原区，而走廊是指藏彝走廊、南岭走廊和西北走廊。此中板块是以走廊相联结的，故板块具有相对的稳定性，而走廊则具有相对的流动性。因此，民族走廊更值得深入研究。费孝通对中华民族分布格局勾画出的板块与走廊，涉及中华民族多元一体格局的形成与发展，均具有重大的理论意义与现实意义。①

三、边疆范式

"边疆范式"是什么？就是"从周边看中国"②。从这个角度来说，云南具有典型的边疆范式。

首先，云南是历史悠久的多民族边疆地区。西汉司马迁曾游云南，在《史记·太史公自序》中说"迁仕为郎中，奉使西征巴蜀以南，南略邛、筰、昆明"。③ 这里释放出两个历史事实：一是云南在汉代已是中国的一部分，所以司马迁才会游"昆明"；二是云南是重要的"边疆"，是多族群杂居的地区，战略地位非常重要，故作列传以记之。云南历史有个很重要的人物庄蹻，《史记·西南夷列传》记载："庄蹻者，故楚庄王苗裔也。蹻至滇池，地方三百里，旁平地，肥饶数千里。以兵威定属楚。欲归报，会秦击夺楚巴、黔中郡，道塞不通，因还，以其众王滇，从其俗，以长之。"从其俗，是云南历史特点的生动写照。从战国时期楚国的庄蹻入滇到西汉设益州郡，再到后来的三国至南北朝时期的建宁郡，中原与云南的联系不可谓不密切，但云南将他们通通"夷化"，中原汉族官吏基本成为"夷酋"或成为南中大姓。

从云南色彩斑斓的民族分布图上，我们看到中国民族成分最多、最集中的就是云南。云南简称"云"或"滇"，地处中国西南边陲，北回归线横贯

① 李绍明：《费孝通论藏彝走廊》，《西藏民族学院学报》（哲学社会科学版）2006年第1期。
② 高翠莲：《国外中国民族边疆史著译介》，中央民族大学出版社2012年版，第51页。
③ 方国瑜：《云南史料丛刊》第一卷，云南人民出版社1990年版，第1页。

南部。总面积 39.4 万平方公里，占全国总面积的 4.1%。东与广西壮族自治区和贵州省毗邻，北以金沙江为界与四川省隔江相望，西北与西藏自治区相连，西部与缅甸相邻，南部和东南部分别与老挝、越南接壤，共有陆地边境线 4061 公里。

云南是我国少数民族最多的省份，根据 2010 年全国第六次人口普查分布的数据，汉族人口为 3062.9 万人，占总人口的 66.63%；各少数民族人口为 1533.7 万人，占总人口的 33.37%。其中，彝族人口为 502.8 万人，占总人口的 10.94%；哈尼族人口为 163.0 万人，占总人口的 3.55%；白族人口为 156.1 万人，占总人口的 3.40%；傣族人口为 122.2 万人，占总人口的 2.66%；壮族人口为 121.5 万人，占总人口的 2.64%；苗族人口为 120.3 万人，占总人口的 2.62%；回族人口为 69.8 万人，占总人口的 1.52%，傈僳族人口为 66.8 万人，占总人口的 1.45%；拉祜族人口为 47.5 万人，占总人口的 1.03%。全国 56 个民族中，云南就有 52 个，云南目前还没有的 4 个民族是裕固族、东乡族、珞巴族和赫哲族；其中人口在 5000 人以上的民族有 26 个，各民族分布呈大杂居、小聚居的特点。除了汉族以外，少数民族有 25 个，在这 25 个少数民族中，有 15 个民族为云南所特有，这 15 各民族分别是：白族、傣族、哈尼族、傈僳族、佤族、拉祜族、纳西族、景颇族、布朗族、普米族、阿昌族、基诺族、怒族、德昂族、独龙族。云南还是我国跨境民族最多的省份，在这 25 个少数民族中，有 16 个民族跨境而居，分别是傣族、壮族、苗族、景颇族、瑶族、哈尼族、德昂族、佤族、拉祜族、彝族、阿昌族、傈僳族、布依族、怒族、布朗族、独龙族；此外，西双版纳的克木人在东南亚也有广泛分布，这些跨境而居的民族主要分布在境外越南、老挝、缅甸等地，有的甚至延伸至泰国、柬埔寨、印度等国。

云南的族源主要是汉藏语系的氐羌民族，共有 13 个，即彝族、白族、哈尼族、傈僳族、拉祜族、纳西族、景颇族、阿昌族、藏族、普米族、怒族、基诺族、独龙族。

"百越"是我国古代南方地区的土著族群，《汉书·地理志》注引臣瓒曰："自交趾至会稽七八千里，百越杂处，各有种姓。"其实他们也是云南古老的土著族群，现共有 4 个民族，即壮族、傣族、布依族、水族。

南亚语系孟高棉语族的民族共有 3 个，分别是佤族、布朗族和德昂族，他们是我国西南地区的古老民族，与东南亚的孟族、高棉族等民族，在历史源流上有密切的亲缘关系。从族源上看，佤族、德昂族、布朗族三个民族都同出于古代的百濮族群，居住相对集中在云南西部和西南部地区。

盘瓠系的苗族和瑶族：大约在唐朝初年，就有部分苗族从湘、黔、川、鄂等地迁入云南东南部地区，随即成了当时南诏统治范围之内的少数民族之一，瑶族则是明清时期进入云南的。

元代以后，属北方族群的蒙古族、回族、满族等进入云南，成为云南的世居民族。

云南丰富的族源，在中国民族史进程中具有重大意义。云南的众多民族包含了西南古老的南亚孟高棉语系的"濮人"，源于甘青地区，后分布中国西部和西南地区的氐羌系诸族，还有南方的百越、苗瑶和在中国西部诞生的新族群——回族以及中国最大的族群汉族；这里汇聚了中华主要的几支族源"氐羌""百越""苗""濮"，氐羌、百越、苗是中原华夏共同体的主要组成部分，在融合成华夏共同体时，主要以黄河流域和长江流域为场景，成为中华文化的中心区。尚未加入中心区域的氐羌、百越和苗等诸族群带着他们古老的华夏基因，继续逐步向西南地区移动。从元代设立云南行省以来，陆续带来了北方族群（蒙、满）和西方族群（色目人）的新鲜血液，西南尤其是云南成为新的民族交汇和融合中心，这表明中华民族交汇相融的进程一直没有停止，交融点从黄河流域、长江流域中心区域向澜沧江、怒江流域边缘区域转移，形成新的民族交融中心。

黄河流域和长江中下游的中原中心孕育出了中华民族的主体族群汉族，这对中华民族的发展是个极大的历史进步。这一中心经历了一个漫长的过程，正如费孝通先生所言："如果我们认为同一民族集团的人大体上总得有一定的文化上的一致性，那么我们可以推定早在公元前 6000 年前，中华大地上已存在了分别聚居在不同地区的许多集团。新石器时期各地不同的文化区可以作为我们认识中华民族多元一体格局的起点。"[①] 炎黄集团是华夏的一个主源，

---

① 费孝通：《中华民族的多元一体格局》，《北京大学学报》（哲学社会科学版）1989 年第 4 期。

东夷集团是另一个主源，支源主要有苗蛮集团；百越集团是第二个支源；氐羌集团是第三个支源。"羌人在中华民族形成过程中起的作用似乎和汉人刚好相反。汉族是以接纳为主而日益壮大的，羌族却以供应为主，壮大了别的民族"，章太炎说"神农姜姓，由姜水也，其原本西羌"①。当然，华夏族群即汉族的血液里还有其他族群的基因，汉民族是在大融合中铸成的，中原中心起到了熔炉的作用。

　　西南中心是中原中心的延续和扩大。中原中心形成中华文化的核心区域，完成了中心区域的族群融合。而尚未进入中心区域的各大族群进行了新的分化组合，逐渐在西南地区形成新的交融中心，白寿彝先生在关于中国民族关系史的几个问题中讲到"把传说跟文献结合起来看，我认为在黄河中、下游流域，长江中、下游流域，包含渭水流域和汉水流域，这一带在比较早的时候，是很多个部落或早期民族聚集的区域。这些古老部落或早期民族，后来由于各种原因，向各地方发展。其中有些民族，原来在中原地区居住，后来到偏远地方去了，到边疆去了。这些民族，虽然后来地处偏远，不属于某皇朝直接统治的范围，但我们讲历史，还得看到他们的祖先和内地民族的祖先是兄弟关系，是亲戚关系"②。西南中心有一个显著特征就是族源更加丰富，成分更加复杂。南亚孟高棉语族和北方族系及文化的进入就是代表，并且是中华文化与东南亚、南亚文化交汇地带，这极大地丰富了中华文化的内容。

---

① 李绍明、程贤敏编：《西南民族研究论文选》，四川大学出版社1991年版，第4页。
② 白寿彝：《关于中国民族关系史上的几个问题》，《北京师范大学学报》1981年第6期。

第二章 认同的历史回溯

　　云南的历史发展，地理环境作用占很大比例，在讨论云南地区民族认同及其发展变化时，不得不谈一谈地理环境问题。地理环境决定论，简称"决定论"，是确认自然条件（地理环境）是人类社会发展的决定性因素的一种思潮，即以自然过程的作用来解释社会和经济发展的进程，从而归结于地理环境决定政治体制。《中国大百科全书·哲学》对地理环境的解释是："地理环境区别于作为地球存在条件的宇宙空间环境和地外环境，是指社会在地球上所处的地理位置和这一位置上的各种自然条件。"[①] 地理环境在人类历史发展中的重要作用是不可否认的，早在春秋战国时期，人们就注意到地理环境的制约和作用，庄子有"适莽苍者，三餐而反，腹犹果然；适百里者，宿春粮；适千里者，三月聚粮"。《周礼·地官·大司徒》是地形决定论的代表；《周易·坤卦·象》明确指出了地理环境是人类活动的大舞台。[②] 在西方的古希腊时期，柏拉图认为人类精神生活与海洋影响有关，亚里士多德认为地理位置、气候对不同地区的人的性格和社会进程有着直接的影响。这些观念到了近代形成了著名的"地理环境决定论"。启蒙运动时期的思想家孟德斯鸠是地理环境决定论的开拓者之一。黑格尔则是典型的代表，他视地理环境为"历史的地理基础"，世界历史的舞台。他把整个世界的地理环境划分为三种类型："干燥的高地，广阔的草原和平原；平原流域，是巨川、大江所流过的地方，和海相连的海岸区域。"[③] 黑格尔的地理环境决定论对于历史的和民族

---

　　① 陈捷、包庆德：《关于地理环境决定论及其反思》，《南京林业大学学报》（人文社科系版）2014年第2期。

　　② 陈捷、包庆德：《关于地理环境决定论及其反思》，《南京林业大学学报》（人文社科系版）2014年第2期。

　　③ 黑格尔：《历史哲学》，三联书店1956年版，第123、131、132页。

的研究是有积极意义的，曾被西方乃至世界所推崇。但是地理环境决定论的局限也是明显的，它提供的是一种可能性，而忽略了人的主观能动性和创造性。今天这一理论总体是被否定的，但不可否认，在历史上它的作用对于区域历史进程的影响。云南独一无二的地理环境，造就了云南独特的民族生态格局，对云南民族认同体系产生了重大影响，在云南的历史进程中，地理环境仍然可以找到它具有的现实意义。

同时，本章还将重点讨论云南民族认同的历史建构，云南是如何从"毋常处，毋君长"的自发生存状态到"固守边疆，不失守土之责"的自觉国家认同的历史演变。

一、云南的地理环境与民族认同的关系

云南的地理环境，造就了云南特殊的气候、南北纵横的山系和河流，在整个地球同纬度上是独一无二的，这是个包容性的自然构造，深刻影响着云南的民族分布与和谐共处的生态系统。目前已经有学者关注到这个问题，达月珍学者写了一篇名为《季风圈理论视野下的云南与东南亚水生态文化的整体性》的文章[1]，从气候的视角谈到了云南气候与东南亚气候的整体性问题，进而引申到文化的同质性问题。新加坡国立大学的学者杨斌出版了《季风之北，彩云之南：云南的形成（公元前 2 世纪—20 世纪）》[2] 一书，杨斌的研究力图突破汉文化中心论的束缚，消解从中原王朝的立场对中国族群历史叙述的垄断，并引入一些重要的世界历史因素去解释"中国"的最终形成，为澄清和中国民族主义有关的许多似是而非或者被混淆和颠倒的问题，提供了立足于丰富的材料之上的新颖观点，不但有助于认识历史上的族群问题，而且会激发读者对"中国"这个概念做深入思考。其实他的论点中最值得关注的是他对云南特殊地理环境及其文化形成的论述，这是有关中国历史发展的

---

① 林超民主编：《民族学评论》（第三辑），云南人民出版社 2010 年版，第 16 页。
② 杨斌生长于中国，后到美国东北大学留学。他的博士论文 2004 年在美国历史学会的匿名评审中获得美国历史学会的古登堡奖（共 8 名）。他以博士论文为基础，在美国出版了《云南的形成》一书。在写作其博士论文以及此书的过程中，他大量阅读和吸收了与云南研究、中国民族研究和中国边疆研究有关的中外学术成果，并曾多次到云南和邻近地区做学术调查。

另一种模式，特别是以民族史的角度。美国德拉华州立大学程映虹教授的
《从"云南"与"中国"关系史看"中华民族"的形成》① 一文，他关心的
几个问题：归还少数族群叙述自身历史的话语权，重新认识云南；云南从何
时起成为中国的一部分？云南与外部的历史交往；中国边陲还是西南丝绸之
路的枢纽？1949 年以来中央政府的少数民族政策之历史渊源。这些学者的研
究，都涉及一个问题，即地理环境对文化形成的重大影响，因此，云南民族
认同问题的研究，地理环境是必须研究的重要环节。

　　云南地处中华人民共和国西南部，位于北纬 21°8′32″—29°15′8″和东经
97°31′39″—106°11′47″之间，北回归线横贯全省南部。全境东西最大横距
864.9 公里，南北最大纵距 900 公里，总面积 39.4 万平方公里，占全国陆
地总面积的 4.1%，居全国第八位。全省土地面积中，山地约占 84%，高原、
丘陵约占 10%，盆地、河谷约占 6%，平均海拔 2000 米左右，最高海拔 6740
米，最低海拔 76.4 米。世界同纬度大部分处于荒漠地带，向东为美国的加
利福尼亚等地区的荒漠带，向西是印度河流域的荒漠带、阿拉伯半岛的荒漠
带和世界最大的撒哈拉大沙漠，而云南却是热带雨林和亚热带常绿阔叶林带，
雨量充沛，气候宜人。

　　云南是一个高原山区，属青藏高原南延部分。地形以元江谷地和云岭山
脉南段的宽谷为界，分为东、西两大地形区。东部为滇东、滇中高原，称云
南高原，系云贵高原的组成部分，地形波状起伏，平均海拔 2000 米左右，表
现为起伏和缓的低山和浑圆丘陵，发育着各种类型的岩溶地形。西部为横断
山脉纵谷区，高山深谷相间，相对高差较大，地势险峻。南部海拔一般在
1500—2200 米，北部在 3000—4000 米。只是在西南部边境地区，地势渐趋
和缓，河谷开阔，一般海拔在 800—1000 米，个别地区下降至 500 米以下，
是云南省主要的热带、亚热带地区。全省整个地势从西北向东南倾斜，江河
顺着地势，成扇形分别向东、东南、南流去。全省海拔相差很大，最高点为
滇藏交界的德饮县怒山山脉梅里雪山的主峰卡格博峰，海拔 6740 米；最低点

---

　　① 程映虹：《从"云南"与"中国"关系史看"中华民族"的形成》，《当代中国研究》2009 年
第 3 期。

在与越南交界的河口县境内南溪河与元江汇合处，海拔仅 76 米。两地直线距离约 900 公里，高低差达 6000 多米。

云南的地貌有五个特征：一是高原呈波涛状。全省相对平缓的山区只占总面积的 10% 左右，大面积的土地高低参差，纵横起伏，但在一定范围内又有起伏和缓的高原面。

二是高山峡谷相间。这个特征在滇西北尤为突出。滇西北是云南主要山脉的发源地，形成著名的滇西纵谷区。高黎贡山为缅甸伊洛瓦底江的上游恩梅开江与缅甸萨尔温江的上游怒江的分水岭，怒山为怒江与老挝湄公河的上游澜沧江的分水岭，云岭自德钦至大理为澜沧江与长江上游金沙江的分水岭，各江强烈下切，形成了极其雄伟壮观的山种骈列、高山峡谷相间的地貌形态。其中的怒江峡谷、澜沧江峡谷和金沙江峡谷，气势磅礴，山岭和峡谷的相对高差超过 1000 米，怒江峡谷是世界上两个最大的峡谷之一。

在 5000 米以上的高山顶部，常有永久积雪，形成奇异、雄伟的山岳冰川地貌。金沙江"虎跳涧"峡谷，在玉龙雪山与哈巴雪山之间，两侧山岭矗立于江面之上，相对高差达 3000 余米，也是世界著名峡谷之一。横亘于澜沧江上的西当铁索桥，海拔已达 1980 米，从桥面上至江边的卡格博峰顶端，直线距离大约只有 12 公里，高差竟达 4760 米。在三大峡谷中，谷底是亚热带干燥气候，酷热如蒸笼，山腰则清爽宜人，山顶却终年冰雪覆盖。因此，在垂直几千米的距离内，其气候与自然景观相当于从广东至黑龙江跨过的纬度，为全国所仅有。

三是全省地势自西北向东南分三大阶梯递降。滇西北德钦、中甸一带是地势最高的一级梯层，滇中高原为第二梯层，南部、东南和西南部为第三梯层，平均每公里递降 6 米。在这三个大的转折地势当中，每一梯层内的地形地貌都是十分复杂的，高原面上不仅有丘状高原面、分割高原面，以及大小不等的山间盆地，还有巍然耸立的巨大山体和深切的河谷，这种分割层次同从北到南的三级梯层相结合，纵横交织，把本来已经十分复杂的地带性分布规律变得更加错综复杂。

四是断陷盆地星罗棋布。这种盆地及高原台地，在我国西南俗称"坝子"（图 2-1 所示）。在云南，山坝交错的情况随处可见。他们有的成群成带分布，有的孤立地镶嵌在重峦叠嶂的山地和高原之中；有的按一定方向排列，有的则无明显方向。坝子地势平坦，且常有河流蜿蜒其中，是城镇所在地及农业生产发达地区。全省面积在 1 平方公里以上的大小坝子 1442 个，面积在 100 平方公里以上的坝子有 49 个，最大的坝子在陆良县，面积为 772 平方公里。

图 2-1　云南的小坝子

五是山川湖泊纵横。云南不仅山多，河流湖泊也多，构成了山岭纵横，水系交织，河谷渊深，湖泊棋布的特色。天然湖泊分布在滇中高原湖盆区的较多，属高海拔的淡水湖泊。

云南的山系南北走向，以横断山脉及其余脉为主，将云南从南到北切割成数块，"两山之间必有川，两川之间必是山"。水系因此形成大江南去的格局，与国内多数江河由西向东的流向不同，分为六大水系：金沙江—长江，南盘江—珠江，元江—红河，澜沧江—湄公河，怒江—萨尔温江，独龙江、大盈江、瑞丽江—伊洛瓦底江；分别注入三海和三湾：东海、南海、安达曼海，北部湾、莫踏马湾、孟加拉湾；归到两大洋：太平洋和印度洋。六大水系中，除南盘江—珠江，元江—红河的源头在云南境内，其余均为过境河流，发源于青藏高原。六大水系中，南盘江—珠江，金沙江—长江为国内河流，独龙江、大盈江、瑞丽江—伊洛瓦底江和怒江、澜沧江、元江是国际河流，分别流经老、缅、泰、柬、越等国入海。如此复杂的水组合是其他省区所没有的。

云南省社会科学院的黄光成研究员在其文《云南地缘环境与民族文化多样性探讨》中提出地理环境对云南多元文化形成的影响和意义："一种新的文化形态来自自然、历史和社会三重现象的交融与互摄。就是说，文化的来源与变迁离不开三个方面：纵向的传统传承，横向的交流学习，对自身环境的适应。"① 我们想要进一步研究的是，云南文化的创造者们为什么要到云南，又怎么能够生存下去，更重要的是不同族群的人们能够共同生活在一起，创造云南的多元文化。由此带来了共同生存的地理要素和心理要素的关系问题，心理要素在这里就是认同关系，在这里的共同体，除了自我族群的认同，对同一区域的其他族群及其文化的包容性认同就成为关键。

首先，从世界同纬度的情况来看，荒漠和海洋是主要部分，适宜人类生存的环境只有一小部分，而云南就是这一维度的天堂。从云南的族群分布分析，南亚语系族群、北方氐羌集团族群、东方百越集团族群从四面八方迁徙至云南地区后，基本停止了流动迁徙步伐，这里优越的自然生存条件和天然的避风港式的地形构造，使他们留下并成为土著居民。从历史资料来看，从云南向外迁徙流动的族群相当少，时至今日，云南人外出极少，被人称为"家乡宝"，因为天时地利人和，我何必再远走他乡。

其次，立体的地理环境造就立体的资源分布，资源的互补为不同族群赢得了生存与发展的空间。人类的矛盾和斗争主要因资源匮乏而引起。云南的每个山系，从山顶、山腰、山谷、河坝都有不同族群生活着，形成云南不同民族"大杂居，小聚居"的分布格局。这种格局的分布，其成因是资源的可共享性和认同的双重性、多样性。不同族群在不同的地理空间找到了生存环境。早在氏族社会时期，云南就生活着"羌、濮、越"三大族群，他们是云南最早的先民，秦汉时期总称为"西南夷"。后经历代的不断迁徙、分化、演变、融合，到了明、清中期，其分布和特点才趋于稳定。彝族主要分布在滇东北、苗族主要分布在滇东和滇东南地区；傈僳族、怒族、独龙族、哈尼

---

① 林超民：《民族学评论》（第三辑），云南人民出版社 2010 年版；第 112 页。

族、傣族、拉祜族、佤族、景颇族、布朗族、纳西族、藏族、阿昌族和德昂族等主要分布在滇西、滇南、滇西北的广大地区。立体分布的基本现状为，白族、壮族、回族、纳西族等多居于平坝；傣族、阿昌族居于河谷平坝；彝族、哈尼族、拉祜族、佤族、景颇族、布朗族、瑶族、德昂族等多居于半山区或边远山区；苗族多居于高寒山区；藏族和普米族居于滇西北高原；傈僳族、怒族和独龙族则分布在怒江、独龙江两侧的山区。云南文山俗语说"苗族住山头，瑶族住箐头，壮族住水头，汉族住街头"。这是一个真实而形象的立体分布描述。这种垂直分布，是不同民族对资源的利用找到一个地理平衡点和文化平衡点，我们把他们分为水稻文化带，民族主要是汉族、傣族、白族、壮族、哈尼族等，居平坝、河谷；旱稻文化带，民族主要为佤族、拉祜族、彝族、傈僳族、苗族、瑶族等；游牧文化带，民族主要为藏族。

最后，族群支系的形成是云南地理与文化交织在认同上的体现。不同区域和不同族群的杂居相处，使同一族群根据不同的相处对象，调整自己的认同方式，由此引发出不同的支系及其文化（图 2-2 所示），如哈尼族就演化出哈尼、卡多、爱尼、蒙尼、碧约、布者、白宏、奕车、阿卡、白那、期弟、腊咪、阿乌、阿梭、各作、格和、罗美、独气、西摩罗、梭尼、阿松、哦怒、罗毕、哈欧、哈备、腊鲁、糯比等近 20 个支系和自称单位。彝族的支系，据《彝族简史》统计，彝族自称有 35 种，他称有 44 种。目前较大的几个支系是：阿细、撒尼、阿哲、罗婺、土苏、诺苏、聂苏、改苏、车苏、阿罗、阿扎、阿武、撒马、腊鲁、腊米、腊罗、里泼、葛泼、纳若、香堂等。人数较少的族群，也会因不同族群文化的影响而发生分化，如瓦德语支的族群就发生明显变化，分为瓦、布朗和德昂三个部分，20 世纪 50 年代民族识别时将其划分为佤族、布朗族和德昂族。

二、西南夷的认同之源

关于西南边疆族群分布，史书记载较为详细的是《史记·西南夷列传》："西南夷君长以什数，夜郎最大；其西靡莫之属以什数，滇最大；自滇以北君长以什数，邛都最大；此皆魋结，耕田，有邑聚。其外西自同师以东，北至

图 2-2 哈尼族的爱尼支系

楪榆，名为嶲、昆明，皆编发，随畜迁徙，毋常处，毋君长，地方可数千里。自嶲以东北，君长以什数，徙、筰都最大；自筰以东北，君长以什数，冉駹最大。其俗或土著，或移徙，在蜀之西。自冉駹以东北，君长以什数，白马最大，皆氐类也。"① 司马迁为我们描述了当时西南地区大量不同的民族共同体共同生活的情景，可见西南地区数量众多的族群，自古使然。20 世纪 50 年代的民族识别，西南地区就有 200 多个申报。这些自认为是共同体的不同人群，从族系来看，不外乎氐羌系、百越系、滇濮系和苗瑶系。云南的"土著"氐羌系、百越系和滇濮系，在认同上有共同点，那就是除了本族群认同之外，对中原的祖源记忆和情感认同有着惊人的一致，这非常值得深入研究。

西南诸族的祖源记忆，首先要提战国时期的庄蹻入滇。《史记·西南夷列传》："始楚威王时，使将军庄蹻将兵循江上，略巴、蜀、黔中以西。庄蹻者，故楚庄王苗裔也。蹻至滇池，地方三百里，旁平地，肥饶数千里，以兵威定属楚。欲归报，会秦击夺楚巴、黔中郡，道塞不通，因还，以其众王滇，变服，从其俗，以长之。"② 南中的统治者称为"南中大姓"，"大姓"是些什

---

① 方国瑜主编：《云南史料丛刊》第一卷，云南人民出版社 1990 年版，第 7 页。
② 方国瑜主编：《云南史料丛刊》第一卷，云南人民出版社 1990 年版，第 7 页。

么人？在三国两晋时期，活跃在南中地区的大姓很多，最著名的就是"四姓五子"，即孟、李、爨、董、毛，其他各郡大姓文献留有记载者多达数十家。诸葛亮征南中，雍闿、孟获即为大姓。关于大姓的组成，方国瑜先生开启研究先河，此后研究不断，侯绍庄在《牂牁大姓谢氏考》一文中认为："这些所谓'南中大姓'，固然有不少是从内地迁来的'夷'化的汉族贵族，但主要还是汉化的少数族首领。"① 目前较为认同的观点就是"夷"化的汉族和汉化的"土著"是大姓的主体部分。《新唐书·南蛮传》说："自夜郎、滇池以西，皆曰庄蹻之裔。"② 王明珂将大姓称为"汉族与土著文化之混合体"。③ 但庄蹻的传说和影响远不及后来三国时期的诸葛亮。

诸葛亮对云南诸族群的影响深远，一直影响今天云南大部分不同族系的民族。在认同上，这是一个主流认同坐标，因此，关于诸葛亮与云南民族的认同关系，就是一个关键点。本来诸葛亮与云南地区没什么关系，三国争雄，蜀国势力深入南中地区，有了诸葛孔明和云南的关系问题。诸葛亮（181—234），字孔明，徐州琅琊阳都（今山东省沂南县）人，三国时期蜀汉丞相，中国历史上著名的政治家和军事家。诸葛亮青年时耕读于荆州襄阳城郊，地方上称其卧龙、伏龙。受刘备邀请出仕，随刘备转战四方，建立蜀汉政权，官封丞相。223 年刘备死后，刘禅继位为蜀汉皇帝，诸葛亮受封爵位武乡侯，成为蜀汉政治、军事上最重要的实际领导者。234 年去世，享年五十四岁，辞世后追谥为忠武侯。后世常以武侯、诸葛武侯尊称诸葛亮，诸葛亮一生"鞠躬尽瘁、死而后已"，是中国传统文化中忠臣与智者的代表人物。很有趣的是，我少年时，常听拉祜族老人讲诸葛亮的故事，例如诸葛亮神通广大，点石成兵，戳地为泉，煞是神武，自小心目当中一直认为，诸葛亮是拉祜族的英雄，直到初中看到《三国演义》连环画，方知诸葛亮乃汉人，百思不得其解。其实，诸葛亮在云南各族心目中的地位丝毫不亚于汉族，这是一种历史认同，也是一种文化认同，更是一种自然的英雄崇拜。云南从南到北，遍布无数的孔明山、诸葛山，无数的各式神话传说。地名上，仅《云南通志》

① 侯绍庄：《牂牁大姓谢氏考》，《贵州文史丛刊》1982 年第 1 期。
② 马曜：《白族异源同流说》，《云南社会科学》2000 年第 3 期。
③ 王明珂：《英雄祖先与弟兄民族》，中华书局 2012 年版，第 121 页。

中的《祠祀》篇就收录了 12 个"诸葛祠""诸葛武侯祠""武侯祠"等建筑物地名，在"古迹"篇中较为详细地录释了 21 条与诸葛亮有关的地名：宜良、宣威、澄江、思茅、南华、保山、牟定的诸葛营；武定、宾川、腾冲、龙陵的诸葛城；邓川、永平、鹤庆的诸葛寨；禄丰的诸葛井；大理的诸葛垒、孔明印；姚安的孔明遗垒；凤庆、昆明的武侯碑；凤庆的武侯石柱。总之，"在灵关道沿线，在五尺道的关隘，在永昌道及以南的村寨，除了有许多诸葛祠、诸葛碑的纪念外，还有许多以诸葛为名的城、营、山、台、寨、村、塔、池、井，多而不可胜数"的地名，就"连云南最南部的基诺山中，也有一座孔明山"①。关于诸葛亮的传说涉及多个民族，包括彝族、白族、哈尼族、傣族、佤族、拉祜族、德昂族、布朗族、基诺族等民族。廖国强写了一篇《竹楼：云南少数民族的文化质点》的文章，提到竹楼的传说。傣族、基诺族、德昂族、布朗族均有依照诸葛亮帽子建起竹楼的传说。傣族《诸葛亮的帽子》的传说讲："诸葛亮南征时来到傣人先民居住的澜沧江边，因傣人岩肯救了他的军队，因而诸葛亮帮助傣人重新回到坝区居住，教傣人种植稻谷。回内地前，诸葛亮留下自己的帽子，把几张小绸子条塞在帽子里，叮嘱遇到无法克服的困难，可拿出绸子条看。过了许多年，傣家人口越来越多，都挤在江边又低矮又潮湿的小草棚里。闷热的天气和可怕的瘴气夺走了傣族人成百上千的生命。在此危难关头，岩肯打开一张绸条，上面写道：'想命长，水冲凉；草棚矮，住高房。'岩肯得到启示，找来 99 位老师傅，仿照诸葛亮帽子的样式，盖起了又通风又凉爽的高脚竹楼，并逐步养成常洗澡、爱干净的好习惯，从而战胜了病魔。"布朗族传说："古时，边境常受外国人入侵，民不聊生，孔明率领大军挺进边疆，平息了外患，各族人民才能安居乐业。布朗人为感激孔明，盖房时按照孔明的帽子形状盖房顶，形成孔明帽式的建筑。"基诺族《三鲊》（风俗歌，又译《团结年歌》）中唱道："我们住的简朴雅致的竹楼，相传是神仙孔明的帽子。"德昂族、景颇族均有类似的传说。② 更让人惊讶不已的是基诺族说他们是孔明南征时遗落的部队，因此自称

① 《诸葛亮与云南地名》，《四川地名》1991 年第 3 期。

② 廖国强：《竹楼：云南少数民族的文化质点》，《云南师范大学学报》（哲学社会科学版）1996 年第 4 期。

"丢落族"。①

在谈到关于诸葛亮与"土著"文化关系时，南亚孟高棉语系的佤族比较特殊，是一个典型的案例，从中可以窥视云南边疆民族认同建构时的双重取向。从历史记载和文献资料来看，南亚语系民族和中原文化的关系相对疏远，其实这是个错误的判断。具有佤族文化特质的猎头习俗，就有诸葛孔明教授猎头的传说。"当年孔明至其地，卡人求谷种。蒸熟给之，种不生芽，继而复请，孔明诳曰：非用人头祭之不可，乃尊而祭之，更给与生谷。岁乃大熟，后遂永以为例"②。传说是否属实暂且不论，但佤族如此核心的文化习俗中有此一说，"足见武侯声威之远"。在这里，诸葛亮已不是特指他本人，而是代表了华夏主流文化，"武侯声威"其实就是华夏文化的辐射力和冲击力。诸葛亮南征，对云南诸民族影响极大，诸葛亮显示的不仅仅是中土文化强大先进的军事力量，更重要的是进一步将华夏中土先进文明带到这些地区，使西南诸族惊叹和倾慕中土文化，因此，众多的汉文化影响及痕迹都冠名为"孔明"所教，其实是强调了他们与华夏的关系，使本民族的历史中有了与华夏中土文化相习相融的文化交流。云南普洱的思茅，长期以来一直是少数民族居住生活的地方，但这里一直流传着关于诸葛亮曾经到此，大军在河边休息洗马的传说（图2-3所示），这颇能说明历史情节和文化情感。

佤族文化系统里的诸葛亮现象，就是其系统里的华夏文化元素，这种文化元素不断强化、扩充，是佤族华夏倾向加强和延伸的过程。"寻找一位外来的祖先或神，或寻找到野蛮地区被尊为神或酋长的祖先，普遍存在于土著与华夏的文化与认同结构中。"③ 这是华夏与边缘族群文化接触中产生的普遍现象。这种华夏倾向的结果，使佤族一直将自己视为华夏的一部分，是中华不可分割的一部分，这种华夏意识的重要性，在近代中国就体现出来了。这就是核心文化里的认同关系。在佤族的认同结构里，对中原文化的认同是个重要的要素，由此我们不难理解，西南诸族认同体系中的中原认同这个核心要

① 郑晓云：《最后的长房——基诺族父系大家庭与文化变迁》，云南大学出版社2005年版，第5页。
② 罗之基：《佤族社会历史与文化》，中央民族大学出版社1995年版，第336页。
③ 王明珂：《华夏边缘：历史记忆与族群认同》，社会科学文献出版社2006年版，第179页。

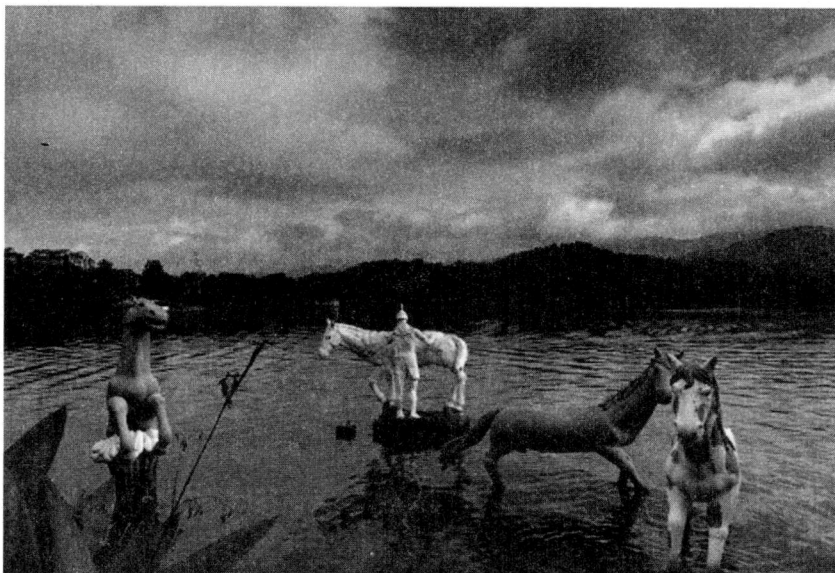

图 2-3 洗马河——传说中诸葛亮南征时到达普洱思茅的河边洗马

素,是西南边疆族群认同的基本维度,是认同多元化的基石。所以民族神话中关于人的祖先起源中就有了各族同源的传说。在佤族的神话传说中,将汉族称为兄弟,是有着共同祖先的民族,我们在佤族的神话史诗"司岗里"中,就能发现这样的各族同祖的说法。佤族认为佤族与汉族及其他兄弟民族都是从"司岗里来,葫芦里生"的人群。司岗里神话中讲述天神造了人后,就把人放在岩洞里……蜘蛛和佤族先从岩洞里出来,汉族跟随在后面,拉祜族继之,傣族又在后……①佤族和汉族都是从"司岗里"走出来的,这一神话传说,证明了佤族在很久以前就与汉族发生关系,受汉族文化的影响,在精神世界里始终与汉族联系在一起。虽然佤族在族源上与汉族完全不同,但其神话系统里仍将他们与汉族视为共同从"司岗里"走出的人群,有着共同的祖源,"'寻得或假借一个祖源'这样的双向或单向认同活动,是华夏改变本身族群边界及边缘族群华夏化的一种基本模式"。② 神话里还解释了佤族与

———————————

① 《民族问题五种丛书》云南省编辑委员会编:《佤族社会历史调查》(一),云南人民出版社1983年版,第156页。

② 王明珂:《华夏边缘:历史记忆与族群认同》,社会科学文献出版社2006年版,第164页。

汉族的差距，共同出生的兄弟，但历史进程中为什么有如此巨大的反差？佤族认为，这是神的安排，比如说生病吃药，佤族就不懂，因为神"给汉族用药治病，给佤族用鸡和猪治病"。又如为什么汉族有文字，佤族没有文字？相传，佤族、傣族、汉族为一母所生的三个兄弟，母亲告诉三人，遥远的东方有位智慧老人，他有一种叫"文字"的东西；三兄弟不畏路途艰难，一直向东，终于找到智慧老人，学到了文字，并将文字写在牛皮、布匹和纸上。返回的路上三兄弟迷路走散，老大走西南方，粮尽力乏，只好将牛皮烤了吃，佤族因此没有了文字；老二走南方，遇大雨，布匹被淋湿，文字模糊不清，形状如蝌蚪，就是今天傣族的文字；老三走北方，有了智慧老人教授的完整文字，就是今天的汉族和汉字[①]。优美的故事和神话传说，共同讲述佤汉同源、汉族文化先进的事实。汉族始终得到神的垂青，反映出潜意识里，佤族对汉族文化即华夏主流文化的认同与尊敬。因此，一直在历史上寻找"同源"，来证明佤族并非"檄外"之民，而是很早就与汉族共同生活的群体，是华夏文明的一分子（图2-4为装饰奇特的中国佤族小佤支系妇女）。

图2-4 中国佤族妇女（小佤）

---

① 云南省民间文学集成编辑办公室编：《佤族民间故事集成》，云南人民出版社1990年版，第68页。

三、南诏和大理政权对云南民族关系的整合

族群认同的理论根据是什么？这个理论来源西方，在当今世界，"族群认同"（ethnic identity）日益成为一个全球性的社会政治困境。不管在西方世界，还是在东方世界，族群的冲突和对立都变成了一个极端令人困扰的政治和社会问题。尽管形形色色的思想家、学者和专家一直在绞尽脑汁地思考问题的答案，尽管大大小小的政治领袖和政治家们也在不断地寻找各种具体的对策和解决方案，但是时至今日，甚至在可预见的将来，族群的冲突和对立非但不会变得缓和，反而有越来越恶化的趋势。而在云南，族群模式则是另一番景象。千百年来，众多的民族和族群生活在一起，以杂居、和谐、多民族共生为生态特征，大规模的种族屠杀和血腥战争几乎没有，我们姑且将其称为"云南范式"。"范式"最初是由美国著名科学哲学家托马斯·库恩（Thomas S. Kuhn）在《科学革命的结构》中提出的词汇，它的内涵包括"为一种约定，或就是范例""范式改变的确使科学家对他们的研究所及的世界的看法变了……在革命之后，科学家们所面对的是一个不同的世界"。① 我们期望通过云南范式的研究，发现一个新的不同"世界"。

关于族群的认同理论，最有影响的就是根基论和工具论。根基论也叫原生论，代表人物是西尔斯（Edward Shils）、葛慈（Clifford Geertz）、伊萨克（Harold P. Isaacs）与克尔斯（Charles Keyes）等，他们认为族群认同主要来源根基性的情感联系，这种族群情感纽带是"原生的"，甚至是"自然的"。对于个人而言，根基性的情感来自亲属传承而得的"既定资赋"（givens）。基于语言、宗教、种族、族属和领土的"原生纽带"，是族群成员互相联系的因素，强调这些共同特征是整个人类历史上最基本的社会组织原则，而且这样的原生纽带存在于一切人类团体之中，并超越时空而存在。对族群成员来说，原生性的纽带和情感是根深蒂固的和非理性的、下意识的。

---

① ［美］托马斯·库恩：《科学革命的结构》，金吾伦、胡新和译，北京大学出版社 2003 年版，第 112 页。

　　工具论也叫场景论，代表人物是德斯皮斯（Leo A. Despres）、哈尔德（Gunnar Haaland）及柯恩（Abner Cohen）等。他们基本上把族群视为一种政治、社会或经济现象，以政治、经济资源的竞争与分配，来解释族群的形成、维持与变迁。工具论认为族群认同是族群以个体或群体的标准对特定场景的策略性反应，是在政治、经济和其他社会权益的竞争中使用的一种工具。它强调族群认同的场景性、族群的不稳定性和族群成员的理性选择，强调在个人认同上，人们有能力根据场景的变迁对族群归属做出理性选择，认为认同是不确定的、不稳定的，是暂时的、有弹性的。群体成员认为改换认同符合自己利益时，个体就会从这个群体加入另一个群体，政治经济利益的追求常常引导人们的这种行为。

　　中国学者对二者进行了综合性的理解。一般认为，族群认同的产生，与其说是自觉，不如说是外人区别所致。而这种类别的创造是国家形成过程中一个普遍的特征，更与殖民地扩张存在密切关系。族群认同是人们与不同起源和认同的人们之间互动的产物，地理上与其他人群完全隔离的孤立的小人群是不可能构成族群的，特定个体取决于社会情景而有着一些不同的族群认同；认同既可以是自己选择的，也可以是强加的，如政治社群对成员的归属感和共同目标的灌输。族群认同并非简单地将世界划分为"我们"与"他们"，而是划分为不同层级性的、等级化的"我们"和"他们"类别。在这方面，孙九霞老师提出了族群认同产生的条件是族群间存在的互动关系，并提出了族群认同必须具有的要素。

　　根据中外学者的理论，我们在探讨云南民族认同的发展变化时有重要借鉴和指导意义。我们认为族群具有原生和血缘意义，民族具有政治和"想象"意义，因此，在探讨民族史时，族群的价值更为准确，民族和族群的交替使用，正是对这种概念变化的描述。云南民族认同在历史上的变化，南诏和大理政权的积极意义是不能忽视的。

　　族群认同阶段，以血缘为主的时期，我们称为原生认同阶段，因此，这一阶段使用族群来表述。司马迁在《史记·西南夷列传》中记述了云南众多族群的基本状况，有"夜郎""滇""邛都""昆明"等无数部落族群。秦开五尺道，到西汉设郡，云南基本上还是部落氏族的大姓统治，认同的形式单一，血缘是认同的核心要素。在历史典籍记载较少的云南古代社会，我们也能从他们与中央王朝的关系中窥探出部落族群的基本情况。典籍《尚书·牧誓》中记载，（武王）曰："嗟！我友邦冢君……及庸、蜀、羌、髳、微、卢、彭、濮人，称尔戈，比尔干，立尔矛，予其誓。"这里所记的濮人，许多学者谓之其为佤德语支先民，照此推论，佤族的祖先曾跟随周武王伐纣，参加牧野大战，建功立业？张守节《史记正义》中说："濮在楚西南。""楚西南是指今天的云南吗？这些极富挑战的历史之谜，谁能破解？"[1] 这个论述极有意思之处在于云南的先民濮人（今佤族、布朗族和德昂族的先人），直到20世纪中叶仍然保持原始社会的生活方式，他们的社会组织还是以部落为主要存在单位，如阿佤山佤族的"马散部落""中棵部落"，血缘认同依然是主要方面。拉祜族的苦聪支系，原始社会形态更加明显。

南诏、大理开始，到元明清时期，这是云南民族认同与国家认同培育、调适和形成的历史过程。这一过程的研究，民族学家纳日碧力格关于西方族群与民族研究动态中的阐述为我们提供了理论思路，他认为，"族群"一词源于港台学界，各种分支都可称为族群，在西方该词意指移民，族群和民族不应混淆。对于概念的辨析，学者要进行中英对照，注意少数民族语言对某一概念的表达，加强与少数民族精英的对话。关于对族群和民族的理解，纳日碧力格认为，族群是"地方文化"加上"人缘政治"和"传统"，民族是"民族国家"加上"地缘政治"和"历史"。

西汉势力进入云南以前，云南地区有"滇国""哀牢国""金齿"等区域"国家"，严格意义上讲，这些"国"也就是部落联盟而已。西汉征服这些地区并设郡治理，《史记·西南夷列传》载："元封二年（公元前109年），天子发巴蜀兵击灭劳浸、靡莫，以兵临滇。滇王始首善，以故弗诛。滇王离难举国降，请置吏入朝，于是以为益州郡。赐滇王王印，复长其民。西南夷君长以百数，独夜郎、滇受王印。滇小邑，最宠焉。"[2] 公元前109年，汉武帝遣将军郭昌灭滇国，并赐"滇王金印""令其复长其民"，置益州郡。东汉增

---

① 左永平：《木鼓回归——佤族文化特质和当代价值研究》，云南大学出版社2008年版，第92页。

② 方国瑜主编：《云南史料丛刊》第一卷，云南人民出版社1990年版，第8页。

置永昌郡（治不韦，云南保山县北）。诸葛亮平定南方，又增置兴古（云南马龙县）、云南（云南祥云县）二郡。621 年，唐高祖置姚州（云南姚安县北），管羁縻州三十二。632 年，唐太宗置戎州（治僰道，四川宜宾县西南）都督府，唐玄宗时，都督府管羁縻三十六州，一百三十七县，后又增管至九十二州。中原王朝在云南进行了有效的统治，为云南地方政权的区域统治创造了行政和文化基础。之后，云南的两个地方政权南诏与大理的 500 多年的统治，对云南地区与民族关系的整合，为未来元明清对云南的有效管理奠定了良好的基础。

（1）南诏（738—937）。南诏由皮罗阁于 737 年建立，至 902 年被郑氏篡权，共持续了 165 年。南诏是云南地方史中最为重要的地方政权，其不仅影响云南地方和其后的大理政权，而且覆盖缅甸、老挝和越南等中南半岛各国，基本确定了"云南"的区域范围。南诏国哀牢王族中的舍龙（意为"大老虎"）一族，中心在邪龙（原哀牢国领土、今云南巍山，图 2-7 所示）。汉朝时设置为邪龙县，划归益州郡管辖，汉朝势力退出后被豪酋占据。之后舍龙一族的势力不断扩充壮大，逐渐形成"蒙舍"部落联盟。649 年，舍龙之子细奴逻继承蒙舍诏（王）。此时，洱海周边也出现了几个比较大的诏（王）。六诏的分布区域：蒙嶲（xī）诏，在今巍山县北至漾濞江一带，故又称为漾备诏；越析诏，又称磨些诏，由磨些族建立而得名，在今云南省宾川县宾居街一带；浪穹诏，在今云南省洱源县一带；遵赕诏，在今云南省洱源县南部的邓川一带；施浪诏，在今云南省洱源县、邓川之间；蒙舍诏，在今云南省巍山县南，位居其他五诏之南，故又称南诏。六诏中除越析诏是由磨些（纳西）族组成外，其余五诏皆为乌蛮，即汉晋时期的滇西嶲（叟）、昆明部落繁衍而来的，他们是现代彝族的先民。653 年，为获得唐朝的支持，细奴逻派子逻盛炎出使唐朝，唐高宗封细奴逻为巍州刺史。其他五诏与河蛮部落，受吐蕃威胁，常弃唐归附吐蕃。南诏始终附唐，因而得到唐的支持。713 年，唐玄宗封南诏皮逻阁为台登郡王。

737 年，皮逻阁战胜河蛮，取太和城。次年，唐玄宗赐皮逻阁名为蒙归义，进爵为云南王。封王制书里说封王的原因是洱河诸部潜通犬戎（吐蕃），蒙归义率兵征讨有功。738 年，皮逻阁乘胜兼并五诏，一统六诏，正式建立

图 2-5　南诏故地——大理巍山

南诏国。739 年，皮逻阁迁都太和城。

南诏政权建立后，急速扩张，《新唐书·南蛮传》记载，南诏的疆域范围是"东距爨（今滇、黔连接地带），东南属交趾（今越南北方），西摩伽陀（在今印度境内），西北与吐蕃（今西藏）接，南女王（今泰国北部南奔府一带），西南骠（今缅甸曼德勒地区），北抵益州（以今大渡河为界），东北际黔、巫（今川东南与黔东北连接地带）"。南诏势力达到极盛，但有其先后的发展过程，且在不同的时间阶段内，随南诏势力的盛衰而有所伸缩变化，如南诏在唐大和六年（832），南下攻灭位于今天缅甸中北部的骠国，势力深入伊洛瓦底江上游。南诏在其统治的区域内，仿照唐朝设置了郡县以进行统治。

南诏晚期，由于频繁发动战争，赋役繁重、生产凋敝，各种矛盾激化。897 年，南诏王隆舜被其臣杨登所杀。902 年，权臣郑买嗣杀南诏王舜化真，南诏亡。自 649 年细奴逻称王至此共 254 年，传十三主。

南诏时期，政权的建立和文化的发展都得到唐朝的扶持和帮助，南诏统治者对中原文化也极为仰慕，先后派数千人到成都学习中原文化，使云南出现了"人知礼乐，本唐风化"的局面。

（2）大理国（937—1254）由白蛮人段思平在南诏故地建立的地方政权。由于历史资料匮乏，后人对大理国的了解比较少，使大理国蒙上了一层神秘的面纱。

著名作家金庸的武侠小说里就曾经对大理国做了唯美的猜测和遐想。大理国于 937 年由段思平灭大义宁建国，建都城于羊苴咩（今云南大理太和村），国号大理，因其尊崇佛教，又称妙香国。1095 年高升泰改国号为大中国，1096 年高升泰在死后归政于段正淳，史称后理国。1253 年，忽必烈率领蒙古大军"革囊渡江"远征云南，攻灭大理国，设立云南行中书省，原大理国王段氏被任为大理世袭总管。

大理国的都城在洱海之滨的羊苴咩城，其政治中心在洱海一带。疆域大概是现在的云南省、贵州省和四川省西南部，包括缅甸北部地区以及老挝与越南的少数地区。

政区与南诏相当，东至普安路之横山（今贵州普安），西至缅甸之江头城（今缅甸杰沙），南至临安路之鹿沧江（今越南莱州北部的黑河），北至罗斯之大渡河，相当于今天云南省面积的三倍。

这两个政权，将云南及其周边的各族群纳入一个统一的地方政权之下，使他们初步产生了在族群认同之外的更大范围的认同概念，即对统治政权——南诏和大理政权的认同。在南诏大理统治时期，就生活着白蛮（白族）、乌蛮（彝族）、和蛮（哈尼族）、施蛮（傈僳族）、磨些（纳西族）、锅锉蛮（拉祜族）、寻传蛮（阿昌）、金齿白衣（傣族）、僚（壮傣先民）、苗、朴子蛮（布朗）、望蛮（佤族）等十几种少数民族。

南诏和大理两个西南地方政权，在中国历史上有显著特征。首先是存在的时间长，两政权时间长达 515 年，历经唐、五代十国、两宋，灭于元；其次，是地方少数民族政权，为今天彝、白先民所建；最后，仿中原建制，受中央册封，唐玄宗时册封南诏皮逻阁为云南王，大理国还与宋朝保持良好的关系。北宋时期，宋太宗册封其首领白万（白王）为"云南八国都王"；宋徽宗时，又授大理国王段和誉为"云南节度使、金紫光禄大夫、大理王"；

最后，对汉文化的态度上，是其他地区无法比拟的。南诏大理国时期的统治者，在维护地方民族文化的同时，都自觉地通过各种渠道，采取各种方式大量吸收中原儒家文化，并与自身发展的需要进行整合，使"人知礼乐，本唐风化"，整个社会风气都得到提升。

1253年，元世祖忽必烈率领10万大军，分兵三路进攻大理国。忽必烈亲率中路军，过大渡河，抵金沙江，用皮筏渡江，到达今天的云南丽江，即历史上有名的"元跨革囊"。忽必烈采纳姚枢等人的建议，改变了过去蒙古军的屠城恶习，下了止杀之令，并派使者到羊苴咩城劝降。

大理相国高太祥主张坚决抵抗，杀了使者。忽必烈于1253年12月进军龙首关，直逼羊苴咩城，大理王段兴智、高太祥背城出战，惨遭大败。12月12日，羊苴咩城被攻破，高太祥被杀，段智兴出逃，次年春，在宜良被俘虏，大理国灭亡。至此，存续300余年的段氏大理国宣告灭亡。此后，云南以一个行政省的形式被纳入元朝版图。它也是大理历史的转折点，它标志着自唐以来，大理作为云南政治、经济、文化中心时代结束，云南的政治中心由大理迁至昆明。

南诏和大理500多年对云南的经营，对云南作为一个相对固定的文化区域意义非常深远，他们将众多的族群部落聚合到一起。南诏时期，将以往的昆明蛮、云南蛮、哀牢蛮、西洱河蛮、僰、汉等族群共同整合、生活在同一个区域。在长期的经济、政治、文化交往中，相互交流，相互融合。唐代初期洱海地区出现的"白蛮""乌蛮"，是文化的区分，而不是民族的分类。当时洱海地区有西洱河蛮（古代"洱海人"）、西边来的哀牢人、东边来的僰人、中原来的汉人，多族类并存。这么多部落族群，散居云南，南诏将其统一在一个政权之下，族群的整合发生了诸多变化，形成新的共同体，如在云南发展历史中举足轻重的族群——白族的形成就是典型。最初"蒙舍诏"（南诏）征服西洱河地区的白蛮，取代"白子国"，统一六诏，东征西伐，建立以洱海为中心的统一的多民族政权"南诏"，为白族的形成，提供了政治环境和经济社会环境。唐贞元十年（794），南诏弃吐蕃归唐，唐王朝册封南诏国主异牟寻为"南诏王"，即"云南王"，仅在成都设置"云南安抚使司"遥相管控，实现了"南诏人治南诏"。南诏经济水平迅速发展，族类统一、地域发展，形成了一个新的族类。

唐僖宗乾符四年（877），南诏国主酋龙卒，子法（隆舜）立，自号"大封人"，建立大封民国。"封"在唐代读"僰"音，"封人"即是"僰人"，又称"封民"。云南大学民族学家林超民教授认为，洱海诸蛮经过一个世纪的冲突与融合，洱海人、昆明人、僰人、汉人、哀牢人，各酋邦居民融合成一个族类，形成了一个在中国历史上产生重大影响的新民族——白族。① 这是云南民族融合发展变化的缩影。

（3）元明清时期的行省制度

1253 年元灭大理国，在云南设云南行中书省治理，这是云南历史的里程碑。1260 年，元设"大理国总管"。1274 年，忽必烈选派富有才干的回回人赛典赤为"云南行中书省平章政事"，治中庆（今昆明）。云南行省下置路、府、州、县，由行中书省直接委任官吏管理。云南行省的建立，使云南完全纳入了元朝的统一治理范围，开拓了云南历史的新局面。从此，"云南"一名便正式作为行省一级的机构出现在历史上。赛典赤在云南建"民屯"，修水利，兴儒学，改善民族关系，云南政治稳定，经济发展，农牧业逐步由粗放经营向精耕细作转变，以银、铜为主的矿冶业成长为重要的支柱产业，云南银课、铜课居全国首位，占全国课税额的一半以上，昆明成了《马可·波罗行记》中所描述的"工商甚众"的大城。

云南行省的建立，是继秦汉以来中央王朝对云南的又一次直接行政管理，此后到今天，云南的行省地位一直未变。

元朝对云南历史进程的另一重大事件是设立土司制度。元代正式在全国设立和推行土司制度，《元史》卷一百六十六载，至元十一年（1274），"赛典赤为云南行省平章政事，更定诸路名号，以信苴日为大理总管"。② 这是元代在西南民族地区最早建立的土司总管府，在云南族群林立的地区"参用土人""皆设土官管辖"。这是中央政权对边疆地方的民族生态现实的承认和治理政策灵活性的反映，历史证明它是一个正确的政策制度和适用边疆地区的

① 林超民：《南诏国与白族的形成》，《云南日报》2016 年 12 月 26 日。
② 《元史》卷一百六十六《信苴日》列传第五十三，第十三册，第 3910 页，转引龚荫：《中国土司制度史》上编，四川人民出版社 2012 年版，第 113 页。

行政政策，因此一直延续到了元明清三朝，直至民国时期。土司制度的建立，"在西南边疆地带，再也没有出现过像汉代的'滇''夜郎'，唐代的'南诏''吐蕃'，宋代的'大理''南天国'等那样的与中央王朝分裂割据的地方政权"。① 这是一个巨大的历史贡献。

土司制度在云南存在了约 7 个世纪（1253—1956），明清时期进入全盛时期，对云南民族史的发展影响深远。龚荫先生在《云南土司通纂》中这样描述："云南是一个多民族的地区，几乎是无一县没有少数民族，无一族没有设置土司。仅举云南龙川县的户、腊撒一地为例，不过是一个宽约三华里，长约二十华里的狭长地带，就设长官司两个。"明清两朝共计土司"五百八十七家"。② 所以，研究云南地方史、民族史，民族生态系统和民族及其国家认同，是不能离开土司制度的。关于土司制度与云南民族认同关系的研究，有专门章节进行论述，这里就不进一步阐述了。

四、中国近代民族危机下云南民族的国家认同

近代民族和民族国家理论是必须关注的理论问题。民族与国家的概念源于欧洲，但民族国家的问题，一直处在争论和理论再研究当中。西方发明了民族的称呼和国家的划分，不可否认，这对近现代人类社会的发展无疑是个巨大的推动器，然而，民族国家犹如被打开的潘多拉盒子，导致 20 世纪的两次世界大战，又促使人们开始深刻反思民族国家的另一面。又是欧洲，开始了关于此问题的理论探索，欧洲联盟就是对民族国家理论的又一次探索。民族国家理论的问题是客观存在的，今天的世界仍然是按民族国家理论来建构的。我们的研究依然是从这个概念及其实践来分析它对中国近代国家产生的影响。首先来看一个争议，一个重要的理论问题是"先有民族国家，还是先有民族？"民族主义者认为民族首先形成。民族主义是民族要求其合法主权而形成的，而民族国家则符合了这个要求。一些民族主义的"现代理论"也认

① 龚荫：《中国土司制度史》上编，四川人民出版社 2012 年版，第 113 页。
② 龚荫：《云南土司通纂》，云南民族出版社 1985 年版，第 2 页。

为民族认同主要是政府政策的一个产品，政府使用这个政策来统一和现代已经存在的国家。大多数理论认为民族国家是一个 19 世纪的欧洲现象，它是大众文学和早期的大众媒体的结果。但是历史学家也注意到较早出现的比较统一的、拥有一个共识特征的国家，比如英国、葡萄牙和荷兰。而民族国家的成型，大多数人认为始于 1648 年欧洲各国达成的威斯特伐里亚公约。

本尼迪克特·安德森（Benedict Anderson）开创了民族主义研究的新范式，他提出了"想象的共同体"这一西方现代民族主义研究的代表性观点，这个关于民族理论的观点，即判断一个民族的标准是什么，是指人们心理的认同感。本尼迪克特·安德森的理论拓展了我们的研究视野。本尼迪克特·安德森，康乃尔大学国际研究院阿伦·L. 宾尼约伯（Aaron L. Binenjorb）讲座教授，是全球知名的东南亚研究学者，《想象的共同体——民族主义的起源与散布》是其代表作。关于共同体的几个关键要素："民族是一个斯芬克斯（sphinx）式的概念。"充满着争议、困惑和创意；它是"想象"的而不是"捏造"的客观存在的社会事实。"民族本质上是一种现代化（modern）想象形式——它源于人类意识在步入现代性（modernity）过程当中的一次深刻变化"。① 这些要素，在解释西南民族历史与认同关系上，我们可以从文化根源、王朝和时间线索来分析和考量。

晚清时期，中国的精英分子对来势汹汹的西方民族国家理论，及时提出了中国式的民族国家构想。古代中国从来就没有一个世界观念，也不太有"外国"的观念，它是以文明来看待世界的，所以觉得文明扩张到哪儿，哪儿就是我的天下。这个传统观念在近代自然无法立足，西方的"一个民族一个国家"的理论也与中国的历史与现实完全不相符合。作为清政府，如何描述王朝之下的"国民"乃当务之急，晚清立宪派学者在构建国族蓝图时，把"黄帝"抬出来，视为共同祖先，把汉满蒙回藏纳入国族体系当中，即中国人。"清末革命派和立宪派中的先贤们目睹朝廷的无奈和无措，遂各自对中国民族国家之未来做了设计。它们围绕未来中国民族国家的构建提出了两条不

---

① ［美］本尼迪克特·安德森：《想象的共同体——民族主义的起源与散布》，上海人民出版社 2011 年版，第 8 页。

同的道路：革命派从推翻清朝'满族'统治出发，结合传统的华夷观和西方的民族建国理论，提出'十八省汉族建国理论'；而立宪派在论争中认识到了革命派建国理论的缺陷，遂提出'建立多民族的近代民族国家'理论。此两种理论之间的争执一直持续到辛亥革命的爆发"。①

"国族"概念的提出，就理论意义而言，是为了解决中国民族与国家之间二元关系而提出的制度构建，力图化解民族与国家之间的内在紧张，用以促使二者达到和谐统一。不言而喻，在国族构建的征途中，亟须解决的一个根本性问题是"存异求同"，即要在多民族的基础上建立国族文化，强化国族意识，统一国族身份。从这个意义上来说，国族固然是民族，但并非一般意义上的民族，而是由国家倡导并与国家统合于一的民族国家共同体，具有突出的政治属性。

顾颉刚先生发表了《中华民族是一个》的文章，对"中华民族"和中国国内其他群体是否都应称为"民族"提出了立场鲜明的观点。他指出："我们中国的历史里，只有民族的伟大胸怀而没有种族的狭隘观念！

我们只有一个中华民族，而且久已有了这个中华民族！

我们要逐渐消除国内各种各族的界限，但我们仍尊重人民的信仰自由和各地原有的风俗习惯！

我们从今以后要绝对郑重使用'民族'二字，我们对内没有什么民族之分，对外只有一个中华民族！"②

在精英们争论不休的时候，中国各民族以实际行动进行维护国家统一的近代爱国斗争，回答了关于国家认同的现实行为。

（一）西南烽烟——"马嘉里事件"

1886年，英国占领缅甸全境，西南已直接暴露在西方列强的魔爪面前。西南狼烟四起，战火不可避免，从19世纪60年代起，英、法帝国主义国家

---

① 冯建勇：《近现代中国民族国家构建之历程——民国中央政府统合边疆民族地区的理论探讨》，《社会科学》2014年第2期。

② 冯建勇：《近现代中国民族国家构建之历程——民国中央政府统合边疆民族地区的理论探讨》，《社会科学》2014年第2期。

就开始了侵略中国西南的竞争，云南首当其冲。为了先于法国进入云南，英国于1874年在印度和缅甸由殖民当局组成的陆军上校柏朗率领的探路队，探寻开辟滇缅商路，试图从云南开辟一条从印度、缅甸到中国长江流域的通道。他们要求英国驻华公使派一名通晓汉语、熟悉中国情况的官员到缅甸，随同探路队进入中国。1874年英军上校柏郎率200人的武装由缅甸入侵云南。英国驻北京使馆的翻译马嘉里前往迎接。马嘉里沿途刺探我军政情报，绘制山川地形图。

马嘉里与柏郎汇合后于光绪元年（1875）正月初十，率部队取道八莫——芒允路入境。英军行至中国境内红蚌河边，闻知边区军民已有联合抗击准备。马嘉里便自告奋勇带三个随从前往探路，柏郎率部随后。在返回迎柏郎途中，受到云南地方部族阻拦，马嘉里当场开枪打死一人，使局面变得无法收拾，群情汹汹，遂将马嘉里一行四人杀死，弃尸户宋河中（图2-6所示）。次日上午，景颇族、傣族、汉族等边民在班西山下阻截柏郎的部队。柏郎闻报马嘉里被杀，中国援军即至，便仓皇逃窜出境。

图2-6　马嘉里事件之地

这是晚清时期震惊中外的一个大案，史称"滇案"。英国以此进行战争威胁，1875年3月19日，英国公使威妥玛向总理衙门发出了最后通牒，提出派员调查、赔款等一系列要求，限中国政府在 48 小时内答复。与此同时，英国驻华海军司令赖德率舰队北上，55000 名英军集结仰光待命。这是意料之中的外交讹诈，之后的《中英烟台条约》就是证明。但马嘉理事件发出了一个强烈信息，那就是云南边民，他们称之为"野人"的边疆各民族在国家问题上态度强硬，之后的 1891 年英国组织两个"探险队"擅自侵入云南边疆傣族地区测绘地图，收集情报。一队沿伊洛瓦底江进入德宏地区。当英国探险队到盈江县干崖土司所属铜壁关西侧时，刚刚承袭干崖宣抚使的傣族土司刀安仁率领傣族和汉族民众阻止英国探险队的深入。与英国人对峙几个月后，击退英军。

另一支英国"探险队"约 500 人，经阿佤山、孟连、勐遮、勐海抵达允景洪。当他们到达孟连时，明目张胆地将英国国旗插在白鹤山上，并召集当地的傣族民众开会，鼓吹孟连如果归附英国，傣族人民就会有"好日子"过。傣族人民不理睬他们，砍倒了英国国旗以示抗议。探险队到勐遮、勐海时，傣族人民关门闭户，不卖任何食品给侵略者，拒绝他们进入村寨。他们到允景洪时，再次把英国国旗竖起来，利诱车里宣慰写投降书。宣慰议事庭大臣都隆腊华严正警告英国人，车里是中国的领土，不准他们在中国的领土上胡作非为。随即下令，全境居民不得卖食物给擅自闯入的英国人吃，不准他们进入村寨，并把英国国旗扯了下来。这些英国人只好灰溜溜地离开西双版纳。当他们路过阿佤山时，又遭到佤族人民的严重警告，不准他们在中国的土地上横行霸道。勒令他们全部下马，否则全部击毙，"探险队"的英国人只好乖乖地下马鼠窜而逃。①

1900 年，在滇西怒江的片马地区，发生英国入侵事件，中国边防军民在土把总左孝臣、千总杨体荣率领下奋起反抗，打击入侵英军，土把总左孝臣在抗英斗争中牺牲。英国侵占云南片马地区后，当地各族人民自发组织起来，"仇外最烈"，对侵略者展开持久的武装斗争，"土民惟虽野夷，心颇忠直，询以与汉朝（即中国）关系，皆云阿公阿祖同汉人一个"，十余年后，当地

---

① 周智生：《云南各族人民为维护祖国统一的光辉历史》，《云南民族》2010 年第 3 期。

居民仍"惟望中国强大救之",迫切盼望回归祖国。[①] 片马管事勒墨杜扒率领景颇、傈僳、独龙、怒、汉、白等各族人民会同泸水土司,与英军进行了多次搏斗,给侵略军以沉重打击。经过各族人民的抗英斗争,英国于1926年被迫承认片马是中国的领土。

1934年1月发生的班洪事件,是佤族人民自发组织的抗英斗争。阿佤山区是云南西南部的边境屏障,位于临沧、思茅地区和缅甸接壤处,在澜沧江以西和怒江以东,为怒山山脉的南部余脉,矿产资源丰富,战略地位重要。英国觊觎已久,1934年1月20日,英国入侵班洪,班洪王胡玉山率领佤族同胞坚决抵抗,并发出气壮山河的佤山十七王的《告祖国同胞书》:"窃我卡瓦十七王地……自昔远祖世受中国册封,固守边疆,迄今千数百年……(今)誓断头颅,不失守土之责,誓洒热血,不作英殖之奴,虽剩一枪一弹,一妇一孺,身可碎而心不渝也。"[②] 班洪事件的主角是佤族,这是一个重要的历史事件;再一个,全民抗敌的先锋,"班洪事件"消息传入内地,引起各方面的强烈反应,舆论沸腾。在昆明有20多个民众团体和爱国人士组成了"云南民众外交后援会",动员人民群众从各方面声援班洪地区各族人民的抗英斗争,并在各县成立分会。南京、上海、北京等地的各界人士,集会游行,示威请愿,组成了"划界促进委员会",在全国范围内掀起了声援"班洪事件"的反帝浪潮。驻普洱的云南第二殖边督办公署派委员到班洪,赠送作战物资,鼓励边民保境爱国。镇康县长、勐董土司、澜沧县政府等也分别给班洪地区送去物质支援和道义声援。

(二) 边寨抗敌——各民族团结一心,共赴国难

太平洋战争爆发后,日军由缅甸入侵云南,云南一夜成为抗日前线,云南各族人民投入伟大的抗日救国战争之中,并付出了巨大的民族牺牲。"据统计,抗战8年间,云南先后征集兵员38万余人(含组建58军和新3军兵员),如果加上抗战前原有的60军的4万余人,云南为抗战输送兵员至少在

---

① 周智生:《云南各族人民为维护祖国统一的光辉历史》,《云南民族》2010年第3期。
② 段世琳主编:《班洪抗英纪实》,云南民族出版社1998年版,第12页。

42万人以上，且其中大部分装备和给养均由地方自筹。据估算，抗日战争时期，滇军官兵伤亡约10万人之多，其中包括第3军军长唐淮源（云南江川人）、第79军军长王甲本、第12师师长寸性奇（云南腾冲人）以及第542旅旅长陈钟书等高级将领。这对于当时只有1200多万人口的云南来说，不能不是一个庞大的数字。"[①]

滇缅公路是中国和世界无法忘怀的一个历史奇迹，这是一条诞生于抗日战争时期的国际通道，一条滇西各族人民用血肉筑成的运输线，在第二次世界大战中扮演着重要的角色，它穿过了中国最坚硬的山区，跨越了中国最湍急的河流，蜿蜒上千公里，对于中华民族的生存是一条不折不扣的生命线（图2-7所示）。1938年8月底，经过20万人的艰苦努力，全中国甚至全世界瞩目的滇缅公路终于通车了。9月2日，《云南日报》发表社论，题目是"滇缅公路修完了"。当时，国统区内的几乎所有报纸都报道了这个极其鼓舞人心的消息，它也震惊了全世界。美国驻华大使在途经滇缅公路赴重庆后曾说："此次中国国民党政府能于短期内完成此艰巨工程，此种果敢毅力与精神，实令人钦佩。且修筑滇缅路，物资条件异常缺乏，第一缺机器，第二纯系人力开辟。全靠沿途人民的艰苦耐劳精神，这种精神是全世界任何民族所不及的。"

边疆少数民族积极投身这场抗日救国战争之中，滇西、滇西南、滇南边境的各少数民族土司、土目、头人等，建立了10多支抗日武装，主要有干崖宣抚司土司刀京版（傣族）为首的滇西边区自卫军，以六库土司段浩（白族）为首的福（贡）碧（江）泸（水）练（地）抗日自卫队，以耿马傣族土司罕裕卿、孟定土司罕万贤为首的耿沧抗日自卫支队，佤山地区有罗正民组织的"佤山抗日游击支队"等，这些抗日武装在各地组织汉、傣、彝、佤、拉祜、布朗、景颇、傈僳、德昂等族人民积极投入到守土抗战的洪流中，他们挖掘交通、阻拦敌人，用铜炮枪和长矛、弓弩与日本侵略军进行了英勇的斗争。"各民族人民及其抗日武装，以巨大的民族牺牲，捍卫了祖国主权，

---

① 陈明富、马汝慧：《云南各族军民对抗日战争的特殊贡献》，《重庆社会主义学院学报》2010年第3期。

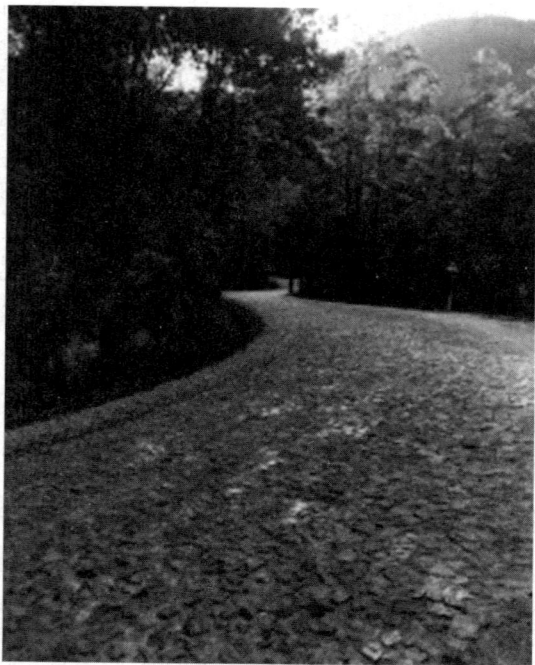

图 2-7　滇缅公路

维护了民族尊严，保卫了自己的家乡，仅云南腾冲一县在游击战中为国捐躯者就达 2780 多人。"① 在抗日战争胜利 60 周年之际，人民日报专门撰文 "中国共产党与少数民族的抗日斗争"，高度评价了少数民族作为中华民族的一分子在决定国家生死存亡的斗争中对民族国家的积极贡献，"在伟大的抗日战争中，中国各少数民族表现出高度的抗日积极性和空前的民族凝聚力。在抗战中，少数民族参加斗争的人数之多、地域之广、斗争之深入，在中华民族反侵略战争的历史上都是空前的"。②

（三）普洱盟誓——开启了一个新时代

中华人民共和国成立初期，西南的复杂民族结构与分布，独特的历史和

---

① 熊坤新：《中国少数民族的抗日斗争》，《炎黄春秋》2006 年第 6 期。

② 陈夕：《中国共产党与少数民族的抗日斗争》，《人民日报》2005 年 8 月 22 日。

文化，对民族政策是个严峻的考验。1950 年 7 月，邓小平在四川就西南民族问题发表了《关于西南少数民族问题》的讲话，代表了中共对于西南地区特殊现实提出的民族政策的指导方针，邓小平同志说："在少数民族问题上，我还是一个小学生。同志们对这个问题的研究比我要多，又是专门做这方面工作的。我今天主要是把西南的情况，同少数民族的问题联系起来讲一讲。

少数民族问题，在西南来说是很重要的。我们中国的少数民族最多的地区，一个是西北，一个是西南。恐怕西南比西北还多，而且情况也比较复杂。西南的国境线从西藏到云南、广西，有几千公里，在这么长的边境上，居住的绝大多数是少数民族。少数民族问题解决得不好，国防问题就不可能解决好。因此从西南的情况来说，单就国防问题考虑，也应该把少数民族工作摆在很高的位置。

西南的少数民族究竟有多少，现在还不清楚。据云南近来的报告，全省上报的民族名称有七十多种。贵州的苗族，据说有一百多种，实际上有些不是苗族。例如侗族，过去一般都认为是苗族，实际上语言、历史都不同，他们自己也反对这么说。从这一情况就可看出，我们对少数民族问题不仅没有入门，甚至连皮毛还没有摸着。当然经过三两年工作之后，对各个民族有可能摸清楚。历史上弄不清楚的问题，我们可能弄清楚。

在中国的历史上，少数民族与汉族的隔阂是很深的。由于我们过去的以及这半年的工作，使这种情况逐渐地在改变，但不是说我们今天已经消除了隔阂。少数民族要经过一个长时间，通过事实，才能解除历史上大汉族主义造成的他们同汉族的隔阂。我们要做长期的工作，达到消除这种隔阂的目的。要使他们相信，在政治上，中国境内各民族是真正平等的；在经济上，他们的生活会得到改善；在文化上，也会得到提高。所谓文化，主要是指他们本民族的文化。如果我们不在这三方面取得成效，这种历史的隔阂、历史的裂痕就不可能消除。我们中华人民共和国是一个多民族的国家，只有在消除民族隔阂的基础上，经过各族人民的共同努力，才能真正形成中华民族美好的大家庭。我们是有条件消除民族隔阂的。历史上的反动统治实行的是大民族主义的政策，只能加深民族隔阂，而今天我们政协共同纲领所规定的民族政策，一定能够消除这种隔阂，实现各民族的大团结。

……

现在我们民族工作的中心任务是搞好团结，消除隔阂。只要不出乱子，能够开始消除隔阂，搞好团结，就是工作做得好，就是成绩。"①

这是中华人民共和国关于西南民族关系最为重要的文件，它特别强调了几个事实，一是西南的民族关系在中国的中心地位，二是西南更为深远的蕴意在于它的国防地位，三是民族关系处理的基本原则，那就是团结。之后，中共中央特别为云南制定了"团结第一，工作第二"的工作方针，这个方针直至今日，依然是边疆民族地区的工作原则。针对国家新的民族政策，边疆各民族的回应是积极主动的，他们的回应是"盟誓和公约"。云南大学的赵永忠在 2012 年的《贵族民族研究》发表了《20 世纪 50 年代初期西南的民族团结公约》一文，详细列举了典型的民族公约。

1950 年 11 月 17—24 日，在西康省藏族自治区第一届各族各界人民代表大会上，通过了《关于加强民族团结的决议》。依据此决议，制定了《西康省藏族自治区各族各界人民团结爱国公约》：坚持拥护毛主席、中国共产党及中央人民政府的政策法令。

在四川，1951 年 5 月 22 日普格设治局各族各界代表会议通过了《普格人民设治局各族人民团结公约》。

在云南省，1951 年 1 月 1 日，普洱区 48 位土司、头人、少数民族代表和党政军领导按照佤族传统举行"剽牛""喝咒水"仪式，共同立下"民族团结誓词碑"。

1951 年 3 月 7—15 日，沧源县临时人民政府在岩帅主持召开第二届全县各族各界代表大会，制定了《拥护中国共产党和人民政府、拥护共同纲领、反帝爱国、团结生产公约》。

1951 年 12 月 7 日，中甸、德钦、维西、乡城和巴东区（丹副县辖区）五县负责人通过协商订立了《滇康边区第二届藏族协商会议团结公约草案》。

在贵州，紫云县在民族区域自治准备前，各族人民在建立民族乡的过程中，经过党的教育，都自觉地解决了历史上的纠纷，共同制定了民族团结公

---

①　《邓小平文选》第一卷，人民出版社 1994 年第 2 版，第 161—164 页。

约。如1951年5月26日，贵定县召开了第一届各族各界人民代表会议，讨论并通过了民族团结公约、爱国公约。7月12—16日，三都县召开第一届各族各界人民代表会议，通过了民族团结公约。①

这一系列的盟誓和公约，核心就是团结，各民族的团结。这是西南各民族表达和谐共处的独特方式，云南普洱民族团结盟誓就是其中最典型的代表。1951年元旦，在中国云南西南部的普洱专区，中共宁洱地委召开"普洱专区第一届兄弟民族代表会议"。全区26个民族的代表与地方党政军领导人按佤族的仪式剽牛喝咒水，盟誓立碑，这就是中共民族政策史上著名的"民族团结誓词碑"。2006年8月17日，国家民委授予普洱"民族团结誓词碑"为"全国民族团结进步教育基地"。②

中华人民共和国成立初期的民族工作重点在西南，西南的重点在云南，而云南民族工作的重点又在普洱地区。普洱地区的重要性和特殊性表现在几个方面：首先，面积广大。普洱专区包含今天的普洱市、西双版纳州和临沧市部分地区，面积7万多平方公里；其次，一区连三国，有漫长的国境线，国防战略地位极其重要，普洱专区连接越南、老挝和缅甸三国，国境线长达1400公里；最后，民族众多，社会形态各异，如佤族和部分拉祜族还处在原始社会末期，民族隔阂和民族矛盾问题突出，在普洱地区居住着26个少数民族，民族成分的众多和复杂居全国之冠，少数民族人口占全区人口的70%，其中有傣族、佤族、拉祜族等多个跨境民族。1950年少数民族国庆观礼代表团中西南代表团人数最多，有64人，"占全国各代表团总人数的41.7%，云南代表团总人数53人，占西南代表团总人数的80.3%，普洱专区代表34人，占云南代表团总人数的64.15%"。③从人数上看出，普洱专区在全国158名代表中占有很重的分量。普洱专区民族代表备受关注，毛泽东先后四次接见普洱专区代表，佤族代表拉猛把梭镖送给毛主席，傣族代表召存信把金伞作为礼物送给毛主席。在重庆，拉祜族代表李保对邓小平说："我们拉祜人，祖

---

① 赵永忠：《20世纪50年代初期西南的民族团结公约》，《贵州民族研究》2012年第5期。

② 《云南日报》2006年8月18日。

③ 中共普洱县委史志办编：《碑魂——民族团结誓词碑史料辑》，内部资料《思内图》2000年第2号，第16页。

祖辈辈不被看作人，没见过大官，没上过大桌子吃饭，现在能到北京拜见各族人民的大救星毛主席……我们回去一定要把亲身经历告诉家乡的拉祜人、阿佤人，要听共产党的话，永远跟党走，把家乡建设好，到时候请你到家里做客。"他们用质朴的语言表达了对新政府的信赖和美好的期望。

1950 年 12 月 26 日代表团回到普洱，第二天随即召开了普洱区第一届兄弟民族代表大会。国庆观礼的感受和兄弟民族团聚这种盛会，对于少数民族来讲旷古未闻，因此，要立碑为据，上告慰祖先，下告知子孙。用什么方式呢？拉祜族代表李保提出，能否用佤族的方式来表示大家的诚意，其他民族代表说："喝鸡血酒发誓，我们傣族、拉祜族、布兰族、哈尼……也没意见，汉族结拜兄弟也是喝鸡血酒对天发誓。"[①] 喝酒拜把子，江湖结义，是中共政策决不允许的。在特殊的历史背景和特定环境下，胜败的关键取决于政策的灵活程度。经过慎重的研究和讨论之后，同意李保代表的意见，以佤族的方式剽牛盟誓。1951 年 1 月 1 日，在普洱红场，佤族代表拉勐手持标枪，进行最具历史意义的剽牛仪式，从此，一个新的里程碑——民族团聚誓词碑诞生，迎接一个民族团结和谐的新时代（图 2-8 所示）。

民族团结誓词如下：

"我们二十六种民族的代表，代表全普洱区各族同胞，慎重地于此举行了剽牛，喝了咒水，从此我们一心一德，团结到底，在中国共产党的领导下，誓为建设平等自由幸福的大家庭而奋斗！此誓。"

签名：

召景哈（傣文）、喃巴独玛（傣文）、叭浩（傣文）、召贯（傣文）、独弄浩（傣文）、李扎圣（拉祜文）、左朝兴（拉祜文）、张翰臣、方有富、李老大（拉祜文）、李光保、马朝珍、李保、拉勐、陶小生、张石庵、李扎迫（拉祜文）、麻哈允（傣文）、魏文成、萧子生、赵布金、高寿康、白开福、朱正福、何德、龙云良、阿街（傣文）、李世祥、罗恒富、李学智、王开林、陶世文、张玉保、李万

---

① 中共普洱县委史志办编：《碑魂——民族团结誓词碑史料辑》，内部资料《思内图》2000 年第 2 号，第 36 页。

学、张绍兴、杜阿尼、黄阿独、的金（傣文）、叭弄浩（傣文）、刀
焕贞（傣文）、昌恩泽、雷同、唐登岷、张钧、曾从信、方仲伯、谢
芳草、李吉泰

普洱区第一届兄弟民族代表会议

公元一九五一年元旦

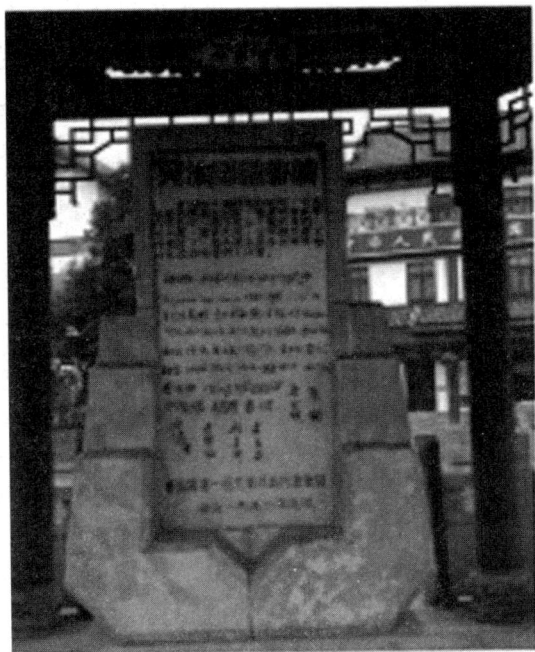

图 2-8　普洱民族团结誓词碑

　　这块有着"新中国民族团结第一碑"之称的石碑，已经被公布为全国重
点文物保护单位，普洱县民族团结园也被国家民委确定为"全国民族团结进
步教育基地"。此碑对于边疆民族地区的深远影响，超出了它本身的地域和时
空界限，注定要成为一个历史的分水岭。云南边疆，特别是普洱地区，大部
分还在执行土司制度，如孟连宣抚司、车里宣慰使，还有众多的土守备、土
千总、土目等，他们对历代中央王朝的关系以行政隶属关系为基础，中央政
府以"抚"为主，土司政权以"安"为本，对不同族群的广大成员，有相应
的文化关怀。普洱民族盟誓大会，确定了三个主题和目标，即"剽牛会盟"

"团结一心""平等自由大家庭"。"会盟"是一种古老的传统结盟方式，早在南诏阁罗凤时期订立了德化碑，决心"世世事唐"，异牟寻时与唐点苍山会盟，20 世纪初佤族抗英的"十七王盟誓宣言"等。因此，会盟是一种自然的传统要求，是相互信任的体现，所以，代表才提出了"剽牛会盟"的倡议。"团结"，不是你我，而是我们大家要能友好地在一起，像兄弟姐妹一样，像一家人一样；在民族关系上，这是一个质的变化，在认同上开创了横向认同的规划方案，即民族大团结的横向认同行为，这是边疆安定和谐的基石，民族团结的基础。平等、自由、幸福的大家庭是目标，目标是动力之源，是理想和未来。这个古老的仪式，诞生了新的内涵，它为新的时代、新的边疆、新的民族认同注入了新的内容，对于边疆民族的团结和谐、共建美好家园的格局意义深远。

第三章 认同的政治整合

云南大学中国族际政治研究专家周平在《论建构我国完善的族际政治整合模式》一文中给族际政治的概念是"族际政治整合是多民族国家将国内各民族维持在统一的国家政治共同体中和巩固、强化各民族的政治结合的过程,也是多民族国家通过协调族际政治关系而维持国家统一和稳定的过程"。①

民族区域自治是中国的基本政治制度,它的特点一是中国的民族区域自治,是在国家统一领导下的自治,各民族自治地方都是中国不可分离的一部分,各民族自治机关都是中央政府领导下的一级地方政权,都必须服从中央统一领导;二是中国的民族区域自治,不只是单纯的民族自治或地方自治,而是民族因素与区域因素的结合,是政治因素和经济因素的结合。

综观当今世界,然后处理民族关系是每个多民族国家面临的首要问题,是求同还是求异? 美国的民族政策被视为是比较成功的,它采取和推行的"熔炉"主义,即所有不同种族和民族的"美国化",只有美国化,才能成为美国人,才能在美国得以生存下去,实质上是"求同"主义;加拿大也是一个移民国家,但它采取的则是多元文化主义,即在民族多元与国家统一之间寻求平衡发展;还有一个我们一直在研究和反思的苏联民族政策,苏联的模式被认为是一个失败的典型,它的最大特征是民族"自决",不幸的是,这成为苏联的绞索,最终要了苏联的命。美国"成功"的背后是种族主义问题缠绕不休,加拿大的多元文化主义一时成为理论先锋,但加拿大的国家分裂阴影一直是加拿大挥之不去的噩梦,苏联的崩溃更是让我们时时警钟长鸣,

---

① 张会龙:《当代中国族际政治整合——结构、过程与发展》,北京大学出版社 2013 年版,第7 页。

这些都将是中国新时期民族政策进一步改革和完善的借鉴。

民族平等是当代中国民族制度和政策的基本出发点，中国的族际政治具体表现在民族区域自治政策上，但有个底线，那就是国家这个政治共同体的统一和稳定。中国是按照自己文化轨迹发展的国家，有着自己一脉相承的族际整合理论，在当今世界民族发展的新时代，除了借鉴他国的经验和理论外，走中国特色的民族政策道路是解决中国民族问题的必然选择。

一、土司制度——中国民族政策历史的总结

中国有史以来就一直努力建构一种中央与地方、主体族群与边疆各族群能够和谐发展的结构体系，这种关系结构正是现代国家认同概念的建构过程。中国是一个认同多元的国度，虽然"认同"一词是当代人类学的专业术语，但认同的行为一直存在于人类历史当中。中国作为具有多元文化背景的多民族现代国家，在当今如何更好地保持多元化色彩、共同繁荣与和谐发展，西方的相关理论及其实践可以借鉴，然而中国历代边疆政策及其成果可能更符合实际和现实。

中国对于边疆民族地区和少数民族有着一套极为完整的文化政策和政治措施，从而在文化上形成了独特的中国文化，在政治上形成了长期大一统的局面，在民族关系结构上形成了多元一体的民族生态系统。费孝通先生对多元一体的"民族大家庭"进行过系统的分析研究（费孝通 1989：18），澄清了中国有史以来政治共同体与文化共同体的关系。中外学者肯定了中国文化与处理不同民族关系的积极意义，列文森（Josephr leuenson）就把中国传统文化观念称为"文化主义"①。这就表明了中国历代王朝的治边政策具有其独到合理性和可行性，当前，从政策和文化的角度来研究这一问题比较多，而从国家认同的角度，特别是从边疆政策体制的最高形式——土司制度方面来研究国家认同，乏善可陈。中国的少数民族分布广泛，在地域上占 60%，而几乎每个少数民族都实行了土司制度，据土司研究专家龚荫先生的《中国土

---

①　马戎编著：《民族社会学导论》，北京大学出版社 2005 年版，第 56 页。

司制度史》统计，中央王朝共在四川、云南、贵州、两广、湖南、甘肃、青海、内蒙古、东三省等十四个省区设置土司3108家，基本涉及当今中国的绝大部分少数民族。在民族地区、边疆地区必须设土司，中国的中心与边疆区域的二元模式就是以土司制度为基本框架，因此，本章就以中国处理边疆问题的基本制度——土司制度来讨论土司制度及其民族国家的认同建构问题。

（一）国家认同建构的探索历程

中国历代中央王朝的边疆政策的探索、制定和执行过程，就是国家认同的建构历程。自从人类进入文明社会之后，每一个共同体都要面临如何协调与周围其他共同体的关系的问题。夏启立国，中国正式进入国家制度，夏王朝将周围四边不同人群按距离分为"五服"，四方诸族称为"蛮、夷、戎、狄"，夏王朝的朦胧边地政策，基本上是"声教不达"，随其俗。但是也取得了一定的成效，与四方关系就曾经出现"和谐共处"的局面。《竹书纪年》载："后发即位，元年，诸夷宾于王门，诸夷人舞。"[1] 商周时期，王朝行政区域划分为"九州"，初步产生了我族与他族、中心与边地的概念，"自是'边疆'与'民族'便成了对少数民族的界定与格局"。[2]

秦灭六国，一统天下，疆域空前辽阔，政府的行政区域制度日趋成熟，对边疆民族地区改"道"治理。汉立国，以"属国"治理边疆，三国时，天下纷争，对周边诸族以"抚"为主，诸葛亮南征非常具有代表性，"所夺之地，尽皆退还，孟获军党羽及诸蛮兵，无不感戴"，这对西南边疆各族影响意义深远。两晋南北朝时，诸强族进入中原，天下混战，但孕育出了一个强大的唐王朝，唐朝是中国历史上辉煌的王朝，从唐对吐蕃、南诏的政策和效果来看不太成功，其边疆政策仍然在探索过程当中。两宋时期，经济发达，国力雄厚，但屡遭边害，说明其治边政策的缺陷。在边疆政策上，唐宋羁縻府制度无法解决诸如吐蕃、南诏、辽、西夏等问题，但是其"任用土人，衔爵世袭"的政策为元代土司制度的建立打下了良好的基础和条件，龚阳先生说

---

① 龚荫:《中国土司制度史》（上编），四川人民出版社2011年版，第5页。
② 龚荫:《中国土司制度史》（上编），四川人民出版社2011年版，第10页。

这段时期是"土司制度的雏形"。①

元代是中国边疆政策划时代的变革王朝，它创立了土司制度。元王朝为了加强对少数民族的驾驭与控制，创立了"蒙、夷参治"之法，官有"流""土"之分，于是开始了"土司制度"。土官有总管、土府、土州、土县等，土司有宣慰、宣抚、安抚、招讨、长官诸司。② 土司制度最大的特点是将边疆不同民族地区直接纳入国家政权的直接管理下，兵部和礼部直接参与土司的管理。土司的职位虽然"参用土人"，但必须经中央政府任命，"需要正式赐予诰敕、印章、虎符、驿传玺书与金（银）字圆符等信物"。③ 土司有功者奖励升迁，有罪者责罚惩处，结束了隋唐以来边疆割据称雄的局面，自是西南边疆再无汉代的"滇""夜郎"，唐代的"南诏""吐蕃"，宋代"大理"等那样与中央王朝分裂割据的地方政权；在西北边疆要塞，再也没有出现过像唐代的"突厥"、宋代的"西夏"等那样与中央王朝分裂割据的地区政权；在东北边远地域，再也没有出现过汉代的"鲜卑""夫余""肃慎""高句丽"，唐代的"渤海"，宋代的"辽""金"等地区政权。土司制度的巨大历史作用是非常显著的，是对中国历代王朝边疆政策的总结及其成果。

元明清是土司制度从极盛到衰落的时期，边疆十四省区共设土司3108家，两万余人，清代还有增加，可见土司盛况。清代由于边疆社会经济的发展和中央集权的强化，继续推行"改土归流"，削减土司的势力和范围。到民国时期，部分边疆地区仍旧实行土司制度，只是将其改为"设治局"，但地方仍称其为"土司"。据统计，民国时期土司"尚仍有三百五十家"。④1949年中华人民共和国成立后，废除了土司制度，土司制度结束了在中国历史上的使命。通过对历代王朝的边疆政策的回顾和分析，我们认为，土司制度建立以前，历代中央王朝的边疆政策属于二元模式建构的探索和国家认同的培育阶段，边疆与中央的分裂与统一局面的不断反复，就是边疆政策不完善的反映，土司制度建立以后的边疆稳定与地方区域文化的逐步形成就是土

① 龚荫：《中国土司制度史》（上编），四川人民出版社2011年版，第108页。
② 龚荫：《中国土司制度史》（上编），四川人民出版社2011年版，第113页。
③ 龚荫：《中国土司制度史》（上编），四川人民出版社2011年版，第117页。
④ 龚荫：《中国土司制度史》（上编），四川人民出版社2011年版，第193页。

司制度成功的写照。

（二）土司制度的文化认同与政治认同

边疆各族群及其文化与中央王朝为代表的主流文化的差异性是显而易见的。边疆族群在语言、服饰、生活习俗和历史进程等诸多方面与中原有着很大差别，这种差别和差异导致了矛盾和冲突，不同族群建立了相对独立的地方政权，与中央政府讨价还价成为普遍的历史现象。但是，他们与中央的关系是无法断绝和割舍的，一是历史以来经济文化上的相互依赖，二是政治军事上的保护与支持，三是各族都有一统天下的雄心壮志。那么是什么文化和政治认同导致他们的文化政治倾向？土司制度为我们诠释了这种认同关系的结构和历史影响。

土司制度在边疆族群与主流文化的文化认同关系上是通过历史的积淀上升到统一政权下中央与地方的依赖关系。在不同地区与不同族群当中，土司们借助中央政府的文化推广政策，学习、借鉴和改造自己的民族文化，进而发展成为地域色彩浓郁的地方文化，并不断地推广、辐射和延伸。诸如人们早已认同的广东、广西、湘西、贵州和云南等地的地方文化，没有人质疑他们的中华文化性，更没有人能否定他们的地方性和民族性，这就是地方特色文化，是中华文化多样性和包容性的真实写照。早在土司制度建立之前，边缘族群在文化上对主流文化的"依赖"就已经很强烈了。我们以唐代的南诏为例，南诏控制的区域广阔，军事实力强大，多次击败唐军，并在太和三年（829）打下了成都；但南诏对于中原主流文化仰慕至极，《新唐书·南蛮传》"人知礼乐，本唐风化"，《旧唐书·南诏传》："慕中国，不肯连父名。"① 其后的大理国习儒学、使汉字，设科取士，汉文书籍是与中原贸易的重要商品。土司制度建立以后，文化的相融和学习在制度上确立起来，明朝明确规定，土司的承袭条件是要学习儒家文化，因此，中南、西南地区儒学兴盛，"云南诸土官好礼守义，以丽江木氏为首"，广西思恩军民府知府岑瑛"请置学校，

---

① 尤中：《云南民族史》，云南大学出版社1994年版，第206页。

立师儒，增广生徒，比诸内郡焉"。①　土司制度建立后，云南的变化是划时代的。明代以前，云南是以彝、白、傣等民族为主的"边夷"地区。从秦汉以来进入云南地区的汉人，都已入乡随俗，被"夷化"了，土司制度建立以后，广兴学社，各族弟子有机会"举充学官，教养弟子，使知礼仪，以美风俗"。明洪武年间明确"其云南、四川边夷土官，皆设儒学，选其子弟侄之俊秀者以教之"。加之明代大量的内地汉民迁入，逐渐形成中国传统文化与地方民族文化成功兼容并有强烈地域色彩的"云南文化"。明朝成化年间（1465—1487），云南布政使周正的一副对联反映了这一状况："文风不让中原盛，民俗还如太古醇。"②　清代对西南少数民族对地区的文化教育又进一步强化和发展了。这里我们所要讨论的是认同的文化历史根源，中国主流文化，我们称之为"儒学"，具有强大的辐射力和世界性的影响，安德森在研究人类"共同体"时，特别强调了这一点，将其视为宗教，他说"这几个伟大的神圣文化（为了本章讨论的目的，也许可以容我再加上儒教一项）里都包含有'广大无限共同体'的概念"。③　土司有个最重要的要求就是学习"儒学"，这是基本条件，这对不同族群在本族群认同上为一个以文化为纽带的更高层次的共同体想象奠定了基础。

土司制度的政治认同价值是以往任何时代的边疆政策都无法企及的，它和以往的边疆政策的区别在于它是政府行为的规划性认同建构，是中央和地方都可以接受的政治模式，这个制度产生了两者互补的结果，土司制度给了边疆各个族群以合法的国家地方行政实体地位，他们成为国家行政单位的一部分，任命、升迁、继承和责罚有了严格的制度程序，同时具有相当的自治权，这一点很重要，它使不同族群保持了各自的文化和传统，文化认同与政治认同有了良性互动，逐步衍生了对"国家"概念的初步认识，必须相应担负应尽的国家责任和义务。早在明朝正统年间，云南麓川叛乱，各地土司响应平叛；嘉靖年间，广西狼兵、湖广土兵在东南沿海抗倭战争中奉命出征，

---

①　龚荫：《中国土司制度史》（上编），四川人民出版社 2011 年版，第 209 页。

②　尤中：《云南民族史》，云南大学出版社 1994 年版，第 365 页。

③　[美] 本尼迪克·安德森：《想象的共同体》，吴叡人译，上海人民出版社 2005 年版，第 12 页。

战功卓著，"王江泽之战，保靖掎之，永顺角之，斩获一千九百余级，倭为夺气，盖东南战功第一云"①。清代末年，边疆危机，外寇觊觎，土司的政治认同和国家意识就尤显重要，光绪二十六年（1900）云南西部边疆片马景颇族土司左孝臣率众抗击英国入侵，英勇牺牲，使片马终归未失。存在于中国历史的"认同"事实，就是美国芝加哥大学的历史学家杜赞奇先生所说的中国"在民族国家出现很久以前就存在着总体化的、自觉的政治共同体"。②

（三）土司制度与国家认同关系

尽管国家认同的学术争论还在探讨民族国家究竟是政治共同体，还是历史文化共同体的问题；公民对之认同的基础是政治法律制度，抑或是公共的政治文化，还是历史传统遗留下来的文化、语言或道德宗教等问题上，但是中国毕竟与世界其他国家不同，她有自己相对独立的文化区域和历史轨迹，在近代民族国家的理论和实践中被迫重新"建构"自己的民族国家和民族认同。翻开中国的历史，我们看到其实我们早已建构了一套"国家"的认同体系、族群的认同方式和文化的认同网络。这就是以文化认同、历史认同、地域认同以及近代外部压力下形成的民族认同为网络基础的中华国家认同。这种认同的结构是中国近代能够摆脱分裂与灭亡的原因所在，它的成功之处正是中央王朝数百年的族群认同体系——土司制度。

显然，土司制度反映的是边疆地方和中央的认同关系。这种关系结构是以大一统的"天下观"为前提的，即以"国家"为前提，效忠国家、服务国家是责任和义务，因此，国家是第一位的。反过来，边疆族群对中央（其实就是国家）的认同，正是接受和争取土司封号的册封。在土司制度下，土司是朝廷（国家）的正式官员，有着大小不同的行政级别和管辖范围，他们珍惜这种地位和荣誉，对朝廷有着强烈的认同感。在族群当中，土司的朝服印章有着神圣的地位，世代保存炫耀，引以为荣。"改土归流"以后，土司主要集中在边疆少数族群当中，地域上更加边缘，但认同上更加强烈，在文化

---

① 龚荫：《中国土司制度史》（上编），四川人民出版社 2011 年版，第 156 页。
② ［美］杜赞奇：《从民族国家拯救历史》，王宪明等译，江苏人民出版社 2009 年版，第 7 页。

表述和政治立场上积极表达与国家的同源和一体关系，目的就是渴望国家的认同，那就是我们不能被遗忘。专注于西南族群研究，王明珂在对川西藏族土司——瓦寺土司的研究中特别指出了土司族谱对于土司的重要意义，从个体对象中反映了土司与国家的认同关系。瓦寺土司族谱名曰《功勋纪略》，20世纪40年代重新修族谱，更名为《世代忠贞之瓦寺土司》，"在叙事中，土司之祖受皇帝之命出征与驻守，因而土司家族的英雄祖先居于中原王朝英雄祖先政治权威之下"。[1] 云南西部德宏傣族多氏土司也记有详细家谱，其家谱最为显著的便是名称——《"忠勇守国"500年》，其后代"在家谱的末页，有一组不知道是哪一代土司留下的'陇川司官多氏字派'，到我这一代是'国'字派。而从我的太爷爷，多氏第二十五代土司多忠瑶，到我，连起来念正好是'忠勇守国'。这32个字，寄托了多氏先辈们对于家国的护持与期盼"[2]。德宏的另一方氏土司也立家谱，强调了历朝中央的册封和官品级、信仰和号纸等，到近代则突出守土卫边、保家卫国的自觉行为和壮举。土司的后代们对于祖上业绩的记忆和强烈的自豪感，也代表了一个民族对国家的忠诚与贡献。1934年滇西佤族《十七王宣言》的表达更为明确："自昔远祖，世受中国抚绥。固定边疆，迄今数百年，世及弗替，不但载诸史册，即现存历朝颁给印信，可资凭证。"并且发誓说，为了保卫国家，"宁血流成河，断不作英帝国之奴隶；即剩一枪一弩、一妇一孺，头颅可碎，此心不渝"[3]。土司对中央政权称呼为"大朝"，其部民也自豪地说我们是大朝的人。中华人民共和国成立后，流亡到泰国、缅甸、老挝金三角区的国民党残军，遇到境外的"阿卡"（哈尼）人，阿卡都说自己是大朝人。在这里，叙述者想表达的是一种身份暗示，即我们都是"大朝"的人，是"自己人"，强调自己的"正统"身份，表示与"他者"的区别。有了稳固的"我者"认同，在近现代才会出现西南边疆的土司们抗英、抗日的自觉行为，如1942—1944年，滇西二十四土司共赴国难，英勇抗敌的壮举。土司制度与国家认同关系从土司家谱和近代边陲土司的行为中一目了然。中华人民共和国成立后，大部分土

---

[1] 王明珂：《英雄祖先与兄弟民族》，中华书局2009年版，第220页。
[2] 多国丽：《多氏土司："忠勇守国"500年》，《看历史》2012年第12期。
[3] 段世琳主编：《班洪抗英纪实》，云南民族出版社1998年版，第12页。

司拥护中国共产党，积极响应国家的号召，参与到国家建设当中，有的成为民族干部，为民族团结、发展和进步做出贡献（图 3-1 为西盟拉祜族末代土司，后成为党的民族干部）。

图 3-1　西盟末代土司

　　中国由于其文化地缘的特殊性，文化具有极强的包容性和多元性特征。中国多层次的文化维度，反映在不同区域人群的多元认同情感，这就是中国多民族国家认同的文化基础和渊源。这种国家认同意识的形成，是中国历代王朝边疆政策带来的结果，其成果和形式就是中国的土司制度。土司制度不仅仅是一种边疆行政政策，它所呈现出的是中国政治的智慧，中国的文化兼容以及边疆族群对中央政府的政策回应和文化回应，即大一统之后的国家认同与地方族群认同框架模式。这个模式，保障了一个相对和谐的中央与地方关系，保障了一个中国传统文化之下的地方民族多元文化的生存空间并使之长久保存和发展。所以，西南地区的民族学、人类学和边疆学的价值巨大。西方学者在 20 世纪对中国民族问题和边疆问题的研究重点转向西南边陲地区，"在地理上和文化上都与中央远离的中国西南边陲民族地区成为继华北汉人社区研究之后兴起的又一个学术热点"。① 西方对于中国土司制度有着极大的兴趣并进行深入研究，赫伯尔对中国西南民族的多元性和国家认同提出了西南族群或成为"被改造者"，或是"自治"的观点。西方学者的研究以美国为代表，"史学家弗雷德里克·杰克逊·特纳（Frederick Jackson Turner）的'边疆进化'观点，以及基于此研究中国的何伟恩（Herold. J. Wiens）的'挺进'说，来自其《中国向热带进军：历史与文化视野下与中国南方非汉族群攸关的汉文化、移民和政治控制的南方渗透》（1954）……约翰·赫曼（John Herman）的《云雾之间：1200—1700 年中国对贵州的拓殖》即为代表作……西方学者的土司和边疆研究带着浓厚的自身文明/国家想象，如拓殖（colonization）一类的概念即是西方经验运用于东方"。② 西方的人类学民族学理论对于我们研究中国的民族问题有积极的意义，但中国毕竟迥异于西方，回溯中国的中央与地方的相互关系，既不是文化霸权，也不是拓殖运动，它是长期的文化互动和政治互动互信形成的共同"天下观"认同，即国家认同，而这种国家认同的形成，是在土司制度建立之后，土司制度是中国国家认同建构历史上的分水岭，土司制度完成了中国中央与边疆地方合理的二元结构体系。

近代西方民族国家的理论和建构的现代民族国家模式，有多种族、多族群共同建立的美国模式，有单一民族建立的德国、日本模式，有战后殖民地民族独立国家模式，还有苏联不成功的苏维埃联邦模式；而中国虽有西方近代国家建构理论的影响，但中国基本按照自己历史以来的"天下"模式在建构一个以历史文化为核心、疆界地域为轴线的多民族国家，这是一种特殊的成功模式。之所以成功，是因为她能将几十个不同形态的民族聚合在一个统一的政权之下，而聚合的体制就是土司制度，聚合的基础就是现代称之为"国家认同"的各族共同的"天下观"，即国家观。近代中国在西方列强的军事、政治和文化的多重攻击下依然保持一个完整的国家形态，土司制度功不可没，因此，关于土司制度对国家认同建构的积极意义和现实影响，应当进

---

① 安琪：《"帝国边陲"——欧美学界对中国西南的研究演变》，《思想战线》2009 年第 3 期。
② 李安宅：《近年海外西南土司研究》，四川大学中国藏学研究所讲座论文，2011 年 9 月 26 日。

一步研究和梳理，这对于当今中国的民族发展政策、边疆发展政策、多元文化价值等意义重大。

二、民族区域自治制度的发展

从世界各国的政治制度设计来看，如何建立一个多民族或多元文化的政治实体，都要有相应的政治制度来规范各民族之间的相互关系，要考虑是否平等诸多问题，考虑在政治、经济、文化、教育等事务中拥有的权利和义务，行政区划中是否考虑民族的因素等。中国共产党早在中华人民共和国成立前就设想了民族问题的解决方式。虽然有苏联模式的影响，但中华人民共和国成立以后，中国执行的是以民族区域自治的方式解决民族问题的政策。1953年，中华人民共和国颁布了《中华人民共和国民族区域自治实施纲要》，1954年写入《宪法》。从 60 多年的实施情况来看，效果是非常明显的，达到了预期的基本目标，但是存在的一些问题也不断地浮现出来。如民族之间的认同边界清晰化，自治地方的地理边界的排他化，不同民族优惠政策带来的矛盾问题等，对民族区域制度的研究和进一步完善是不能回避的问题。

1947 年 5 月内蒙古自治区成立以来，中国建立了 155 个民族自治地方，包括 5 个自治区、30 个自治州、120 个自治县（旗）。55 个少数民族中，有 44 个建立了自治地方，实行区域自治的少数民族人口占少数民族总人口的 71%。截至 21 世纪初，国家颁布实施的关于民族政策的法律法规就有《中华人民共和国宪法》《中华人民共和国民族区域自治法》《中华人民共和国立法法》《民族乡行政工作条例》和《城市民族工作条例》等 5 个法律条例。云南是一个多民族的边疆省份，有 25 种世居少数民族，其中有 16 个少数民族跨境而居，云南省在民族工作条例的制定上不断与时俱进，先后制定了《云南民族乡工作条例》《云南省城市民族工作条例》《云南省促进民族自治地方科学技术进步条例》和《云南省民族民间传统文化保护条例》。中华人民共和国成立初期，云南省有少数民族 500 余万人，约占全省总人口的 1/3，少数民族分布地区占全省总面积的 70%。1951 年，云南省第一个民族自治县——峨山彝族自治县成立，1953 年 1 月 24 日第一个相当于专区级的少数民族自治地方——西双版纳傣族自治区正式宣告成立。截至 2012 年，全省民族自治地方共有 8 个自治州、29 个自治县、150 个民族乡，自治地方面积占全省面积的 70.2%；25 个少数民族中，有 18 个实行区域自治。2005 年，民族自治地方人口占全省总人口的比重是 49.7%，占全省少数民族人口的比重是 81.3%是全国世居民族最多、特有民族最多、跨境民族最多、民族自治地方最多、实行民族区域自治的民族最多的省份。民族区域自治在云南已经实施了 60 多年，取得了举世瞩目的成就，成为中国的民族团结示范区。

（一）民族区域自治的认知度

民族区域自治在云南民族地区实施了 60 多年，广大的少数民族对民族区域自治的认知度，是这个制度要进一步改善和完善的基本条件。

2013—2014 年，我们到西盟佤族自治县对民族区域自治问题进行实地调查，先后到力所拉祜族自治乡、勐梭镇、秧落村、帕窝地和江城哈尼族彝族自治县的宝藏乡半坡村、整董镇等地，主要涉及佤族、傣族、拉祜族，选择的地方从乡镇到村和社（自然村），得出的调查数据参考值会更接近实际。

民族区域自治在基层、村寨普通民众的认知里是什么状况？有多少人知道什么是民族区域自治？这对民族区域自治的完善和未来的发展至关重要。2014 年，我们对普洱市西盟县一个名叫"帕窝地"的拉祜族自然村进行调查，结果令人震惊。帕窝地，西盟佤族自治县勐梭镇秧落村的一个拉祜族自然村，全村均为拉祜族，共有 93 户，275 人，80% 的人能够讲汉语，但精通汉语的不到 50%，大部分老人不会讲汉语。2011 年通公路，人均收入 2000多元，主要经济作物是茶叶。目前的住房已由政府资助，按照统一规划，建造有一定本民族特色的民居，一条 4 米宽的水泥道路横贯村子，布设有太阳能路灯、一个篮球场、一个文化室、两个公共厕所，基础设施基本健全。适龄儿童都可以进入所属的秧落村小学接受义务教育。这是个典型的刚刚开放的拉祜族自然村寨。所调查的村民，仅村主任知道"民族区域自治"，其他人不知道。村主任所描述的民族区域自治是这样的："就是自我发展、自我管理、自我教育。"问他什么是自我发展、自我管理、自我教育，他说这就不清楚了。所以他说我们需要政府来主导，政府的官，不管什么民族，我们只认好官，什么是好官呢，就是能给我们带来好处，给我们实惠的官。村主任是高中毕业，是村里文化水平和学历最高的人，对民族区域自治一知半解。因此，我们可以认为这个村子不知道什么是民族区域自治，这与他们的生活毫无关系，所以大家不关心。绝大多数村民是文盲，与外界的接触非常少，所以对此问题不知道是正常的，而且据我们的调查，这样的情况在这一带的山村里是普遍现象。

与居住在山区里的村寨村民比较，居住在城镇里的少数民族居民情况有了较大的变化。根据《中华人民共和国宪法》第114条规定，自治区主席、自治州州长、自治县县长由实行区域自治的民族公民担任。因此，自治主体民族的公务员对民族区域自治这一制度的认识，相对于其他群体而言更加明确。普通的城镇居民对于民族区域自治的理解，更多的集中在与自身生活和利益有关的方面，自治地方的各项优惠政策是大家直接深刻体会到的实惠。这是我们采访中得到最多的答案，也就是说，民族区域自治，对于普通的城镇居民、公务员只是一种泛泛的理解，与自身生活和利益有关的，就去了解，无关的基本不过问。云南的德宏傣族景颇族自治州，大家最记得住的是自治地方独有的节假日和每月600元的自治地方补贴。"实行自治州津贴的范围为全州财政供养的在职在编人员和离退休干部，津贴标准为600元/月/人，执行时间从2014年4月1日起实行。实行自治州津贴主要是依据1987年7月14日云南省第六届人民代表大会常务委员会第二十八次会议批准，并经2005年3月25日云南省第十届人民代表大会常务委员会第十五次会议批准修订的《云南省德宏傣族景颇族自治州自治条例》中第七章第六十五条明确规定'可以实行自治州津贴'。"云南自治地方的自治补贴还有楚雄彝族自治州的1200元补贴，大理白族自治州、文山苗族自治州的1000元补贴，包括怒江傈僳族自治州的自治补贴和节假日，这些是给人们印象较深的自治"优惠"待遇。

自治地方对自治内涵理解较为深刻的是那些自治地方的各级干部，这对他们的一生影响非常大，所以对民族区域自治的各项政策都进行了较为细致的研究。比如民族干部的配备比例、民族干部的提拔晋级优势和条件等。民族干部基本上都有一定的文化教育背景。今天，国民教育经历尤其显得重要，县长或科局长基本都是本科及以上学历，所以，把他们视为民族的精英是比较贴切的，他们对区域自治有着各自的看法。绝大部分当地民族干部都渴望把自己的孩子培养成大学生，接受高等教育，不管是本科还是专科，读大学最重要。文凭很关键，有了文凭，才有可能进入公务员或事业单位，才有晋级提升的机会和条件。在边远的西盟佤族自治县，2000年基本实现"普六"工作，2008年开始验收"普九"工作。实际上，大部分山村适龄儿童小学毕业基本就不再上学了。在小学阶段，村镇小学的老师最为烦恼和痛苦的事就是周末到寨子去找自己的学生，做学生和家长的工作，让逃课、不去上学的孩子返回学校，现在小学毕业率是很高的。初中生辍学的特别多，以2007年为例，当年全县有小学生15441人，初中生缩减到4139人，高中生仅518人，呈断崖式递降。2016年西盟县高考，有300人报名，实考221人，其他省份随便一所高中，都要超过这个数字。因此，西盟县受过高等教育的人数是非常少的，接受高等教育后又返回来的人更是少而又少，尤其是少数民族，这使当地少数民族干部的遴选条件相对单一，高校的文凭是第一条件。少数民族公务员的二代、三代成为公务员的概率是最高的，因为他们对区域自治政策的理解比较透彻和实际。

从民族区域自治的认知度上，我们可以看出这么一条坐标曲线，在边疆民族地区，认知度是由城市向乡镇、山村逐步递降，由文化程度的高低逐次递降，由干部职级逐次递降。这反映了民族地区对民族区域自治的理解是相对片面的，或是不关心不关注；另外反映出民族区域自治的内涵理解还局限在少数行政领域和专业知识阶层，大众的认知度不高。

（二）散居少数民族与民族区域自治

早在中华人民共和国成立初期，如何保障散居少数民族权益的问题就已经提出，制度保障和民族区域自治政策互为补充，充分体现了党和国家对于少数民族权益的高度重视。少数民族，不论身在何地，都可以享受少数民族应有的民族平等权利。1952年，中央政府颁布了《政务院关于保障一切散居的少数民族成分享有民族平等权利的决定》，除了对散居少数民族的权益规定外，在"决定"的最后一条还特别规定了民族区域的其他民族和汉族的权益问题，在第八条中规定："本决定的原则同样适用于散居在各少数民族自治区的其他少数民族成分和汉族成分。"① "决定"考虑得很周全，但八条决定只是纲领性的制度文件，随着中国社会的发展，散居少数民族的情况也与中华人民共和国成立初期有着很大的变化。散居少数民族逐步向内地、沿海和大城市扩散，需要各省市自治区根据情况的变化，在"决定"的基础上进一步制定更具可操作性的政策措施，各省份先后颁布了散居少数民族的保障制度或工作条例，如《辽宁省散居少数民族权益保障条例》《河北省散居少数民族权益保障条例》《安徽省散居少数民族权益保障条例》《湖南省散居少数民族工作条例》《广东省散居少数民族权益保障条例》等。从北到南，从西到东，各省的散居少数民族权益保障制度，不仅全面细致，而且在不断地与时俱进和修正。广东省的《广东省散居少数民族权益保障条例》1997年颁布，2012年修正；湖南省在1987年制定了《湖南省散居少数民族工作条例》，并于1997年进行了第一次修订，2010年提出了修订意见，对条例进一步补充完善。这些制度的制定对于散居少数民族的权益有了坚实的保障，但这并不意味着就没有问题了。改革开放以来，特别是进入新世纪后，随着我国经济社会发展和工业化、新型城镇化、农业现代化的推进，跨区域人口流动已经成为常态，民族跨区域大流动给城市民族工作带来的新挑战，也给城市治理能力提出了新的挑战。对该问题的重视和研究已经刻不容缓，突出的问题主要是对民族工作问题的研究与民族工作发展有些不相适应，思想认识与城市民族工作的要求不相适应，管理和服务的体制、机制与城市民族工作的要求不相适应等方面②。党中央对于城市散居少数民族工作的重要性十分重视，2014年9月，在中央民族工作会议上，习近平总书记在坚持党的民族理论政策基本原则的基础上，提出了一系列新思想、新观点、新举措，为新形势下民族工作提供了行动指南和基本遵循，对城市民族工作做了指示："城市民族

---

① 《政务院关于保障一切散居的少数民族成分享有民族平等权利的决定》，见 http://www.china.com.cn/guoqing/2012-09/05/content_26746322.htm。

② 高向东：《做好转型期城市民族工作》，见 http://www.shszx.gov.cn/node2/node4810/node4851/node4861/u1ai57797.html。

工作要把着力点放在社区，推动建立相互嵌入式的社会结构和社区环境。"①
为做好新形势下的城市民族工作指明了方向，城市散居民族工作不断向前推
进。2016 年，第三次全国城市民族工作会议明确提出了"要坚持中国特色解
决民族问题的正确道路，依法管理城市民族事务，以保障各民族合法权益为
核心，以做好少数民族流动人口服务管理为重点，以推动建立相互嵌入的社
会结构和社区环境为抓手，推进城市民族工作制度化、规范化、精细化，让
城市更好地接纳少数民族群众，让少数民族群众更好地融入城市，切实加强
各民族交往交流交融"②。广州、上海等城市成效斐然，有较强的示范性，比
如广州市在民族事务管理中的"建立三种协作"模式，"即在横向层面，广
州市以及所辖各区均建立民族工作协调领导小组，纳入相关部门 30 个；在纵
向层面，广州市以及所辖各区、街（镇）、社区（村）完善四级民族工作网
络；在输出地、输入地层面，广州市与新疆、青海、四川等省、自治区有关
政府部门加强两地对接协作。最终，形成了横向到边、纵向到底、跨地协作
的城市民族工作格局"③。

　　在解决东部地区的散居民族工作中存在的问题并取得成效的同时，回首
西部地区，情况要复杂得多。在西部地区，例如云南这样传统的散居少数民
族与东部地区的散居少数民族有较大区别，散居民族工作在云南任务艰巨。
问题归纳起来表现在自然、基础设施、经济、教育等方面。一是生态环境恶
化、生存条件恶劣；二是基础设施薄弱，交通、信息、水电等基础设施十分
落后；三是经济发展滞后、贫困面大、发展不平衡；四是教育落后，人才匮
乏；五是理论问题，理论研究不足，相应的政策法规体系不健全。

　　如何解决散居少数民族问题，中华人民共和国成立初期的解决办法是保
障民族平等权利、共同建设社会主义国家、推动文化教育等方面的政策和措

①　《奏响新形势下民族工作新乐章——党的十八大以来以习近平同志为总书记的党中央推进民族工作创新发展纪实》，新华网，见 http://www.xinhuanet.com/politics/2016-10/09/c_1119681633.htm。
②　刘吉昌：《城市民族工作是新常态下民族工作的重点领域》，摘自《贵州民族报》2017 年 9 月 3 日。
③　汪茂铸：《以十九大精神为指引，提升广州市民族事务治理社会化水平》，中国民族宗教网，见 http://www.mzb.com.cn/html/report/180126427-1.htm。

施①，目标是构建新型民族关系，各民族共同进步。许多研究者就此进行了专门研究，归纳总结以下几点建议。

第一，制度创新。散居杂居少数民族工作理论体系是个有待进一步发展创新的课题，有必要进行深入的理论研究和创新性思维，提高我们对散居少数民族工作的指导能力。云南民族"大杂居、小聚居"的分布特点，直接反映了村社一级，乡镇一级，散居民族大都集中在某村或社（村民小组），这样，民族村的治理方式就具有了积极的普遍意义。中国社科院"云南省民族团结进步边疆繁荣稳定示范区建设研究"课题组对此问题进行了专门的调查和研究，将"民族村"纳入散居民族理论体系研究②，作为对民族乡制度的一种补充，要让非自治地的散居少数民族都能充分享受党和国家的民族政策和帮助，这种尝试是十分有益的。

第二，立法建制。借鉴各地方制定和执行的散居少数民族立法经验，尽快制定和颁布全国性的散居少数民族权益保障法，要将散居少数民族的权益保障提升到民族自治区少数民族权益保障体系同等的高度，形成以散居少数民族权益保障法为基本法，与国家行政法规和规章以及地方性法规和规章相配套的散居少数民族权益保障的法律体系。

第三，发展经济。发展经济是解决散居少数民族权益的最核心、最根本的内容。各地各级政府重视和解决散居少数民族地方的基础设施建设问题、经济发展不平衡问题，在政策上倾斜，在资金上扶持，结合当前正在快速推进的扶贫攻坚战略，推动散居民族经济的快速、健康和可持续的发展。

第四，文化教育。和其他少数民族地区的情况一样，文化教育是散居民族绕不开的难点问题，这不仅仅是办所学校、考试加分就能解决的问题。当前，云南的许多地方全民投入到扶贫攻坚的工作中，在扶贫工作过程中，贫困的主要原因还是文化制贫，没有文化知识、没有技能，是导致贫困的直接原因。我也参与挂包扶贫，扶贫村有汉、彝、拉祜等散居民族，挂包的几户贫困户中，50 岁以上的居民基本只上过小学一、二年级甚至没有上过学，

---

① 黄光学：《我国杂居散居的少数民族问题是如何解决的》，《民族研究》1959 年第 11 期。

② 中国社会科学院"云南省民族团结进步边疆繁荣稳定示范区建设研究"课题组编：《民族团结云南经验》，社会科学文献出版社 2014 年版，第 502 页。

30—40岁的居民最高也就是初中文化程度，扶贫的难度折射出发展文化教育还有很艰难的路要走。散居少数民族聚居地，大部分处在边远山区，值得追问的是，有了学校，有教师吗？有了教师，他们能待多久？这涉及基本的教学设施、师资、工资福利待遇，以及师资能力提升培训、特岗教师计划等一整套对应的保障体系。解决这些问题，除了政府的高度重视之外，还要大幅提高这些地区教师的工资福利，同时实行轮岗制，让这些教师有希望和前途。以上措施结合教育部的教师志愿者服务活动，可以推动少数民族地区教育事业的发展。

第四章 认同的焦虑与迷惘

　　焦虑是现代社会一个普遍的心理问题，一种情绪问题，是属于个体的心理行为和反映，这种焦虑情绪一旦成为普遍现象，那就是社会问题。当前人们对于生活中的各种焦虑进行了研究，采取各种措施给以舒缓，不过有一种类型的焦虑还没有进入人们的视野，或者说是关注不够，而它对社会的影响却是明显并长期存在的，这就是身份认同的焦虑与困惑。在边疆民族地区，这种焦虑更加明显和普遍。云南边疆少数民族穿越历史时空，经历了激烈快速的现代社会变迁，对于自身的民族和身份认同，即归属感的焦虑和困惑尤为突出。

　　云南确实与众不同。云南建行省制度后，中原化的速度急速推进，只不过云南的区域化特色比较鲜明，族群的社会进程成立体状态分布。在昆明和曲靖、玉溪、大理、保山等城市，以汉族和汉化程度较高的其他族群为主，经济文化与其他省份较为接近，甚至"文风不让中原盛"。而广大的山区和少数民族聚居地区，社会形态参差不齐，有的处在原始社会，有的处在奴隶社会，有的则进入了封建社会。中华人民共和国成立后，面对这样的不同形态社会阶段的众多民族，如何实现共同进步和发展，是前所未有的新理论、新课题。云南是集边疆、民族和贫困为一体的地方，不仅民族众多，其中有16个跨境民族。云南还是国防前沿，巩固边防也是主要工作。土司制度和地方头人还是其基本的社会组织结构，必须考虑这个社会现实。云南省委首先做了实地调查，根据中央"慎重稳进"的指示精神，1953年，省委派出3支工作队，对边疆民族地区进一步深入调查研究，以景颇族为对象进行深入细致的考察，由历史学家马曜为组长，组织调查研究。马曜于1953年撰写了《从遮放西山区的情况看景颇族地区的生产问题》和《关于在遮放西山景颇族地区团结生产的初步意见》两份报告，分析了景颇族的社会现状、生产力发展水平：景颇族地区的基本社会情况是土地占有不集中，阶级分化不明显，阻碍生产力发展的不是山官头人的特权剥削，而是生产水平十分低下和停滞，社会分工和商品经济不发达以及拉事、杀牛祭鬼等原始因素和落后因素[1]。调查报告提出："可以通过政府给予长期有效的帮助，大力发展生产，逐步解决和固定农民的耕地，通过国有贸易等经济力量的加强，不断地增加社会主义的成分，并通过政治上停止民族纠纷和山官头人的改造工作，逐步地消除其落后的因素，逐步地过渡到社会主义。"[2] 直接过渡包括哪些地区和民族呢？根据云南少数民族的具体实际，直接过渡地区，后来称为"直过区"，直接过渡的民族称为"直过民族"，具体包括滇西北的丽江地区（今丽江市），滇西的德宏州、怒江州和保山地区（今保山市），滇西南的西双版纳州、思茅地区（今普洱市）和临沧地区（今临沧市），滇南的红河州等8个地州5个整县，还有19个县的一部分，共计66万余人，涉及景颇、傈僳、阿昌、独龙、怒、德昂、佤、布朗、基诺族、拉祜、哈尼、藏、纳西、瑶、白、苗、彝、傣、汉族等19个主要民族。从涉及的民族来看，不仅仅是所谓的原始民族，而是包括汉族在内的、生产力和生产关系极度落后的地方，当然直过民族是要区别对待的。

对直接过渡的民族和地区，采取什么政策措施呢？首先是不搞土改、不分田地；其次是团结民族上层，不斗地主、土司，不斗头人、山官；最后是大力培养少数民族干部，建立健全乡村政权组织，以发展生产为中心任务，成立"爱国团结生产委员会"或"爱国团结生产小组"，开展互助合作运动，在发展生产和合作化过程中，采取和平协商的渐变方式，采用"赎买"政策，附带逐步解决封建剥削因素和原始落后因素。

直接过渡不仅仅发生在云南，毛泽东、刘少奇等党和国家领导人希望通过"直接过渡"来完成一次"毕其功于一役"的社会跨越发展。60多年来，

---

① 拉事：部族仇杀、抢劫等事件。笔者注。

② 杨新旗：《马克思主义中国化、时代化的新实践、新成果——云南边疆民族地区的"直接过渡"》，《云南日报（数字报纸）》2016年7月31日，见 http://yndaily.yunnan.cn/html/2016-07/31/content_ 1080651. htm? div = 1。

直接过渡给直过区和直过民族带来翻天覆地的发展和变化，这个政策推动了云南整个地区，特别是民族地区的发展，改变了他们的生产方式和生存方式，但也由此带来不同民族在认同行为上的困惑与变化。

一、直接过渡——跨越发展的新篇章

传统社会赖以生存的条件是传统的社会生产方式。中华人民共和国成立后，针对云南的特殊省情，制定了"直接过渡"政策，目的是什么？刘少奇说，这是"毕其功于一役"。20 世纪 50 年代以前表现为：云南各民族的经济社会发展极不平衡，各民族所处社会发展水平差异很大，从原始社会、奴隶社会、封建社会到资本主义社会，人类社会发展过程中的各种社会形态几乎同时存在，被称为"一部活的社会发展史"。当时，约占云南人口 1/3 的少数民族中，独龙、基诺、布朗、景颇、傈僳、怒、佤、德昂等民族，以及边境一线的拉祜、苗、瑶等民族约 66 万人口，处于原始社会末期或正向阶级社会过渡；居住在宁蒗县小凉山的彝族约 5 万人生活在奴隶社会；傣、阿昌、藏、拉祜、哈尼、普米等民族，约 160 万人，处于封建领主制社会或正由领主制向地主制社会过渡；分布于云南内地的彝、白、壮、回、苗、纳西、水、布依、瑶、蒙古等民族，约 300 多万人，处于与汉族大致相同的封建地主制社会，其中居住在坝区的白、回、纳西等民族，已经有一定程度的资本主义经济成分。而且，同一民族也因地区分布不同等原因，在经济、政治、文化各方面都存在相当大的差异。①

直接过渡从四个方面来解决边疆特殊少数民族社会问题。一是生产关系的跨越，使"直过区"的生产关系从原始社会末期一步跨进社会主义社会；二是政治制度的跨越，完成了民主建政；三是社会事业的跨越，大力发展教育、科学、文化、卫生事业，力求改变"直过区"社会事业落后的状况；四是生产力水平的跨越。经过 60 多年的努力"过渡"，边疆民族地区发生了翻

---

① 马进卫：《"直过区"的历史跨越之"毕其功于一役"》，《云南日报（文史哲）》2009 年 8 月 14 日。见 http://ylxf.yn.gov.cn/Html/News/2012/8/20/10209.html。

天覆地的变化，"直过区"虽然没有继续它的一跃千年的神话，"直接过渡"没有按人们预设的目标发展，但是，它彻底改变了这些地区的传统社会生产方式，改变了他们的传统生活方式。改革开放之后，现代化以强劲的力量冲击着残留的传统与文化。

（一）现代化后的直过区

西盟佤族自治县是中国最为贫困的县之一，20世纪80年代，从县城到省城昆明，距离2000余里，到昆明乘坐公共汽车需要6天时间，正因为边远贫困，那里的许多人对外部世界是那么的好奇和渴望，几公里外听到汽车马达声就等在路边观看，当汽车驶近时又惊恐地往山里跑……。这是一个安静而传统的自然社区，这里生活着佤族、拉祜族、傣族和极少的汉族。除了机关单位和国营单位有几间瓦房外，都是清一色的茅草房。人们穿着各自民族的服装，过着祖辈流传的传统生活。每当集市日，大家汇聚在一起，买卖和交换各自的土特产，更多的人仅仅是享受去集市的快乐和热闹。

弹指一挥间，30年过去了，这里的变化可用"翻天覆地"来形容，现代化无情地扫荡了一切自然的和文化的樊篱，"一跃千年"不是神话。现代社会的物质、信息、技术，更关键的是生活方式正在改变着他们（图4-1和图4-2呈现了当今直过民族地区生活场景）。

与30多年前比较，现在建成了便捷的交通网络，以前被称为普洱边三县的澜沧、西盟和孟连，汽车交通往来需要一天的时间，如今，三县之间的公路交通，可在一小时内通达，这真是不可思议的变化。边三县目前实现了乡镇柏油路、村村通公路的交通网络，这使祖祖辈辈生活在大山里的村民能够走到外面的世界去看看。孟连傣族佤族拉祜族自治县在傣族泼水节期间推出了"神鱼节"，其实就是泼水节期间在县城的河道里开河捕鱼，成千上万人参加，热闹非凡，收获颇丰。西盟澜沧的各族民众开着微型汽车、拖拉机，骑着摩托车前往孟连参加狂欢和比赛。这和赶集一样轻松和有趣，这一刻，"我们"的感觉是如此的真切与现实，他者的陌生感一扫而光。

交通网络对于世代隔绝的不同民族、相同民族的交往和联系具有革命性的意义。我在一个名为"帕窝地"的拉祜村寨进行跟踪调研时看到了这个变

图 4-1 21 世纪的村寨集市

图 4-2 拖拉机是山村最常见的交通工具

化。2010 年，当第一台推土机开进该村时，全村男女老少对这个神奇的"大力士"产生了极大的兴趣，至少三天没有干农活，集体围观，更有甚者，带着午饭观看，这真是当代"神话"的演绎。2011 年在澜沧拉祜族自治县召开的"首届拉祜族传统与发展学术研讨会"上，我以"论'后直过'时期的拉祜族社会发展问题研究"的学术交流发言中，引述了这个"故事"，说明拉祜族社会在现代化的冲击面前，依然传统而自在。不曾想 2014 年再次回到这里时，这里不仅通了公路，交通可谓非常便利，村里的道路都已铺设成了水泥道路，还配有太阳能路灯，家家户户住进了政府帮助建盖的瓦房，每家都有摩托车，有的还有拖拉机，还有的已经有汽车了。一辈子都没有到过县城的许多村民，进城赶街成为家常便饭，对现代的事物已经习以为常了，围观推土机的事成为茶余饭后的笑谈，变化之快使我们难以适应，它变得不像一个我们印象中和想象中的拉祜族村寨。我们印象中的拉祜村寨应当是低矮的茅草房，村民清一色身穿民族服装；一进村便有一群高声吠叫的狗扑向你，一边驱散恶狗，一边用奇异眼光打量着你，用不太通顺的汉语问你来意并邀请你喝茶的拉祜男子；傍晚炊烟袅袅，舂米声此起彼伏，断断续续有扛着各种野菜、山货的男男女女回到村寨……。今天看来，这就是世外桃源，这就是传统，这样不好吗？这是一种美妙得如主题公园般的童话世界，问题是这一切的拥有者放弃了她，是主动还是无奈？早在 20 世纪 90 年代末，当地政府就拨专款建盖了水泥砖瓦的样板房，让一个叫叫"里拉"的拉祜族村搬到水泥瓦房的现代民居来居住，但是，大部分人又跑回他们破烂的茅草屋，原因是"不习惯"。但习惯是可以改变的，政府在建设新农村时的口号是"消灭茅草房"，不到十年，即使是最贫困的山乡，传统的茅草房消失了，茅草房这回可真的成为历史记忆了。2007 年，不远的孟连县的佤族村寨因西，还完整保存佤族传统的茅草房。政府基于保护民族传统民居的角度，要求村民保留这个佤族传统村寨。这回轮到佤族村民不干了，"凭什么别人住大瓦房，我们住茅屋，这太不公平了"。于是，孟连县和西盟县的茅草房，从此退出佤族、拉祜族的社会生活，而傣族则早他们十年就已经消灭茅草房了。传统的建筑竹楼茅屋应该保存还是消灭？茅草房外形独特，冬暖夏凉，造价低廉，问题是易火灾、易破损，"一年一小修，三年一大修"。而混凝土砖瓦房，坚实稳固，宽敞明亮。两者一比较，茅草房的消失就不足为奇，那还剩下什么呢？衣服？没了，赵武灵王胡服骑射，就是因为胡服实用，如今边疆民族汉服骑车，有何不可？西盟县佤族中课村，早在 20 世纪 80 年代，就找不到一件完整的佤族传统服装，要知道，那里是阿佤山的腹地区域。语言？快没了，汉语成为第一语言，40 岁以下的少数民族居民没有不会讲汉语的。年轻的山寨村民会听民族语言，但不会讲的大有人在。现代化进来了，传统文化没了，这就带来了一个现代社会全球性的文化问题，现代化一定是痛苦的吗？美国人类学家威廉·A. 哈维兰（William A. Haviland）从人类学的角度对现代化带来的负面冲击提出了尖锐的质问："现代化：它必须是痛苦的吗?"① 是的，我们进入现代社会，享受现代文明，是不是一定要经历痛苦的历程和蜕变？其实答案应当由文化的所有者来回答。他们渴望更好的生活，渴望和发达地区的人们一样，享受现代化带来的一切物质与精神文明成果。中华人民共和国成立后，国家在政策上对此给予了保障，中国各民族要共同进步、共同发展，而且取得了历史性的进步与发展。在我们共同发展的同时我们又要面对另一个文化现象——认同的迷惘与焦虑。

现代化的速度是惊人的，边疆地区也不例外。普洱市是典型的边疆民族地区，现代化程度和水平相对较低，如今的现代化蓝图却如此快地进入各民族的生活当中。普洱市在十三五中这样规划：到 2020 年，公路通车总里程达到 2.1 万公里，二级及以上。高等级公路达到 1900 公里，高速公路在建和通车里程达 1000 公里，确保 80% 以上的县（区）通高速的基础上，力争县县通高速，重点覆盖思茅、宁洱、澜沧、景东、墨江、镇沅等县级节点；普通干线公路达到 1300 公里，实现高等级公路县区接节点 100% 覆盖；100% 乡镇实现路面硬化，100% 建制村实现通畅，启动农村路网延伸工程；以思茅区为中心，实现市中心到下辖各县城"2.5 小时交通时空圈"。2011 年，普洱市的部分偏远山村还未通公路，普洱市中心城区到较远的县要 6—7 个小时，5 年后的 2.5 小时那真是现代化的速度。铁路是 90% 以上的边疆人在影视和书本里才能看到的，5 年之后居然要出现在普洱，普洱要建成干支结合的覆盖普洱主要经济区的铁路线网。努力构建"一干四支二过境"的功能网体系。

航空高效、快速、便捷的交通方式，普洱市的航空网规划让人惊愕不已，规划中提出几乎每个县配备一个机场，这在全国也实属罕见。

---

① ［美］威廉·A. 哈维兰：《文化人类学》（第 10 版），瞿铁鹏、张珏译，上海社会科学出版社 2006 年版，第 485 页。

（二）城镇化对传统自然村落的冲击

《不列颠百科全书》对于城镇化的解释是人口向城镇集中的过程。这个过程表现为两个方面，一方面是城镇数目的增多，另一方面是城市人规模不断扩大。实际上城镇化也称城市化（urbanization/urbanisation），是指随着一个国家或地区社会生产力的发展、科学技术的进步以及产业结构的调整，其社会由以农业为主的传统乡村型社会向以工业（第二产业）和服务业（第三产业）等非农产业为主的现代城市型社会逐渐转变的历史过程。中国改革开放以来，城镇化速度加快，《2012 中国新型城市化报告》指出，中国城市化率突破 50%。

中国的现代化进程带来的城镇化，在地域上和形式上是有差别的。在西南边疆，地广人稀，这里进行的主要是城镇化，而不是都市化。按照理想的城市城区人口 200 万至 300 万规模，这受到人口和地理条件的制约，至少在云南是不可能的。云南城市城区人口超过 100 万的城市只有省会昆明，其他城市想要达到百万人口规模，难度是比较大的。比如普洱市，总人口 267 万，中心城区人口也不过 20 多万，要达到百万城市人口规模，显然不现实。普洱市的西盟佤族自治县，县城人口只有 6000 余人，从其县 9 万人口的规模来看，集镇规模的人口聚居地的建设是城镇化的主要方式。在边疆地区城镇化速度相对较慢，与全国整体的速度是有差距的，根据 2010 年全国六次人口普查数据来看，历次人口普查城市化水平依次为：12.84%、17.58%、20.43%、25.84%、35.39%、49.68%。第六次人口普查时，云南省城镇化率只有 35.2%，与全国 49.68% 的平均率有不小的差距。所以，在边疆地区进行城镇化，与东部发达地区的城市化是要有区别的，在边疆地区只能称为城镇化，还不能叫城市化，更不是都市化。这就是说云南的城市化进程是"中心镇"（县城）和市级城市为主，辐射的范围有限。城市规模和功能与都市有着很大区别，分散的、规模较小的人群聚集城镇，都市的文化生活的同一性问题在这里不能体现，较长时间内人们的文化差异性和多样性能够存在并得到发展。不可否认的是，大量的山区人口迁移到城镇，成为城镇人口，人口将会集中在地级市城区和县级城市、交通沿线的乡镇和旅游地。

从目前边疆民族地区的城镇化来看，人口持续向城镇迁移是趋势，村寨的人口主力——年轻人返回的比例很低。以拉祜村寨帕窝地的年轻人返村率看，不足 20%，其他村寨的情况大致相当，并且这个比例是呈下降趋势。因为年轻人出去之后，希望生活在城镇里而不是在乡村。城镇化的快速发展，对传统自然山村冲击很大，城市化对年轻人巨大的吸引力，动摇了村寨的生存延续基石。少数民族的村寨规模小、人数少，村寨的延续是建立在封闭的基础上。开放的现实和人口的外流，使其后续发展乏力，可以预见，不久的将来，传统的自然村落将不可避免地被城市化击垮乃至消灭。在最贫困的山区，经过多年的努力，人们依然贫困，当地政府为此提出了一个"异地扶贫搬迁"的办法，即对村子进行整个的搬迁，到自然环境较好，交通便利的地方安置他们，有的直接搬迁到城郊，一下子就成了"城里人"。普洱市城郊就安排了几个这样的搬迁区域。澜沧拉祜族自治县先后对 356 个拉祜族自然村进行了异地搬迁，整个普洱市这种类型的移民总计达到 26.5 万人①，占全市人口的 10%。自然村落的急剧消失，其依附的文化系统必然遭到破坏，传统的少数民族村寨文化的保存、保护应当未雨绸缪。

另一个现象是新的、小规模的乡镇在不断出现，成为边疆地区的城镇化的一种方式。在人口稀少、环境的可开发地区，一旦有条件，就会成为人口集中的旅游地。普洱市近年来大力打造旅游产业，打造数量众多的旅游小镇，致使这些地方人口暴增。一些从前只是几十户的小村寨，一跃成为人口商旅集中的城镇。那柯里村在云南是个有一定影响力的旅游小镇。在 2010 年以前，这里几乎不为人所知，是个典型的少数民族村寨，农户 404 户，人口 1615 人，劳动力 963 人，其中从事第一产业人数 918 人，常年外出务工人数 270 人，在省内务工 259 人，到省外务工 11 人。2010 年全村经济总收入 432.59 万元，农民人均纯收入 1293 元。农民收入主要以种植业、畜牧业为主。截至 2010 年底，该村已实现水、电、路、电视、电话五通，但无路灯，该村仍属于贫困村。普洱茶在中国成为一个响亮的品牌之后，茶马古道、马

---

① 白应华、罗承松、罗中东、高龙：《普洱绿色发展研究》，中国社会科学出版社 2016 年版，第 157 页。

帮文化水涨船高。作为茶马古道上的一个驿站，那柯里村进入了人们的视野。2015 年 10 月，那柯里村被住房城乡建设部、国家旅游局列为第三批全国特色景观旅游名镇名村示范，那柯里的命运由此改变。那柯里村村民纷纷回乡，那柯里其他自然村有条件的村民，都到那柯里买地建房，做起了客栈、餐饮、茶叶、工艺品等与旅游有关的行业。因此，从事第一产业的人数急剧减少，第三产业人数剧增；2010 年，那柯里外出打工人数占到劳动力的 28%，如今外出打工的人数减少，回家创业的人数增加。除茶叶等经济作物外，现在耕地已经基本没有了，水稻作为传统的必须农耕作物，在集镇周边已经消失了。在对那柯里村的调查发现，年轻人对于目前自己家从事的行业比较感兴趣。一家农家乐餐饮的老板，世代居住在这里，现在自家的农家乐开得很红火，他还到城里开了个分店，生意也不错，他打算将来把事业交给女儿，女儿很乐意接受这份职业。要知道，餐饮业是一个很辛苦的行业，年轻人一般都不愿意干这一行。一个年轻的小伙子，家虽然是那柯里村的，但是所在的村民小组是在山里，父亲虽有木工手艺，但生活还是很清苦，自己技校毕业后就出去打工，因为学的是汽车修理，将来梦想是开一个汽车修理店，现在那柯里成为旅游小镇，父亲的手艺派上用场，挣了不少钱，在镇子买了地，自己盖了房子，开了小食馆，他就回来打理这个小店，现在这里人很多，很热闹，与外面比起来，山清水秀，他说他已经很喜欢这里了，有了钱，抽空出去外面旅游逛世界。这些变化，可以看出在云南边疆少数民族地区的城市化进程的端倪。

二、迷惘与困惑——认同的分化

现代化不仅改变了这个世界，改变了人们的生活，还改变了人们传统的情感依附和身份认同。认同进入了裂变时代。在研究中，我无意中在网上浏览阿兰·德波顿（Alain de Botton）的《身份的焦虑》时看到了一书客留下的书评："似乎是从高中的时候，我就开始感到惶恐，不知道为什么，就是一种感觉，一种强烈的不安定的感觉。当我有一天在书店里看到阿兰·德波顿的《身份的焦虑》时，我立刻决定要买下它，直觉长期以来一直困扰我的，那种我说不出的感觉跟'身份'有关。"我立即搜索了关于身份和认同的命题，当代世界和当代中国，人们对于自己的身份，对于自己的认同是多么的焦虑、迷失与无奈。另一位书客用"文明的枷锁——《身份的焦虑》读后感"为题写道：

一个农民会去嫉妒城市里的中产阶级吗？不会，他会嫉妒村里比他生活稍好的农民。一个中产阶级同样不会嫉妒世界首富，而是嫉妒比他更优越一些的中产阶级。某天，某个朋友突然出现在面前，激动地告诉我们他的事业出现了大发展，我们很尴尬地笑了，连忙恭喜他。回到家后，满是失落。朋友的繁荣，反衬了我们的萧瑟。我们都有一个比照对象，那就是和我们有着相同社会身份的人，我们共同构成了一个阶层。这个阶层包括我们的亲戚、朋友、同学、同事和社会上和与我们状况相近的群体。跨越阶层，等于失去了参照，没有比较的意义。但是同阶层的比较如此之多，基本身边的人都是，把我们包围了，天天都能感受到那种差距。身份的焦虑无时不在。

······

孩提时期，我们轻易地得到了爱，来自亲人和长辈。无论我们优秀或者落后，我们能得到褒奖或担忧，总之就是全方位的爱。长大了才发现，这种爱已经不是天经地义了，虽然父母仍爱我们，但我们有更强的社会属性，不能比别人优秀，就难以得到他人的爱戴、爱慕。没人关注我们了，大人物院子里养了几条狗都会成为杂志八卦的内容，而我们是小人物，小人物没有个体，只有群体。这种落差太大，我们怎么放弃自己的身份？

这是现实中国人真实身份焦虑的写照，问题还远远不止这些，可能已经超出了我们的想象。"人民论坛"做了一个范围较大的社会焦虑调查，其中，北京大学教授夏学銮做公民焦虑的调查后写了一篇文章，名为《当前社会焦虑的 N 种表现》。

人民论坛问卷调查中心《中国人当前焦虑状况调查》结果显示，80.1%的人经常使用"烦躁""压力山大""郁闷""纠结"来表达心情；74.5%的受访者认为身边 70%以上的人会不定期出现焦虑状况；88.9%的人赞同"全民焦虑症"已成当下中国的社会病。这个调查清晰地呈现了当下社会公众的焦虑困境。

从经济学视角看，焦虑作为一个社会问题，究其背后的原因，在于个体对未来的不确定性。不确定性是指人们对未来可能发生的事件和结果不知道或不完全知道，或者虽然知道可能发生的多种事件和结果，但是不知道或不确切知道其发生的时间和概率。

中国社会急速的转型、变革，意味着社会整体利益结构的调整，大批社会成员、社会群体的社会位置和经济位置重新洗牌。现代社会意味着要面临着空前的社会风险，人们觉得无章可循，不确定性因素增加，这使得社会成员产生一种对人生、前景的不确定感，心里不踏实。对于未来不可预期，自然就会形成全民焦虑现象。①

中共中央党校科社教研部的林梅教授的《警惕焦虑催生社会风险》文章认为："从近期看，社会焦虑助长短期行为；从长远看，破坏改革开放的成果。社会焦虑积累到一定程度，超越临界点之后，有可能爆发社会风险，威胁社会稳定与国家安全。"文章进一步指出："日益蔓延的社会焦虑现象，对于中国社会的良性运行与健康发展产生了一些负面影响，并有可能激化社会矛盾，降低社会凝聚力和民族凝聚力，甚至吞噬政治系统的合法性和有效性，危及国家安全。"② 这是个现代化的派生社会现象，"现代社会的焦虑是工业化和市场经济的产物，它在工业化刚刚完成或进入高潮。社会和政府的转型尚未到位及旧的信仰处于崩溃的情况下会有一个总的爆发过程，此后会进入一个较长时间的治理阶段，出现相对平衡的状态，但不会消除"。③ 在中国，这种病更为特殊的是，在边疆民族地区，由不同民族在现代化的面前产生的带有民族认同的焦虑现象，这是不能忽视的另一种当代社会病。

（一）中国边疆少数民族年青的一代是"香蕉人"还是"芒果人"？

随着全球化背景下各国人员往来交流的空前频繁，不同种族、不同民族

---

① 夏学銮：《当前社会焦虑的 N 种表现》，《人民论坛》2013 年 9 月。
② 林梅：《警惕焦虑催生社会风险》，见 http：//theory. people. com. cn/n/2013/0329/c112851-20962559. html。
③ 王加丰：《西方社会如何适应"公共焦虑"》，见 http：//theory. people. com. cn/n/2013/0329/c112851-20962578. html。

的交往接触、共同生活，导致了认同的困惑乃至混乱等问题，我们从北美和欧洲国家华人出现的认同问题和现象，即"香蕉人"到"芒果人"的文化现象来思考中国边疆少数民族年青一代与民族文化传统的矛盾问题，结合中国当代少数民族认同的多元化现象，可以更深层次地窥视中国现代社会对少数民族认同的转型与分化的社会现象和由此带来的认同迷惘与困惑。

在北美和欧洲，关于华人文化认同表现出的行为和现象，被形象地比喻为"香蕉人"或是"芒果人"。什么是香蕉人？香蕉人又叫 ABC（American Born Chinese），最初意指出生在美国的华人。现在，这个概念的范围已不再限于美国，而扩及整个海外，泛指海外华人移民的第二代、第三代子女。他们虽然也是黑头发、黄皮肤，但不识中文，说一口地道的美国英语。他们自小就受美国文化、美国教育的熏陶，其思维方式、价值观也是完全美国化的，同移民来美的上辈不同。这其中，"黄皮其外、白瓤其内""黄皮白心""夹缝中的人""中文盲""边缘化"，是描述"香蕉人"时使用频率最多的词汇。

海外华人的身份焦虑越来越引起人们的关注，不仅在国内，在美国这个"熔炉"社会里，华人的身份困局依然困扰着他们。一种情况是华人被排斥。据美国《侨报》报道，休斯顿大歌剧院（Houston Grand Opera）社区歌剧《场边》（Courtside），12 日下午 13 时 30 分在中华文化活动中心体育馆演出，用歌剧的形式揭示存在的哲学命题。

杰森（Jason）是出生在美国的"中国人"，但是他并不认同母亲和祖父希望他在学业上出类拔萃，上名校做白领，出人头地的传统中国价值观。杰森认为，他可以选择自己的人生轨迹和未来，他疯狂地痴迷于篮球，并希望以此对抗对华人少数族裔的偏见，如"只会数学"以及"是否真会运动"的质疑。为此，他与母亲和祖父矛盾重重。

杰森用实际行动证明自己的运动才能毫不逊色于白人或非裔美国人，他入选学校的篮球队。《场边》的集中冲突体现在一场比赛中，对手用侮辱性的字眼辱骂他，气愤的杰森与之当场发生肢体冲突，也使他由此反思自己的身份和归属。

杰森的母亲和祖父本来兴致勃勃地观看他的首场篮球赛，斗殴事件使得他们失望、心伤，也理解了孩子的难言之痛。祖父在歌剧咏叹中表示，理解孩子面临如何争取身份认同和寻求归属感的挣扎，虽然心痛但深深理解选择和成为中国人或美国人是二代亚裔美国人的精神之恸。

美国出生的华人，时而突显时而朦胧，有意识或无意识要面临的难题是："我究竟是中国人还是美国人？抑或两者都是？但是，如何做到。"无论生在何处，长在何地，生活和工作在哪里都要面临"归属"的问题。①

另一种情况是华人排斥华人，否认自己的曾经，这有点匪夷所思，但是这就是事实。《上海侨报》有篇题为《华人面临身份认同危机，华人为何'排斥'华人？》的报道。

来自浙江省的林先生在西班牙经营着一家服装批发公司，他所有的顾客都是西班牙人，因为他从来不欢迎华人。他非常自豪地告诉记者，和西班牙人做生意、打交道，让他觉得非常舒服、体面。

为了让家人更快地融入西班牙社会，林先生很少去中国货行购物，鲜少参加华人亲朋的聚会。他住在西班牙人的高档小区，周围没有华人邻居。在家里，他与孩子和妻子都用西语交流，基本上不吃中餐，吃饭全部都用刀叉。

"华人排华"情绪的滋生，说到底是来自身份认同危机。何为身份认同危机？就是当一个人从原来的身份改变成另外一个身份时，他就不清楚自己到底是谁了。在经过内心的纠结之后，他会特别强调和认同他的新身份。所以，他会做出比平常表达要过激很多的行为。比如，有些侨胞在国内时生活特别苦，来到国外后，赚到钱就喜欢买豪宅名车，热衷于炫富，就是因为他们要努力显现自己有钱人的新身份，与原来那个穷困潦倒的旧身份彻底隔绝、区分开来。还有一些华人在中国时默默无闻，名不见经传，但来到西班牙后却当了老板，成了企业家，在这些人的心中就存在着一种怕被人瞧不起的焦虑。因此，他们就把自己想象为一个成功的西班牙人，然后鄙视和排挤所有的中国人，鄙视曾经的自己。②

认同的困惑与混乱，看来是个全球性问题，当然与文化传统和文化立场

---

① 《美歌剧揭华裔二代身份认同困惑：中国人 or 美国人？》，中国新闻网，见 http://www.chinanews.com/hr/2011/02-21/2857286.shtml。

② 《华人面临身份认同危机 华人为何"排斥"华人？》，中国新闻网，见 http://www.chinanews.com/hr/2013/01-24/4518419.shtml。

有很大的关系。海外华人认同面临的问题，在国内是否存在，强势的主流文化对其他文化是否也会造成这样的伤害，这正是我们关注海外华人认同问题的原因。

中国有"香蕉人"吗？首先，我们看美国的"香蕉人"是完全西方化的华人。从语言到生活方式、世界观、价值观都是地地道道的美国人，即"黄皮白心"；其次，他们被称为"夹缝一代"，是生长在海外的华裔后代身处两种文化碰撞交融的叠加地带。"我很可怜那些'香蕉人'，他们既不能得到华人的认同，也得不到洋人的认同，犹如两头不到岸……"这是一位网友在网上发表的评论。第三，香蕉人衍生出一种抗争的类型——"芒果人"。"芒果人"顾名思义，其外在黄，其内在亦黄，这是近年对于那些在接受西方教育的同时也拥有中国传统文化的移民子女的称呼。从文化的角度对比来看，中国存在"香蕉人"和"芒果人"。

中国和美国在拥有众多的民族和多元的文化方面是相同的，不同的是，美国是移民导致的多元，中国是历史形成的多元，多元文化的冲突是本质性问题。在现代文化交融时，复合型的文化身份成为焦点。中国长期以来形成的中原主流文化，使主体民族——汉族的认同相对固定和稳定，当然汉民族本身也是复合型文化，相对而言，其他少数民族的身份认同就比较单一。在中国现代社会有力的冲击下，少数民族的身份正在向文化复合体转变，并且是以惊人的速度在变化，这就出现了中国式"香蕉人"。他们是一种亚文化群体，是我们要研究的最重要的文化现象。

云南边疆少数民族年轻的一代人正处在一种亚文化的状态中，通过案例调查，亚文化群体对自身现状和发展有困惑、有迷惘，但对未来还是比较乐观和积极的。以下为我们对云南省普洱市思茅区完全在现代教育背景下成长的少数民族青年进行的采访。

　　我生活在边疆少数民族地区的城市里，现在有一个自己很满意的工作单位。我的名字叫肖丽丽（化名），自我感觉名字还是很洋气的，怎么都与少数民族联系不到一起，但我确实是个少数民族，我的身份证上的民族一栏里写的是拉祜族，因为外婆是拉祜族，我自然就成了拉祜族，我也给儿子报了拉祜族。我的母语是汉语，其实就只懂汉语，在家里，没有人讲拉祜语，我基本没有听过本民族语言。听外婆讲，他们那个时代，许多人都会讲几种语言，许多少数民族生活在一起，彼此会讲对方的语言。汉族能讲少数民族语言的人也很多，这是大家生活的一部分，在当地最热闹的"赶集"会上，不同的民族，穿着不同的服装，讲着不同的语言，在集市上讨价还价，好生热闹，好像一场盛大的语言交流会，现在这样的场景几乎没有了。现在的语言很单一，只讲汉语，但很方便，在一山不同音、一寨不同族的地区，走村串寨、赶街交流，没有什么语言障碍。那些还讲民族语言的是为数不多的老人了，我母亲都不会讲民族语言，我就更不会了，至于我儿子，拉祜语只能是传说了。

少数民族，这个身份在许多时候，是个美妙的话题，看到人们惊讶的表情和肯定的目光，我很享受；在提到诸如民族照顾、享受政策时，那种只会靠身份、靠政策吃饭的眼神，否定了我的努力与奋斗，多少带来些伤害。说起我的民族身份感觉多少有些尴尬，我的血液里有着拉祜族的基因，仅此而已，但是这个民族身份，对我还是特别重要的。我从小接受了现代教育，我的思维方式、生活方式和姓名等与我的拉祜族身份没有什么联系和关系，我算什么民族的人呢，少数民族还是汉族，很难说清，我想我就是当代一个正常的中国人，一个生活在云南省普洱市的普洱人。因为我实在找不出其他方式来界定我的身份，称作普洱人挺合适的。我的拉祜族身份随着生活阅历的增长，逐渐有了一些认同情感，这种感情就是对外婆的特殊亲情，还有在现实生活中享受到的一些政策实惠，比舅在高考的时候，民族加分起到了一定的作用。我对拉祜族本身没有多少了解，只知道老家澜沧是中国唯一的拉祜族自治县，拉祜族地区经济比较落后，而对拉祜族的历史、文化和民俗则一无所知，说起来有些惭愧。我所在的单位比较大，不久前我和同事交谈时，听说对方竟然也是拉祜族！怎么也看不出来，很是意外，同事也表达了同样的吃惊，因为我们从外表到行为方式，找不到一点拉祜族的影子。后来我俩一打听，周围还有几个拉祜族呢！大家坐在一起聊，谁都不会拉祜语，对拉祜族的了解也和我差不多，都算是"假拉祜族"，身份只存在身份证上。对我个人而言，民族身份只是一种美丽的记忆，就像外婆给我的回忆，她善良、慈爱、质朴，我的整个生活中没有拉祜族的影子，那拉祜山乡的美丽村寨、芦笙歌舞，离我很远，我就是一个局外人在看一个少数民族的文化歌舞，充满好奇，这就是人们说的"汉化"吧。说汉语穿汉服就是汉化吗，那么如何解释我们生活的城市里到处都有的各式民族风情的建筑、特色鲜明的地方饮食、民族节日，还有生活中不可或缺的与时代如影随形的当代文化和思想，是汉化还是地方化？我仔细琢磨，用什么词来形容当代中国边疆年轻人的思维方式和生活方式，用"现代化"这个词也许比较贴切。我的身份注定了与少数民族剪不断的关系，比如在一些场合，有人要求你唱歌或跳舞，说少数民族都是能歌善舞的，你是少数民族，你必须要唱，这让我无奈甚至会生气，从我个人的角度来说，虽然谈不上"歧视"，但多少有些被"欺负"的感觉。尤其是像我们拉祜族这样被冠以原始民族的少数民族，在许多场合中，要求穿着鲜艳的民族服装，有哗众取宠之嫌，让别人评头论足，我心里总是觉得怪怪的，不舒服。在差别越来越小的现代社会，各民族之间的差别也应该是越来越小才符合时代趋势，在大多数时间，我们应该忘掉身份象征，忘掉差别，一起平凡而正常的生活，我可以感觉到各民族的融合将不可阻挡。

拉祜族的文化近年来不断地得到宣传和弘扬，从那首《芦笙恋歌》歌曲到今天很流行的《快乐拉祜》，影响逐渐增大，我也开始关注我们民族的文化传承与发展，会更多地留意，不时到拉祜族生活的地方走走，还会刻意地强调自己是拉祜族，不过有些尴尬的是旁人一脸的惊愕和不相信的表情。确实，我真的不像，他们很可能认为我是机会主义者，这和单位的一些人认为我是机会主义者如出一辙，我很受伤。此刻，我才意识到，我已经回不到我们拉祜族的中间，我也不想改变现在的生活而去圆拉祜之梦。我认为我是拉祜族人就足够了，其他的不重要，我和我的民族其实已经渐行渐远，我的子女一代，将离他们更远，还有那些不断走到城市的少数民族年轻人，他们的下一代，应该和我一样或者比我这一辈走得更远。

网络带来了一场深刻的时代变革，它将全世界不同国家和地区的几十亿人联系起来，能听到他们的声音，可以了解到他们的信息。在中国，我们可以更全面地看到来自不同地方的声音和诉求，它拓展了我们的研究视野，极大地拓宽了资料和信息来源渠道，在认同的困惑与迷惘的调查中，我们选取了部分网络案例来研究。知乎网讨论了"作为一个完全汉化的少数民族你有何感受？"的问题，提问的人是蒙古族，他的自述表达了不少此类群体的真实感受。

> 我是内蒙古蒙古族人。爷爷辈为了响应政策，全家只有爷爷有汉语名字没蒙文名字，但是全家都是说蒙话的。大姑和爸爸都是小学学蒙文，初中改学汉语，老姑是三年级学汉语的。到现在，家里只有爷爷奶奶说蒙文，看蒙文节目和写蒙文，爸爸、大姑现在虽然会说会听，但是基本上是只听不说，不认识蒙文，老姑已经什么都不会了。父辈三个结婚对象均是汉族，所以我们小辈基本上只知道几个简单的词。

> 母亲有个亲戚娶了一个蒙古族女人，儿子没上学前基本不太会说汉语。上学以后蒙古语也不说了，如今高一了，在他眼里蒙话都是一些老蒙古人才说的。

> 我的所在地内蒙古通辽市，是全中国蒙古族最多的地级市，蒙古族数量占内蒙古其他民族的比例也就百分之三四十，通辽一枝独秀，占60%多。总体来说，只有在蒙古族聚集村，蒙古族文化才得以保存得比较好，但是这个所谓的保存好只能体现在饮食与生活上。

> 现在我就是一个不折不扣的汉族人，除了户口本还有外貌特征有一些外，行走在外别人问我一些蒙古族文化一概不知，自己民族语言也不会，感觉有时候都不好意思说自己是蒙古族人。

这样的问题，应当说是比较深刻和现实的，它表达了中国少数民族亚文化群体的困惑与焦虑，表达了人们对这一文化现象的基本观点。远在南方的一位侗族朋友也发表了自己的看法。

> 我是侗族，爸爸是侗族，妈妈是汉族。我从小生长在一个以苗族为主，侗族为辅的少数民族自治州，汉族人占不到10%。我们从小都是接触苗族文化居多，侗族文化其次。但是由于这两个民族历史上没有文字，导致所有的交流都是以汉字进行。由于我家乡是州府，所以大家以含有苗语或者侗语口音的汉语方言沟通。苗族有百种支系，各个苗族支系语言上有差别。侗语差别较小，为南北两大支系，北侗受汉族影响较深。

> 而我自己则是北侗，不会说侗语。从爷爷那辈他们就没有怎么教孩子侗语，因为小孩子都要去读书，能够在家乡跟侗族人说话的机会很少。与北方的少数民族不同的是，侗族是历史上没有政权的民族，所以没有统一创造文字，导致自己的语言和文化只能口口相传。但是由于经济不发达，当年轻一代离开老家出去打拼的时候，从实用性角度来说，侗语只能成为纪念民族意识而唤起的一种情怀罢了。特别是我现在在国外，连汉语普通话都很少有机会讲，就更不要说侗语了。所以少数民族文化的流失，或者说汉化都不是个例，蒙古族是，侗族也是。经济要发展，文化要发展，就不得不去学习更加发达的汉文化。其实汉文化在西方现代化的影响下，是丢失民族性最多的，比少数民族有过之而无不及。例子就是，少数民族朋友会觉得有民族意识，而汉族人则很少有"我是汉族人"的民族意识，往往说"我是中国人"。

那么，汉族的看法呢？

> 我也是内蒙古人，不过我是汉族。

> 作为第四代生活在内蒙古的汉族，身边的少数民族朋友还是很多的，当然多数是蒙古族。有时候一桌人吃饭，就我一个不懂蒙语的，经常还得别人给我翻译。

> 首先，相对于牧区，城里的孩子不会蒙语的比例很大。有的能说一些简单的，一些只能听懂却不能说。但是我感觉，现在很多蒙

古族朋友也在有意识地在往回寻找自己的民族文化。很多朋友开始有意识地加强孩子的蒙语教育，即使不上蒙语班，也在家庭环境里尽量全说蒙语。

另外，因为工作原因，我还认识一些能说一口流利的蒙语的汉族朋友，这样的人在蒙古族朋友里是很受欢迎的。我认识的一个老大哥，就是这样，他还经常给蒙古族纠正蒙语语法，所以他属下的蒙古族朋友都很服他。

我有一次去下乡采风，同行的两个专家都是蒙古族的民俗学家，一开始在一个牧民家，因为语言问题，他们聊天，我负责照相，完全插不上话，牧民也不搭理我，这个时候，我手机来电话了，正巧我的手机铃声当时是长调歌王哈扎布老先生的一首长调《小黄马》。我故意晚接了一会电话，让他们听到。等我接完电话，他们就开始用非常不熟练的汉语招呼我，让我喝奶茶、吃风干肉。大概是他们觉得这个家伙还挺喜欢蒙古族文化，像个朋友样儿。

其实，人们的答案是有哲理性的。

亚文化的群体在不断扩大，人们的焦虑和争论也越来越多，说明我们的制度建构上对于该文化现象和现实存在着严重缺失。如何来应对这一文化群体，在理论上要有针对性的研究和制定政策，民间的声音中一些重要的、有理论价值的观点是可以借鉴的。比如"汉化是个伪命题"。汉化是什么？汉化的标准是什么？中国历史的主流文化、今天的主流文化和未来中国的核心文化是什么等，是需要厘清的重要理论问题。首先，我们从历史的视野来观察"汉化"这概念，顾名思义，"汉"是因刘邦建立的汉王朝，在中国历史上不可替代的重要地位，使"汉"这一国名成为人们对该王朝区域的人群"汉人"的称谓，南北朝时，"汉"人被压迫到长江流域，势力局限在"南朝"；唐朝一统天下，威震天下，始有"唐人"之说，并向海外传播，今天世界各地多有"唐人街"，而未闻"汉人街"，这说明，汉人是对内的一种群体自称，而不代表中国国家意义上的民族和文化。明清时期汉族的知识分子阶层，实际上接受了多族群群体政治的事实。明朝为蒙古族建立的元朝立正史《元史》，就承认了元朝作为中国正统王朝的地位。费孝通先生的中华民族多元一体理论，就是强调了中国文化的复合性，而不是哪个民族独有或独创的，今天中国人被人称为华人，华人并非专指汉人，这是不争的事实。所以说，汉化之说是个误读，或者也可以说是伪命题，是应当纠正的一个不科学的说法。

这里，我们有必要再探讨一下区域文化和主流文化的关系问题，中国的传统主流文化以儒家文化为核心，不断吸收其他区域文化而形成的优秀文化，清华大学国学研究院院长陈来教授在"中华传统文化与核心价值观"一文中的总结是到位的，"从儒家文化的角度可以分三组：第一组，就是个人基本道德，就是仁、义、诚、信、孝、和。如果用双字词，就是仁爱、道义、诚实、守信、孝悌、和睦。第二组是次一级的，忠、廉、强、毅、勇、直，就是忠实、廉耻、自强、坚毅、勇敢、正直。第三组是关于公民基本公德，这是从儒家的角度提的，不是站在国家的角度，作为个人基本公德，就是爱国、利群、尊礼、守法、奉公、敬业"。① 这种主流文化，存在于整个中华文明区域，对核心区域和边缘地区依然有着相同的文化功能，在不同地方表现出地区特色，这就是区域文化，地域文化反之构成了中华文化的五彩缤纷、博大厚重。许多学者对区域文化与传统文化关系进行了研究，认为区域文化是民族国家之内文化发展过程中的现象，并具有地缘文化和民族文化两重特性，"区域文化和传统文化是中华文化不同层面的表现，两种文化的互动互补汇成了中华文化永恒进取的品格，保证了中华文化的万古常新"。② 区域文化的地缘与民族性，很容易让人想到传统的主流文化的"汉化"帽子，比如说 20 世纪兴起的"汉学"，就是研究汉族文化的，其实汉学的研究对象不仅仅是中国汉民族的历史和文化，实际上是研究包括中国少数民族历史和文化的整个中国的学问，所以也叫中国学。由于汉民族是中国的主体，而且汉学最初发轫于汉语文领域，因而学术界一直将汉学的名称沿用下来，因此，厘清概念非常重要。2017 年 8 月北京大学的马融教授在构筑中华民族共同体的高端论坛上用题为"少数民族要把现代化和'汉化'区别开来"的演讲，来回应当

---

① 陈来：《中华传统文化与核心价值观》，《新湘评论》2015 年第 5 期。
② 许智银：《区域文化与中国传统文化述评》，《前沿》2010 年第 21 期。

前"汉化"的一些误读，这里有几个重要的理论观点值得关注，一个是"汉族不等于中国和中华民族，汉族—少数民族二元结构的叙事导致一个倾向，把汉族社会与中华民族、中国等同起来，……把汉族和汉人文化等同于'中华民族'和'中华文化'的思维定式，对于构建国家层面的各族共同的政治文化和'中华民族'认同具有极大的破坏性……总体看来，近代以来中国社会发生的主流变化不是'汉化'，而是现代化。"另一个是"最重要的一点是用现代'公民国家'的思路构建中国国家层面的民族主义，中华民族成员包括所有的中国公民，凡持有中国公民身份证、中国护照的人都是中华民族的平等成员"①。这需要的不仅仅是汉族的反思，少数民族也要深刻认识和反思这个时代提出的尖锐和现实的问题。中国的优秀文化，包括核心文化与区域文化，是中国新时代民族文化复兴的基础和源泉，传承发展中华优秀传统文化，就要大力弘扬讲仁爱、重民本、守诚信、崇正义、尚和合、求大同等核心思想理念，这是各民族在内的所有中国公民的责任和义务。

三、亚文化群体——多元认同的产物

中国当代民族文化表现出的是多样性文化的交融与矛盾，由此派生出了文化冲突下的文化群体，这个群体带有明显的亚文化特征。它由不同的民族（族群）新生代组成，我们把它界定为亚文化群体——民族亚文化群体。

我们回顾一下西方关于亚文化的描述。"亚文化"（sub-culture）的概念由美国社会学家弥尔顿·戈登（M. Gordon）首次提出并加以界定。亚文化是整体文化的一个分支，是由各种社会和自然因素造成的。如因阶级、阶层、民族、宗教、职业差别以及居住环境的不同，都可以在统一的民族文化之下，形成具有自身特征的群体或地区文化即亚文化。亚文化的研究具有代表性的当属伯明翰学派（Center for Contemporary Cultural Studies，CCCS），目前已经发展到了后亚文化研究阶段，说明西方非常重视次文化的研究。我们也必须

---

① 马戎：《构建中华民族概念，从族群模式走向公民模式》，"建构中华民族共同体"论坛论文，2017 年 8 月。

重视亚文化现象，苏州大学的陈霖和马中红两位教授在《南方周末》的对话中这样提道："亚文化不是一个人的文化，而是一个群体或者一个部落的文化。……亚文化的多变性和流动性，明确昭示了一元文化存在的不合理性。""有些亚文化类型，可能没有特别地、有针对性地去抵抗什么，也没有特别有意识地去表达什么，……他们构成的这个色块能够存在，本身就是与当下社会发生了对话和交流。它们都是社会总体文化中的构成部分，是社会关系结构中不可或缺的一种关系存在，它们以自己的方式和这个社会构成一种对话性关系，从积极的意义上来说，显示了社会的包容性和开放度，显示了年轻一代活跃的创新能力和参与社会文化建设的努力。从另一方面来说，也体现了社会的离散性，甚至碎片化。亚文化群体及其文化，一旦我们注意到他们的存在，考察并思考这种现象，它就成了一个重要的参照，一个'他者'，一个异于我们的、对社会发出另类声音的吁请。"① 民族学家马戎老师在其《民族学研究》一书中也提到了民族亚群体的存在事实。这里，我们不讨论亚文化的理论，只是利用其视角和对次文化的研究方法来考察中国边疆的事实上存在的新的民族文化群体。

1949 年中华人民共和国成立以后，民族交融、文化交流空前频繁，在交融与碰撞的过程中产生了亚文化群体，我们将以实例来呈现亚文化群体的内心世界和认同的迷惑与彷徨。边疆民族地区的社会变迁、观念的改变和对未来的期待，反映在个体当中，反映在社会的基本单元，即普通的家庭当中。我们选择了佤族、拉祜族和傣族三个单一民族的家庭和一个民族混合型家庭为案例研究，考察不同民族的家庭变迁和人物个体成长历程，观察不同民族文化交融下的亚文化群体的真实生存状态和他们的想法与诉求。在研究的地区选择上，我们以普洱市西盟佤族自治县为研究个案地区，西盟县作为全国仅有的两个佤族自治县，在民族构成、社会变迁和民族团结等方面具有典型意义。

西盟佤族自治县，在中国遥远的西南地区，位于云南省西南部，地处东经 99°18′—99°43′、北纬 22°25′—22°57′之间。典型的边疆民族县，与缅甸毗

---

① 陈霖、马中红：《亚文化：无法忽视的另一种力量》，《南方周末》2011 年 1 月 27 日。

邻，国境线长 89.3 公里，国土面积 1353.57 平方公里。第六次全国人口普查，西盟县人口 9.13 万，少数民族人口 8.39 万，占总人口的 91.90%。其中，佤族人口为 6.29 万人，占总人口的 68.87%。西盟县是"少、小、边、穷"的典型地区，少数民族是人口构成的主要部分，西盟县以佤族为主，约占 70%，拉祜族约 17%，傣族约 4%，汉族在 1950 年以前仅数百人，目前约占 8%。西盟县的另外一个特点是佤族、拉祜族社会发展的特殊性，这两个民族的大部分被确定为"原始社会末期和奴隶社会早期的社会形态"，即社会形态的初级性。在中华人民共和国成立后，其社会形态发生一跃千年的巨变，这种惊人跨度的变化，在人们的思想意识中产生的冲击是剧烈的。60 年穿越式的变化，在几代人身上如何反映的是值得研究的课题。

（一）混合型家庭子女的成长历程

在普洱这样一个多民族的地方，就有一个家庭四个子女分别娶嫁了四个不同民族的案例。在城镇里，混合型家庭是个普遍现象。我们要考察的是一个典型的边疆地区的民族混合型家庭，家庭民族结构为拉祜族与汉族的混合家庭，身份性质是边疆出生成长的边二代，所在地区是云南省普洱市。

唐某（文中用第一人称"我"来代表），拉祜族，属于 20 世纪 60 年代出生的 60 后，文化程度，大学；职业，公务员；妻子，汉族，文化程度，大学；有一女一子，女儿上大学，儿子读中学。父亲，汉族，国家干部，现退休；母亲，拉祜族，家属，无职业。家庭有 2 男 3 女，我排行第三，有两个姐姐，一个弟弟，一个妹妹，所有 5 个姐妹兄弟都接受高中以上国民教育，均在政府或事业单位工作，经济状况良好。由于父亲是 20 世纪 50 年代初进入边疆的国家干部，此类家庭的子女基本都有较好的教育和职业。我家的 5 个兄弟姐妹，在选择民族成分时，最初是两个姐姐选择汉族，我和弟弟妹妹因母亲的要求，在成分上选择了拉祜族。20 世纪 80 年代后，两个姐姐重新选择拉祜族的民族成分。5 个兄弟姐妹的婚姻对象全部是汉族，子女却全部在民族成分上填写拉祜族。

据我的家谱记载，祖先是清朝中叶来自湖广的汉族，咸丰年间来到普洱一带，爷爷跟随马帮跑路，奶奶（彝族）在家务农。1948 年，中共在云南掀起反蒋革命运动，成立中国人民中华人民共和国成立军滇桂黔边区纵队。1948年，父亲参加了边纵，1952年随军进入阿佤山。中华人民共和国成立后，转入地方工作，直至20世纪80年代末退休。父亲怎么会在佤族人口占90%的阿佤山和拉祜族的母亲结婚？阿佤山是佤族的核心区域，外族很难进入，20世纪50年代之前，仅有数百汉族和千余拉祜族。20世纪40年代，外公带母亲由缅甸迁入阿佤山的拉祜族寨子。中华人民共和国成立后，父亲作为地方干部，随时到民族村寨下乡工作，认识了母亲并和母亲结婚。至于父亲的选择，他说喜欢就娶她，就这么简单。为了娶到母亲，父亲为此学会了拉祜语，他认为什么民族不是问题，喜欢就行。母亲的家庭是典型的拉祜族家庭，外公是赶马帮做生意的，家庭情况较好，对子女很严，母亲的家庭对于女儿的婚姻对象是有要求的，原则上是本族为先，外公对于母亲的选择没有过多的意见，一是看父亲是干部，至少生活上没问题；二是父亲到外公家的"工作"让外公满意。四个女儿，两个嫁了本族人，一个嫁了汉族，一个嫁了佤族。

我出生的地方叫西盟佤族自治县，位于云南省境西南部，西与缅甸为邻。面积1391平方公里，人口7.44万人。少数民族约占全县人口的94%，其中72%为佤族，另有拉祜族、傣族等。县府驻西盟镇，人口0.3万余。县境地处横断山系纵谷区南段，气候温暖而潮湿，为云南省境的"雨城"。河流主要有南康江和库杏河等，属萨尔温江水系。我小学到初中一直生活在西盟县勐梭镇，勐梭镇地处西盟新县城的东南部，全镇总面积252平方公里，距县政府所在地3公里（2000年以前县城所在地为勐卡镇，距离现县政府所在地30公里），海拔在803米至1955米之间，属全年无霜的热带亚热带季风气候，雨量充沛，气候温和，距普洱市222公里，西南距缅甸国境线62公里。2007年人均纯收入2773元。总人口22459人，农业人口12778人，农村劳动力8002人，是一个以佤族、拉祜族、傣族等10余种少数民族杂居的农业镇。20世纪70年代，这里有旱季可通往县城的乡村便道。

从小的教育过程，母亲是主要教育者，母亲虽然没上过学，她的教育理念是孩子健康成长，做个诚实的人，不与人争，与人为善，将来有个好的归宿。小学到初中，每年都带我回老家——一个偏僻的拉祜山寨，去看望外公和外婆，外婆不会讲汉语，印象中只有慈祥的微笑，母亲时常教导什么是孝，如何尽孝。在人生规划方面，父母没有个具体的想法，高中毕业上大学，我的想法是走得越远越好，对外面的世界充满无限好奇憧憬，母亲则认为近一点好，"儿行千里母担忧"，这是不同民族的共性。

在读小学时，一个班35名同学，机关及单位职工子女9名，其中汉族4名，拉祜族2名，佤族3名，其他26名同学均为傣族（因为小学所在地为傣族村寨）；机关单位子女不论什么民族，全部讲汉语，班里的傣族同学一年级时有一半不会讲汉语，一部分能讲部分汉语，这个班的情况实际上是当时小学所有班级的基本情况，即少数民族占绝大多数，低年级的少数民族同学精通汉语的比较少，但辍学率却不高。对比今天的情况，各方面的情况比以前好得多，但辍学率却比以前要高。据了解，在当时农村孩子上学是算工分的，因此，读书的积极性较高，一个班90%的学生小学毕业。小学的记忆比较模糊，同学之间打打闹闹，没有什么民族概念，班里分机关类和农村类，机关子女，不论什么民族，生活习惯是汉式的，农村子女却是本民族化的。记忆中印象较深的是机关子女要交学杂费，农村的不用交还补贴铅笔作业本，我们有元旦春节，他们有个泼水节。

小学时报家庭成分，我家是下中农，感觉很不舒服。为什么不是贫农，下中农被不少同学耻笑。民族成分，可以报拉祜族也可以报汉族，其实所谓的"民族"在那时就模模糊糊的，根本不关心。

进入初中以后，班里的结构发生很大变化，山里村寨来了很多佤族和拉祜族同学，规模扩大，分为两个班，同学中傣族、佤族、拉祜族和政府、企事业单位子女（含单位少数民族子女）大约各占四分之一，热闹非凡。初二时退学的同学很多，两个班的同学合并为一个班。初中毕业时，毕业照上只剩下34名同学（男生25人，女生9人），单位子女10人，农村24人，其中单位子女中混合型家庭的2人，属拉祜族；汉族5人（女生2人），佤族3人（女生1人）。农村同学24人，其中佤族8人（女生1人），傣族4人，拉祜族5人（女生1人），汉族7人（女生4人）。

初中是个快乐无忧的阶段，身边的朋友很多，山里来的同学住校，星期天有时邀请他们到家里玩，其中有两个朋友特别要好，一个是傣族同学洛相，一个是拉祜族同学扎果。傣族同学洛相家和我家比较近，时常到他家玩，双方的长辈对我们的关系很认可，还导致双方长辈友好关系的建立。傣族的风俗之一就是他们的盛大节日泼水节（相当于春节）时，不论民族，认识的朋友或朋友的朋友，都要请到家里做客，家里的客人也多，也觉得荣耀。

高中阶段是短暂而紧张的阶段。县里只有一所高中，所有乡镇的高中生都到一中读书。一个年级两个班，一共70多人，少数民族占80%，其中农村少数民族占60%，单位职工子女占40%。这个阶段学习相对比较紧张，很多同学的目标是考大学。高考时，有几个考上了大学，大专以上11人，我考上了非常理想的大学。直到那时，我才明白了"民族"成分的重要意义；因为是典型的边疆少数民族，可加20分，这对高考来说具有不可估量的价值，这彻底改变了我的人生轨迹。20世纪80年代，考上大学和中专的少数民族同学，也是受益于这个少数民族特殊政策的。

进入大学，我真正感受到"民族"的分量。以前生活在最典型的民族地区，傣族、佤族、拉祜族和爱伲族（哈尼族的一支）等，身在其中，只是人与人之间的正常关系，真的很简单。但是上大学之后，同学们都是内地和中原一带的，同学们非常好奇我的少数民族身份，好奇我们的饮食、服饰以及生活习惯。

大学毕业工作之后，民族成分问题凸显，在所有的表格、履历当中，民族一栏是必填的，"民族"观念不断强化。有一定的知识，民族干部的培养力度比较快，民族身份是个很重的砝码，少数民族的优势充分显示出来。在我们老家拉祜族的眼中，我也被视为汉族。我的朋友圈有几个阶段的，小学同学和朋友是一个圈子，这个圈子以傣族、佤族居多，现在散居各地，主要集中在出生地，"同学"的认同感强烈，2012年小学同学搞了一次同学聚会，这次同学聚会是傣族同学发起的。聚会的地点在傣族村寨，其间按傣族的传统，敲锣打鼓，行游村寨，在寨中的佛寺庙前歌舞娱乐，很多好奇的傣族人问是什么事，傣族同学很得意地说"同学聚会"。这一刻，我感觉到了"同学"在不同民族同学心中的分量和地位，这种情感认同，是其他情感不能代替的。中学时代的朋友圈也是以同学为主，成分更加丰富，这部分朋友是联系最密切的，以老乡、同学的身份为纽带，相互关照，时常小聚。这个阶段的朋友圈以少数民族为多，这是地域关系决定的，一个同学的一句话代表了这个圈子的核心理念，"咱们是边疆少数民族，肠子短（没有花花肠子），大家有什么事要多帮衬"。大学的圈子叫"兄弟"，这个时期，相对成熟，没有利益冲突，没有世俗尘染，情感纯洁而真诚。工作之后，朋友圈以单位为核心，以志同道合为基础，广交朋友。当然，这时的朋友，工作联系、社会联系居多，情感的投入相对少了。

民族身份的困惑问题。自己作为一个不太正统的少数民族，"民族"的身份在现实生活中遇到各种困惑。

困惑一，"民族"一词心理负担。差不多懂事的年纪，听到说自己是少数民族时，心里非常不舒服，产生了"民族"一词的心理暗示，即在汉族群体的不被认同感。今天，"民族"一词含金量很高，欣喜之余又黯然神伤，每到出差，出差地人民热情招呼，特意介绍我是云南来的少数民族，拉祜族，不少人不知道，他还要特意介绍"芦笙恋歌"之类的拉祜族名曲，好让大家知道这个民族，虽然有机会介绍自己的民族，但也深深地感到"我们"与"他们"的不同。

困惑二，无根一族。经常有人会问，拉祜族有姓唐的吗？你会说拉祜语吗？我会介绍，父亲是汉族，母亲是拉祜族。对方的回答是"哦！假拉祜"。一次我遇到了个"假拉祜"，他父母都是拉祜族，他在县城长大，只会几句简单的拉祜语，现在成了公务员。他说，他下乡到拉祜村寨，和村民谈到民族是拉祜族，许多拉祜族人说他是假的，他很生气，他谈到这个问题时愤愤然："我仅仅是生活在县城，生活习俗与乡下村寨的拉祜族有区别，不会太多的拉祜语，就经常被说成是假拉祜。包括许多工作同事，特别是涉及民族优惠政策和待遇时，更有人说，明显是'正宗'的、贫困的、山里的拉祜才是拉祜，才能享受各种优待，我想说的是，什么才算是真拉祜？"我非常赞同他的观点，谁能代表拉祜，我们不认为纯正血统就能代表整个民族，尤其是政府制定和执行民族政策时不能有这样的想法和偏见；如果要说谁能代表拉祜，那就是我们，具有现代文化和知识的新拉祜，带有新鲜血液的新生代拉祜，难道是山里的、贫困的、落后的、被人看不起的吗？我的这位朋友还有一句话道出了心灵深处的意识："我是拉祜，所以我热爱拉祜，谁也没有权利剥夺我作为拉祜的权利。"拉祜族应当包容,应当开放。在一片保护民族文化的呼声中,不要过分迷恋"传统文化和习俗",要加以甄别,如果束缚我们的发展,就应当毫不客气地抛弃它。精神远远高于形态,一个民族的精神永存才是最重要的。

国家认同上有困惑吗?没有,"我就是个中国人",这种观念根植于我们的思想和文化中。虽然在边疆尤其是边境一带生活,对于你是哪个国家的人的感觉是比较敏感的,因为共同生活的民族中跨境而居的比比皆是。今天,作为中国人的自豪感自不必说,看看那些小学中学里的外籍学生,看看那些跨国的民间集市,对比鲜明,有一种莫名的优越感,这应当就是一种对国家信任的感情和依赖,就是对国家的认同感;在中国女排获得世界杯冠军时热泪盈眶,在中国足球失败时黯然神伤,这种真情流露也是国家认同感;边民们从国境的另一端回到国门,看到五星红旗时一种回家的温暖感觉,只有身临其境才能感知,在对中国的国家认同上,没有民族之分。在这里我想表明,在认同上有困惑与焦虑,有迷惘与彷徨,但在国家的认同情感上,边疆虽远,认同依旧,在国家认同上没有困惑。

(二) 佤族家庭

佤族是中国五十六个民族之一,在语系上属南亚语系孟高棉语族佤德语支。

在中国各时期的历史文献中均有记载,自称"巴饶"("布饶")"阿佤""阿佤莱""勒佤"。1949 年中华人民共和国成立后,根据佤族历史和人民的意愿,称为"佤族",主要居住在云南省西南部的沧源、西盟、澜沧、孟连、耿马、双江、镇康、永德等县等地,部分佤族散居在保山市、西双版纳傣族自治州、德宏傣族景颇族自治州等地。2010 年第六次全国人口普查统计,中国境内的佤族总人口为 429709 人。佤族是云南的世居民族。在中华人民共和国成立前,在佤族各地区,由于经济发展不平衡,社会组织也有区别。阿佤山中心地区西盟、沧源的佤族,尚处于以村寨为单位的原始公社分散状态。村寨是一个地域、经济、政治和军事单位,在一定程度上具有从父系氏族公社发展而来的原始农村公社的性质和组织形式。中华人民共和国成立后,佤族地区的经济、社会、文化等各项事业飞速发展。人们的思想意识、生活方式都发生了跨越式的变化，由于其属于南亚语族，肤色较深，在中国整个民族中别具一格。年轻一代早已脱离了原始时代烙印，一个名为"中国黑人小尼"的网络博主这样描素自己的族属身份。

在云南省普洱市，中缅边境上，生活着一个古老的民族，他们勤劳、勇敢、淳朴，守护着祖国边境，他们就是黑皮肤的佤族人。提到佤族，也许很多人都没听过，可能我们很多佤族人走在大街上，都会被当作非洲人，但是我们是地地道道的中国人，我们是黑皮肤，却是中国心。我们民族也非常热爱祖国，我们都以我们是中国人而自豪。我也是看到一个少数民族的文章，非常感动，文章传递了正能量，也宣传了民族团结，我看了之后也鼓起勇气，宣传我们民族，将民族团结和爱国正能量传递下去，希望大家以后能了解我们佤族??谢谢支持。

社会由基本的家庭细胞组成，家庭的变迁能准确地反映一个民族的社会变迁和人们思想和行为意识的变化，佤族的变化我们以阿佤山中心区一个叫新厂村的佤族寨子的一个普通家庭为调查研究对象。

岩科（岩读作 ái）家庭

我家世代生活在阿佤山，这里山高水深，云雾缭绕，在群山中散落的村寨就是佤族寨子。我出生于1966年，至今还没出过我们这个县。不过，我倒是经常出国，我们村离缅甸就3公里，直线不过1公里，我们形容就是几步路就出国了。

我生活的寨子叫窝阿，现在叫新厂。听老人讲，一百年前英国人到我们阿佤山一带采金矿，在我们寨子百里外的地方采金矿，采完后又到我们这来采，原来那个地方叫老厂，我们寨子是他们之后来的，叫新厂，这个名字一直叫到今天。我们佤族的"窝阿"名字反倒被大家忘了。我们新厂，现在是西盟县的一个镇，就叫新厂镇，全镇有新厂村、阿莫村、窝羊村、代格拉村、永广村5个村委会，35个村民小组，28个自然村。以前只有佤族，现在还有了汉族、拉祜族、傣族、哈尼族、彝族等 8 个民族，人口 11000 余，主要是佤族人，占总人口的 98.99%，是佤族聚居乡镇，2013 年由乡改成镇。

我只读到小学三年级；读小学三年最大的收获是学会了说汉语，我父母一辈人就不会说汉语。我们班大约有 30 人，除了两个汉族同学，其他的都是佤族。我们这里从没有过其他民族，所以班里有两个汉族同学觉得很稀奇。第一次接触的汉人，就是我的老师，一男一女，女的叫寸老师，男的叫陈老师，寸老师教我们语文、数学，陈老师教我们体育。我们班里有的同学不仅小学毕业了，还上了初中、高中，还有一个到省城昆明工作，一个在县城工作，天壤之别啊！像我这样，只能在家务农了。小时候听老人讲神仙鬼怪、英雄好汉，有无限遐想。这种神奇的事情就出现在眼前，那是 7 岁那年，部队驻地放电影，傍晚时，我跟着大人们跑到部队的球场。球场上早已挤满了人，附近其他寨子的人也跑来看电影，这种整村整寨的人跑到一个地方，只有过年时才会出现。现场没有篝火，却光亮如昼，一个声音很大的发电机，据说光亮和电影就靠它了。当灯光熄灭的时候，挂在球场边的大白布上出现了各色我不曾见过的人物、音乐，大白布上那些生活的人们，有好人也有坏人，这是另外一个世界。这太神奇了，虽然我看不懂也听不懂，但它给我的童年带来了无限的快乐。一部电影放完后，在很长一段时间里会成为大家谈论的话题。一般一个月或更长时间才会看到下一部电影，打仗的电影是我们的最爱。小汽车，就是今天说的吉普车，当时我们叫"小包车"，小时候听到汽车声音，老远就跑去看，那么大的家伙，能坐五六个人，能拉很多东西，关键是还不吃草不食粮，真神奇。电影和小包车让我认识到了外来的人们带来的新鲜事物，非常了不起。这使我从此不太相信寨子里那些"做鬼"（巫术）的原因。

以前的县城离我们这 40 多公里，我 15 岁第一次到县城，县城有两三千人，我感觉人特别多，我们那里两三百人的寨子已经很大了。县城的东西特别多，有糖果、布匹、盐巴、锅碗瓢盆和生产生活工具。今天县城搬到了 80 公里外的地方，我也去过，这是我去过最远的地方，只是不用步行了，现在交通很方便。

　　我的爱人叫娜罕布勒，45岁，没有上过学，我们只有一个女儿，25岁，高中毕业，本来有机会上大学的，但家里很难供她上大学。后来听说大学有各种补助奖学金之类，负担不是太大，我很后悔。我女儿的婚姻对象，我理想的是嫁个汉族小伙子。汉族懂得多，会的东西也不少，关键是我的印象中，汉族好像都有工作，将来生活有保障。我们寨子有不少姑娘嫁给外地的汉族，最远的嫁到了山东。当然，我还是认为人好才是最重要的。其实我还是尊重女儿的选择，她找了同寨子的佤族小伙子，现在有一个4岁的儿子，那是我心爱的外孙子。他俩都出去打工了，女儿去了浙江，女婿去了福建，每年春节前回来过年，之后再去打工。浙江和福建据说很远，坐车都要好多天。这些孩子出去，可长世面了，回来皮衣皮靴，有的还把头发也弄得金黄的或弯曲的，不时讲几句普通话，像电视里的那些人一样，虽然不太喜欢，但没办法，说了他们不听，还笑我什么都不懂。我家有水田1亩，台地3亩，旱地4亩，这够我和媳妇忙的，一年下来，有五六百斤谷子，2000多斤玉米，还种些小菜面瓜，生活还算过得去。家里还养着几十只鸡，2头牛，4只猪，收入就靠它们了。电视、洗衣机、碾米机家里都有，在我们寨子，我家算是贫困户，成为扶贫重点户，今年政府帮助建盖了60平方米的砖混结构的房子，加上我的老房子，我很满意。小时候，我们寨子都是茅草房（图4-3所示），冬暖夏凉。不过茅草房问题很多，一是火灾，我们各家各户十分相近，一旦有火灾，几乎都是全寨焚毁，真正的灾难；二是隔两三年，需要换茅草，很麻烦。

　　我们佤族有自己的传统，我们寨子全部是佤族，但这些年来的变化很大。在中华人民共和国成立前，我们寨子还有猎头祭鬼的习俗，1958年后这一习俗彻底废止。今天这种习俗只是一个遥远的传说，寨子必有的神树大青树依然茂盛，祭祀的木鼓房，已经成为娱乐的一部分。传统的节日春节，据说是从汉族那里传来的，我们佤族过了一百多年，如今除了唱歌跳舞喝水酒之外，春节联欢晚会也

图 4-3 佤族传统民居——茅草房

是要看的。佤族最爱唱的一首歌叫《阿佤人民唱新歌》,"村村寨寨哎,打起鼓、敲起锣,阿佤唱新歌,毛主席光辉照边疆,山笑水笑人欢乐,跟着毛主席,哎!……,阿佤人民唱新歌唱新歌,哎!江三木洛"。我们佤族在高兴的时候唱,在敬酒时也唱,正式的场合更是要唱,所以这是我们的县歌,也算是今天佤族的族歌。我们寨子都是佤族,不过现在没有一个人穿传统的佤族服装,说实在的,也没有人会做这些服装了。我们的传统服饰,妇女穿贯头式紧身无袖短衣和家织红黑色条纹筒裙,但干活时不太方便,衣服做起来也费事。现在都穿和汉族一样的衣服。年轻人,比如我女儿,牛仔裤是他们的普通装束了,按他们的话说是"时尚"。我们寨子的人,比我大的一部分老人不会讲汉语,其他的都会"双语",听说城里的佤族不会讲佤语了,特别是小孩。我们这小孩会讲佤语,不过将来就不知道了。

宗教活动方面,我们佤族叫"做鬼",以前大事小情都要做,现在越来越少,很多都不再搞了。现在一般在春节前做些祈求平安的仪式,这要由专业的祭师来做,支付 20 元,请他们吃饭。我们叫他们"魔巴",我们寨子有两个,大的寨子有四五个,我们十分尊重他们。现在我们对他们仪式法力不太相信，我的父母那一辈很相信，我女儿就不信。我生病时，她就告诉我们不要做什么"鬼"，赶快去看病，如今看病很方便，卫生所就在镇里，离我们寨子不远，还有医疗保险。

现在的生活条件好多了，想起小时候听到汽车声就满山跑去看，这变化实在很大，水泥路都修到了家门口。我们寨子几乎每家都有摩托车，大部分有拖拉机或小汽车、大卡车，有的人家有好几辆呢。我家的水泥平房差不多建好了，我也别无所求了。每天没事的时候，就看电视，我喜欢看中央七台，讲农村农业，可以学一些技术；一台也看，主要是新闻。小时候没有听说过电视，以露天电影为主。只要放电影，不管刮风下雨，都一定要看，有时几个月才看一场，不能错过。印象最深的是一部叫《南征北战》的电影。我们一般傍晚时吃晚饭，饭桌在火塘边，以吃稀饭为主。小时候我们没有碗，用自己做的木碗，叫"木拉"，不用筷子，用手抓，现在都用铁碗瓷碗了，勺子筷子样样都有。我们佤族喜欢喝酒，最喜欢的还是我们自己的"水酒"，这是用我们在山里中的小红米（黍米）自己做的，味道有点苦，更多的是香甜，有的带点酸味，味道真爽，不过很容易醉人的。我们招待朋友都用这个，不管多少人，只有一个用竹子或木头做的杯子，大的可装一斤，一般就是三两左右，每个人喝的时候是一口干。因为只有一个杯子，你不喝完别人就不能喝酒，喝之前，找好下个喝酒的对象，要先敬老人、客人再到朋友的规矩。以往我们在过年、宗教活动、贵客到家时喝水酒，现在高兴的时候也喝。不过小红米现在种的少，因为产量低，所以许多人不想种，搞得水酒越来越贵。我认为过年不喝水酒，就不算过年，总觉得少点什么。如今酒的种类很多，有白酒、葡萄酒、啤酒等，以前除了水酒，白酒很少，其他的都没听说过。现在他们年轻人更爱喝啤酒，木竹杯子都基本不用了。我是贫困户，没有文化，没有其他技能，贫困在所难免了，要感谢那些扶贫的干部。父母从小就教我们做个有良心的人，与人为善，我们佤族也是讲这个道理，还要知恩图报，要感谢共产党和政府！小时候见到的中华人民共和国成立军、老师和政府工作人员，我都认为他们是汉人，对我们很客气很友好，从来没有欺负过我们，后来长大了，才知道他们当中除了汉人，还有其他民族，我们佤族后来有很多成为他们一样的人，我有个侄儿就去当中华人民共和国成立军了，各民族平等是切身感受，我们的县长是佤族，我们现在的镇长是拉祜族，还是个女的，我觉得没有什么不妥的。

我家离边境很近，对面是缅甸，走路不过30分钟，那边也是佤族村寨，用不着翻译，他们不少人还会讲汉语。我经常出国，有几次是我的牛跑到对面，吃了人家的庄稼，我过去赔钱，有时也是去逛一逛。现在越来越感觉差距大了，有时想买点外国的商品，最后空手而归，因为那里的商品基本都是中国的，实在没什么可买的，而且还比中国的贵。他们的道路基本是土路，还有一个现象就是像我们以前一样满地的猪呀鸡呀的，很不卫生。作为中国人的自豪感那是没得说，难怪有那么多的女孩嫁过来，去年，有46个缅甸的佤族姑娘嫁到我们新厂村，有20多个小伙子来我们这边打工，要知道，20多年前，是我们到他们那边打工的。

我家现在的生活和寨子里的其他家庭比较是差一些，不过我很快乐，带个小孙子，干点农活。最近政府给了50只小鸡，50只小鹅让我养着，长大了可以卖鸡卖蛋。我们养了4头猪，过年要杀的，还有牛，这些事情还真有点忙不过来，还好我媳妇能干。我没什么理想，也不想到外面去玩，大概年底房子就全部盖好，过年孩子打工回来，家里又要热闹了，要请朋友们来喝水酒，特别是那些帮助我的扶贫工作队的同志。想到这些，心里挺感激政府，我们不少家庭里挂着毛主席像，就是要感谢他们，记住他们。我们虽然没文化，但知道谁对我们好，县委书记叫什么我不知道，但国家领导人我是知道的，新闻还是要看的。

（三）傣族家庭

傣族历史悠久，文化灿烂，信仰小乘佛教，有自己的文字，除中国外，傣族还分布在中南半岛各国，总人数超过6000多万。傣族是中国人数较多的少数民族之一，2010年第六次人口普查时的人数为122万人。傣族在云南分布较广，主要分布在云南的西双版纳、德宏、临沧、普洱等地。傣族自称"傣"，据唐史书记载，有"金齿""黑齿"之称谓。20世纪六七十年代，不少地方如孟连、西盟的傣族还有牙齿镶金之传统，这就是"金齿"的传统和称谓的由来。明清以来称"白夷"或"摆夷"，直至中华人民共和国成立后，按其意愿称为"傣族"。

阿佤山中心区，以佤族为主，有少量其他民族，其中傣族就是其一。西盟县只有一个村是傣族村，叫勐梭村（图4-4所示），人口约4000人。据西盟县志记载，这里的傣族由今缅甸景栋迁入。清代乾隆年间，缅甸的景栋孟艮一带傣族发生王位争夺战，约800多户进入西双版纳，其中有200户进入孟连，孟连土司将他们安置到今勐梭一带定居，自称"傣老"。勐梭是个小坝子，中华人民共和国成立前，勐梭村没有汉人和其他民族，民族成分单一。中华人民共和国成立后这里进入了现代发展轨道，尤其是2000年，西盟县城由勐卡镇迁址到勐梭镇，快速推进了这里的城市化进程，人口结构、民族结构发生了巨大变化，勐梭村瞬间成为"城市"的一部分，这些变化，强烈地冲击着傣族人们的传统与观念。

岩三（岩读作ái音）家庭

我的家乡，我的生活，我的一切都正在改变，这种变化是我从来没有想到过的，将来还要变成什么样子，我不知道，也不会知道。十几年前，新县城搬迁到我们这里，我们村鸡鸣狗叫的农村时代结束了。我家的土地基本被征收完了，没有了田地，没有农活，我还是农民吗？水泥道路，热闹的集市，满街的摩托车、汽车，我在我家楼房看着这一切，我在想，这是我们傣族寨子吗？小孩子们都讲汉语，服装也汉化，将来我们的后代还会不会说傣话……

　　我是勐梭村的傣族岩三，今年55岁，小学毕业。我的妻子叫安相，51岁，小学毕业。我们有一个女儿和一个儿子，其中女儿结婚了，她生了两个儿子，转眼我已经成了姥爷好几年了。我出生那时，我们村不足千人，全都是傣族。小孩喜欢捞鱼摸虾，喜欢放牛。10岁的一天父亲叫我去上学，看着村里和我一般大小的伙伴都去上学，我也就高兴地去了。学校离家不远，10分钟就可以到。三年级以后，我已经能讲非常流利的汉语了，虽然学习成绩不好，但是会说会写，加之同学之间已经相当的熟了，大家就在一起玩了。

　　我们这里开始办新式教育是1959年，有两位老师。傣族的传统教育是到缅寺读经书。许多学生中途辍学到寺庙读经书，学生是越读越少，学校办学很艰难。我那时学校已经成型了，有2栋瓦房，5间教室，小学三年级前，书桌是一块木板，椅子是大龙竹破为两半，木墩一支就成，没有电灯。那个时候，小学只读5年，转眼就毕业了。我们老师很好，组织我们班毕业聚餐，老师带着我们自己动手，做好的饭菜就在教室吃，吃不完还分给同学带回去，这是我吃到的最好吃的集体餐。可惜的是小学毕业了，连个全班毕业照都没有，那时要照相，得到50公里远的县城，根本不可能，实在可惜。小学毕业后，我如释重负，再也不用读书了，我想好了，即使父母强迫，我也不会去读初中。我们班有一半以上同学上了初中，不过中途辍学的很多，毕业的很少，继续读高中的，只有两人。初中毕业的，之后有了工作，高中毕业的，成了国家干部。

　　20世纪80年代，生产队搞大包干，我有了自己的田地，此后就再也没有饿过肚子。成家后，我拼命干活，还做点倒卖牛的生意，家庭状况不断好转。20世纪80年代末，我家盖起了瓦房、买了电视。我们傣族有经商的传统，勐梭村子的集市是很有名的，我们叫"赶街"。听老人讲，有100多年的历史了。每逢赶街，四面八方的人们到街子进行各种交易，有时还有周边外县的、省外的，甚至还有来自缅甸的商人，热闹非凡。小时候一到赶街天，根本不去上课，我们小伙伴就一天到晚在街上转悠，看不同地方的人，不同的民族、不同的服装、不同的口音、不同的物产。那时想知道谁是什么民族，不用听口音，就看服饰，一个民族一种服饰。我们傣族的少女打扮得是最漂亮的，不少地方的小伙子来赶街，就是要来看我们的姑娘"小朴少"，不同村寨的人们借这种赶街，结交新朋友、看望老朋友，朋友有不同的民族，我们这里大部分人能讲几种民族语言，赶街时也是看望朋友、叙旧之时，傍晚时你可以看到来自山寨的人醉醺醺、跟跟跄跄的回家。赶街结束后，喝上几杯酒，醉意朦胧地踏上回家路，这是许多人赶街的一种享受。所以，赶街天家里备点酒是必须的。这种传统的赶街方式在 2000 年以后被打破了，县城搬到离村子两公里的地方，赶街时人数暴涨、商品暴涨、规模暴涨，赶街时音乐声、喇叭声、人声响彻街道，汽车、摩托车、拖拉机挤得水泄不通，我对这种赶街不太感兴趣了，那种朴素、亲情的感觉被纯粹的商业行为代替了。现在想要买东西，到处都是商店，不用像从前一样等到赶街天。我现在学会玩智能手机，在手机上也可以买，所以年轻人现在对赶街都不感兴趣了。

我们这里从前驻有一支解放军部队，每当有重大活动或者看电影时，部队列队前来，威武雄壮，成为一道风景。那时只有露天电影，我们想看的就是部队整齐的队形，响亮的歌声，部队有专门的位置区，周围挤满了人，尤其是我们傣族小姑娘，他们特别崇拜新解放军军，有不少姑娘就嫁给了解放军战士。解放军对我们也真好，我们傣族看到解放军都要热情地喊道："解放军，到我们家来玩嘛！"这可不是随便说说，是真心的，如果有解放军到家里，那可是很荣耀的事。参加解放军是我们很多小伙子的梦想，我们村子有几个小伙子就光荣地成为解放军，那是真正的"军属光荣"，一家人为此荣耀不已。如果他们回家探亲，家里像过节一样热闹，客人络绎不绝，听他们讲军队和外面的故事，邻居们更是羡慕不已。我们村有个小伙子去当兵，回来娶了我们村最漂亮的姑娘，按今天的说法，我们那时真叫"美慕嫉妒恨"。不过当兵可不是摆样子，那是会流血牺牲的。我们是边疆人，保家卫国，我们傣族可没的说。1979 年对越自卫反击战，越南离我们不远，战争打响后，我们感受到了战争的紧张气氛，所有民兵进行了集中训练，时刻准备着，我记得我们村有4个民兵写了请战书，要求上前线。在这场战争中我们傣族出了一个战斗英雄——"孤胆英雄"岩龙，这是中央军委授予他的荣誉称号，他是西双版纳人，但我们记住他了。我们村人口不多，中华人民共和国成立至今先后有30多人参军成为解放军战士，这是我们村的骄傲。

傣族最重要的节日就是泼水节了。泼水节家里会有很多客人，能想到的朋友都要请来做客，谁家的客人多，谁家就有面子。当然，我们傣族有着热情好客的性格，特别是泼水节期间，来的都是客，陌生人到家门口，我们也一定会热情邀请。县城搬到我们这里后，每逢泼水节，几乎是倾城出来我们傣家做客，家家户户人满为患。傣族的泼水节是在每年的4月中旬，和佤族、拉祜族、汉族的春节相隔3个月。他们过节时邀请我们去参加，泼水节我们是一定要回请他们的。我们信仰小乘佛教，每村都有缅寺，每个傣族男子都要到缅寺做一段时间的和尚，时间长的有一两年，短的两三个月，然后还俗。一是表示对佛的敬仰，二是学习傣族的文化。让我想不到的是现在的小孩竟然不想去，和尚更没人想去做，所以我们现在和尚很少，佛爷更少，佛爷要到外面请，现在外请佛爷越来越难了，因为别的地方佛爷也不多。我想，我们这里以后会越来越少人做和尚，将来这缅寺咋办，我们的生活可少不了缅寺，但谁又愿意把自己的孩子送去做终身的和尚呢！不过要强调的是现在我们村的佛事还真不少，其中赕佛的事最隆重。现在生活富裕了，有的人家做一次赕佛仪式，花销十几万元。赕佛期间，不干活，专事佛事，赕佛也成了我们生活的一部分。现在的年轻人，更多的是把钱用于买摩托车、汽车上，对佛事的关心远远不如上一辈人。

我经历了我们村子由一个单一的傣族寨子变成一个车水马龙的繁华城镇，经历了有茅草竹楼到青瓦竹楼再到琉璃瓦房的变迁，那个三年级才会讲汉语的时代一去不复返，插秧放牛的生活成了历史记忆。我们村子融入了城镇，我们的生活基本算是告别了传统的傣家模式，由农业生产变为经商为生，村子有些人家卖傣家的早晚点，有的卖烧烤，有的开农家乐。但不是所有人都能做生意，我家就以卖菜为生，家里还剩约 1 亩菜地，一年四季种不同的蔬菜和各种佐料，我媳妇拿到农贸市场卖，这是我家主要的收入来源。现在的条件不允许养猪养鸡，除了日用品要去买，猪肉鸡肉也要到市场买。从前我们卖猪卖鸡，现在却要去买，这不是城里人的生活吗？想到这些我就心里不踏实。我们的田地被征完了，政府有相应的保障政策和具体的措施，现在的问题是没有落实，等待的日子是痛苦难熬的，离开了土地，我的技能是难以支撑城镇的生活。不过现在没问题，只是当我和媳妇都老了，那才是问题，因为我的孩子都没有"工作"，我说的工作是那种像国家工作人员、老师或者医生什么的，有国家的工资保障，那才是真正的工作。

我的下一代朋友圈就和我这一代人完全不同，那种民族界线没有了，他们很少关心朋友的民族身份。我的一个侄儿，他的父亲在单位工作，他上了大学，现在有了很好的工作，还娶了汉族媳妇，他的朋友绝大部分是城里人，村里的朋友不多，他很少讲傣语，跟我也讲汉语，傣语其实他只是听得懂而已。我认为傣族应当以本族的朋友为主，最好取傣族姑娘做媳妇，这种想法好像过时了。我儿子还没结婚，我希望他找傣族姑娘做媳妇，如果找其他民族的姑娘，我认为汉族可以，其他的我不同意，当然也许他的想法和我不一样。一直以来，我们村在婚姻关系上，以本傣族为主，很少娶嫁其他民族。1970 年以后，陆续有姑娘外嫁，对象以汉族为主，现在外嫁的很多了，对象除了汉族之外，还有其他民族，尤其是外出打工的姑娘，外嫁的特别多，村里的小伙子找媳妇都困难了，看来只找傣族姑娘的想法已经不现实了，我对婚姻的观念正在成为历史。

（四）拉祜族的打工者

拉祜族是中国古老的少数民族，据拉祜族的起源传说，他们的祖先来自今天甘肃省天水一带，其族源于古氐羌系统，早期生活在甘肃、青海湖流域一带，过着游牧生活。在春秋战国时期，受到秦国的不断攻击，开始逐步向西迁徙，最远到达今新疆地域，后又折返青海，经西藏，沿着藏彝走廊南下，在秦汉时期，经四川进入云南。拉祜族先民作为一个族群在古代文献中的最早记载始见于《新唐书·南蛮传下》，其中记载的"锅锉蛮"，"锅锉"是拉祜族的自称。拉祜族历史以来一直处于游动当中，因此成了跨境民族。拉祜族在中国有48万人（2010年），其余分布在缅甸、泰国、老挝和越南，美国也有少部分拉祜族，境外人口有20多万。① 拉祜族是中国的直过民族之一，中华人民共和国成立初期，部分拉祜族还处于原始公社时期，比如苦聪支系。拉祜族还是国家民委确定的全国六个特困民族之一，经济社会发展缓慢，贫困面较大。

西盟县的拉祜族，于清代同治年间的拉祜族反清起义时进入阿佤山并建立政权，形成了今天西盟拉祜族的分布现状。西盟的拉祜族人口约为1.5万人，占总人口的16%，主要集中在力所拉祜族自治乡。西盟的拉祜族传统观念根深蒂固，面对当今无法回避的现代化进程，他们的适应度相对保守。这里要介绍一位拉祜族青年李老五，他是拉祜族寨子中众多年轻打工者之一，他有着十多年外出打工的经历，他靠力气吃饭，无一技之长。虽然到过北京、武汉等地，最终还是两手空空地回到家乡，没有技能和文化的打工者，选择的余地实在太小，他所在的村寨爬嘎村是个山区、贫困和民族杂居的典型地方。爬嘎村是西盟县勐梭镇班母村的一个社，属于典型山区（图4-4所示），距离村委会3公里，距离镇所在地14公里，国土面积3.51平方公里，海拔1655米，年平均气温19.60℃，年降水量2558毫米，适宜种植粮食等农作物。有耕地1528亩，其中人均耕地0.20亩；有林地305.50亩。全村辖1个村民小组，有农户90户，有乡村人口322人，其中农业人口322人，劳动力204人，其中从事第一产业人数202人。2011年全村经济总收入129.75万元，农民人均纯收入1452元，农民收入主要以种植业为主。② 如此贫困的地

---

① 政协澜沧拉祜族自治县委员会编：《拉祜族史》，云南民族出版社2003年版，第488页。

② 资料来源为《云南数字乡村》，见 http://www.ynszxc.gov.cn/S1/S1098/S1219/S1220/S201774/S201782/Default.shtml。

方，青年男女们纷纷走上了外出打工闯荡天下之路，以图改变命运，在爬噶村里，我们很难看到年轻人。

李老五，拉祜族，33 岁，小学文化。

我叫李老五，总有人问我拉祜族有姓李的吗？拉祜族不是叫扎拉、扎努吗？我对这个问题很反感，拉祜族就不能姓李？拉祜族还有王、张、罗等姓呢。拉祜族姓李的很多。我的儿子现在 5 岁了，取了个很好听的名字"李双龙"。我出生在一个叫爬嘎的山寨，我的这个寨子很特别，居住着佤族、拉祜族和汉族，所以我们从小就能讲三种语言。其实我们这里的年轻人都会这些语言，我们村里汉族的房子、生活习惯和我们基本一样。不过他们比我们更爱读书，我读到小学毕业就不想读了，他们都是读到初中、高中，我觉得这些方面他们比我们好多了，我们班小学读到高中只有他们。

图 4-4　拉祜族传统村寨

小学毕业后，我们班有一半的同学不读书了，我通过一个亲戚介绍，到县城打工，那年我 15 岁，打工比读书快乐多了，还有一些收入，有了收入可以做些自己想做的事。比如晚上可以去烧烤摊吃烧烤、喝啤酒。过年时打工的人都回来了，姑娘们非常洋气，和村里的土气有些格格不入。日子就这么过了三年，我觉得自己应该到更远的地方打工，听外出打工回来的人讲，大城市不仅好玩，收入也高得多，工作也容易找。我到了几百公里外的普洱市，这是我见过的最大的城市，城市的夜晚更是美，这才是我想象中的城市和打工的地方。经过朋友在普洱的亲戚，终于找到了在城郊的养牛场的"工作"。我从小就和牛打交道，现在又和牛在一起，心里真不是滋味，不过包吃包住每月300元，环境还不错，先干着吧。老板对我不错，吃的还可以，也不累，问题是工钱确实低，在这里打工的很多都是一千多。其实我最难过的还不是工作不好工资低，而是太寂寞，这里没有朋友，我每天和牛打交道，晚上一个人在宿舍听音乐，听着听着就特别地想朋友、想家人，想到家乡的山山水水，想到了家乡的牛，似乎都比现在这城里的牛可爱多了，小时候放牛可好玩了，有着许多故事，这里什么也没有。养牛场里人不多，主要是老板家人，小工只有我和另外一个小伙子，他有朋友，晚上经常出去，我只能孤孤单单了，有时和其他人一起看电视。他们的身份和我不一样，我是个打工仔，总是觉得和他们一起看电视时自己完全是多余的人，老板介绍我时总是说，小伙子是拉祜族，人挺老实的。我想了想，我不能做个只会干活的哑巴，我既然出来了，还是要到更大的城市、更远的地方去打工。

离开了普洱，我开始了几年的打工历程。在朋友的介绍下，我到武汉打工，做建筑工人，后来还到过北京、浙江、福建，没有技术，只出力气，收入2000元左右，东跑西跑，谈不上辛苦，只是发财梦破了。在打工的日子，我只和家乡来的老乡做朋友，圈子很小，无法和其他人交朋友，隔的东西太多，比如语言，我们老乡讲方言，讲拉祜语，普通话很费力，讲着蹩脚的普通话，我自己都觉得不好意思，交流非常少。打工跑了不少地方，最大的收获就是到过不同的地方和城市，尤其是北京，虽然我从北京走的时候，也没到过天安门，不过也够我吹一辈子了。我外出打工，没挣到什么钱，没学到什么本事，没交到什么朋友，其实就是一个人长时间的孤独旅行，差不多我该回家了。

2011 年，我回到了家乡，休息一段时间后，我还得出去干活，就这样回来，非常对不起父母，总不能待在家乡靠父母一辈子。这时的打工观念已经没有从前的冲动了，我决定在家乡附近的城镇找个工作。后来我到了一个熟人开的茶厂去做工，这个茶厂在一个拉祜寨子，在这做工开心多了，都是拉祜族，心里有一种说不出的安全踏实感。由于出去许多年，看到的、听到的比寨子的人多，有不少的优越感。不久认识了这个寨子里一个叫娜海的拉祜族女孩子，恋爱结婚。这下总算踏实了，我就安安心心在茶厂工作，现在学会了制茶技术，老板将茶厂交给我打理，我的日子过得挺舒坦。我决定就在这茶厂干了，将来说不定自己也可以开个茶厂。我这样的人，书读得不多，田也不会种，外出打工又没学到本事，这是个教训，我的儿子今年 5 岁，上小学我要把他送到县城去读书，一定要读书，有一技之长。

春节，拉祜族叫"扩"，时间和汉族过春节一样，这是我们拉祜族最热闹和盛大的节日。我看着那些穿着打扮时髦的打工回来的年轻人，从他们的神情可以看到他们是如此的自信和自豪，他们是大城市的回乡探亲者，他们的言行处处表现出和家乡寨子人们的不同。毕竟此时他们对未来是无限的憧憬和期待。村里的扎努大叔，他孙子正在读初一，今年说无论如何不想去上学，就是要出去打工，我说他还小，是不是初中毕业再出去，扎努大叔竟然说，打工挺好的嘛，孩子喜欢，就让他去吧。我是个打了十几年工的老"打工仔"，现在还算是在打工，我觉得他们这样匆匆的走上打工路，结局会和我差不多，但我对这种时尚的行为无能为力，我只希望我的儿子不要走这样的路。

几个普通而典型的不同民族家庭史的变迁，为我们展示了边疆多民族社区几代人对于当代社会变迁的基本态度，他们是逐渐形成的一个传统与现代、区域与中心文化相互交织的新的亚文化群体的主力军，在他们的身上我们感受到强烈的对现实的某种无奈和对未来的诉求与憧憬。中华人民共和国成立后，新的文化模式进入边疆少数民族地区，文化的交汇导致原生态文化的裂变，回望几十年的文化变迁历程，全新的区域文化，即亚文化正悄然而至，成为边疆民族地区文化形态的不可或缺的部分，甚至是主要的部分。导致这种文化形成背后的不同民族组成的庞大群体，才是我们应当关注的重点。通过对家庭的案例研究，我们思考几个文化现象。首先这个群体不是"小众"群体，而是名副其实的"大众"，是中华人民共和国成立后接受现代教育的新生代，在义务教育普及的今天，传统文化群体反而变成了"小众"群体，这一量变事实，是我们研究和观察亚文化群体及其认同多元化的基本前提。60多年的文化变迁历程，在当今快速变化的时代，已经是很长时间了。20世纪60年代出生的亚文化者们，已经成为"老人"了，在几个家庭的案例中，它们成为文化变迁的历史追述者，这证明了亚文化的历史积累是较为深厚的。对于传统的地方民族民俗文化，他们表现出了忧心忡忡，表现得茫然无措，但它们没有去阻止，没有去干涉，甚至在某种意义上说他们还是传统叛逆的推助者。其次，从微观的家庭史中，我们发现认同的多变性与流动性影响因子和家庭的民族结构和教育程度有较大关系。混合型家庭的子女，认同的多变性与流动性表现较为明显，对于身份认同的困惑也较为突出，他们多数集中在城镇，在多民族混居的地区，是族际交融的磨合剂，这部分群体是亚文化群体特征的标杆。受教育的程度深刻影响着亚文化群体的认同取向，教育程度越高，亚文化性就越强，他们挑战传统，不惧怕现代化，往往是较为成功的群体，对于单一民族社区有着强烈的示范效应。最后，边疆民族地区的亚文化群体普遍充满着对未来的美好期待，尤其是对于下一代的期望。他们对所生活的区域多民族和谐共处的环境非常珍惜，对国家的认同高度一致。多元认同呈现出来的亚文化，是文化冲撞与整合的阶段性产物，不必为此大惊小怪，这种文化的演变和发展，"亚"的消失是时间问题，它必将成为区域特色鲜明的主流文化。

第五章 认同的多元化与流动性

"认同"（identification）意指个体向比自己地位或成就高的人的认同，以消除个体在现实生活中因无法获得成功或满足时产生的挫折所带来的焦虑。就定义来说，认同可借由心理上分享他人的成功，以为个人带来不易得到的满足或增强个人的自信。认同的基本含义其实很简单，这个词是用来描述一种现象的，这种现象的特征便是"一个人变得像另外一个人"。对他人的模仿和崇拜为特征的认同行为实际上也是一个变化的过程，认同随着时间的推移和社会的变迁而发生变化，认同的主体在受客体不断强化的影响下，认同的分化与重构将不可避免。随着中国社会的急速变迁，边疆地区受到的冲击更加激烈，这种冲击表现在对传统文化、传统社区和传统生活方式方面。传统的认同行为其实已经崩溃，认同表现出多重的、复合的和流动的特征，边疆民族地区正处于认同的分化与重构的历史时期。

20世纪以来，认同已经不仅仅是我们以往看到的民族、国家认同的基本结构，而是延伸到社会的方方面面，并且在不断地变化，这就是我们要探讨的认同的多元性和流动性。

一、多元认同的基本概念

"认同"（identity），源于拉丁文 idem，原意为"相同"或"同一"，16世纪在英语中出现，起初主要用于代数和逻辑学。而现代心理学意义上的"认同"一词最早是由弗洛伊德提出，而后在埃里克森的同一性理论中得到了发展。"认同"有三个功能："其一是做出选择；其二是与他人建立起可能的关系；其三是使人获得力量和复原力。"因此，认同很大程度上影响着人们的行为方式与准则,"认同"问题研究对于人类个体和人类社会都具有极其重要的意义。

中国是多元一体的民族国家,多元文化的特征也体现在多元认同上,这是我们认识和研究中国民族认同多元问题的基础和前提。认同包括文化认同、价值认同、历史认同和政治认同四个维度和族群认同、族际认同、地缘认同、公民身份认同等多种表现形式。多元认同,是指个体在族群认同的基础上,延伸出来的文化的、历史的、地域的、国家的乃至世界的某种价值观的认同。多元认同在人类进入文明社会与其他共同体接触时就已经开始萌生。单一的认同在严格意义上是不存在的。地理大发现以后,人类开始迈向共同的世界时代,人类的交往空前频繁,共同体面对的是整个世界而非局部的区域。20世纪后,世界走向全球化,在这样的背景下,认同越过了传统的血亲、族群、文化界线,被民族、国家、政治、意识形态等诸多因素影响,呈现出多元化的特征。

全球化是多元认同的一个基本条件。全球化(globalization)一词,也称作一体化,是人类现代社会发展过程中产生的概念,通常是指全球在政治、经济、文化、贸易等人类生活的各个方面的联系不断增强,人类生活在全球规模的基础上发展及全球意识的崛起。20世纪90年代后,随着全球化势力对人类社会影响层面的扩张,在中国的政治、教育、社会及文化等学科领域的影响不断深入。全球化给中国带来了繁荣与发展,但全球化的负面影响也日益体现出来,它扫荡了相对脆弱的、众多的地方传统和文化。中国西南边疆民族地区传统文化由此发生的变化更是十分惊人,由此带来的认同行为变化也是十分明显的。基于边疆民族地区的认同行为变化,本节从以下几个方面进行探讨。

1. 单一认同

单一认同,指族群认同。这里族群(ethnic group)与民族(nation)要在概念上进行区别,族群的基础是血缘,民族的基础是国家。族群认同(ethnic identity)就是族群的身份确认,是指成员对自己所属族群的认知和情感依附。当然,这个概念的解释也不统一,国内有关学者在研究中发现,英文文献中关于"族群"的定义不少于二十种。其中对社会人类学界影响较大的是马克斯·韦伯（Max Weber）的定义："某种群体由于体质类型、文化的相似，或者由于迁移中的共同记忆，而对他们共同的世系抱有一种主观的信念，这种信念对于非亲属社区关系的延续相当重要，这个群体就被称为族群。"① 在《麦克米兰人类学词典》中，族群是指一群人或是自成一部分，或是从其他群体分离而成，他们与其他共存的或交往的群体具有不同的特征，这些区分的特征可以是语言的、种族的和文化的；族群这一概念包含着这些群体交互关系和认同的社会过程。② 族群的认同理论之一根基论认为，族群情感纽带是"原生的"，甚至是"自然的"。语言、宗教、种族、族属和领土的"原生纽带"是族群成员互相联系的因素，这样的原生纽带存在于一切人类团体之中，并超越时空而存在。对族群成员来说，原生性的纽带和情感是根深蒂固的、非理性的、下意识的。这种认同主要在族群内部，其范围和文化有相对稳定的边界，因此我们称之为单一的认同。

云南民族的分布特征是"大杂居、小聚居"，"杂"就是众多的认同各异的共同体，即众多的单一认同族群，这是云南民族的多元化的基础。以普洱地区为例，普洱作为云南最大的地级市，有 14 个世居民族，9 县 1 区的行政区域中，9 个县为民族自治县，有的是单一民族自治县，如西盟佤族自治县、澜沧拉祜族自治县，有的是两个民族自治县，如宁洱哈尼族彝族自治县，还有三个民族自治县，如孟连傣族拉祜族佤族自治县。在 20 世纪 50 年代，这里的民族单一认同行为较为明显，主要表现在语言、宗教等方面。

2. 族际认同

族际认同，伴随着现代社会各民族交往的广泛深入正在不断地延伸和扩大。目前，对于族际认同的概念还没有形成一个统一的界定描述，但已经有许多研究者在关注和研究这个问题和现象，研究者们试图突破现有的民族认同模式，旨在促进社会整合和团结，认为民族认同的扩展和延伸而形成的族

---

① 乌小花：《论"民族"与"族群"的界定》，《广西民族研究》2003 年第 1 期。
② 周大鸣：《论族群与族群关系》，《广西民族学院学报》2001 年第 2 期。

际认同，可以作为另一种可能的建设模式，民族认同因他族的存在而产生，民族认同之间的冲突也只能在与他族的关系发展中最终得到解决。毕跃光认为："所谓的族际认同，是指交往的各民族之间对对方族体属性和族体地位的认可，以及在认可基础上的亲和动机和亲和态度。"他认为族际认同的成因和表现集中在四个方面，即族源型、语言型、宗教型和民俗型，"族际文化交流、经济互补互惠、共同的历史命运乃至特定族际环境下的相同肤色或人种特征都可能形成族际间稳定的共性交集和共享格局，从而产生族际认同"①。族际认同的产生，在各民族交往互动成为常态的现代社会，还有一个重要的促成要素——族际通婚，这里我们将重点讨论和研究族际婚姻对族际认同行为的影响。

族际婚姻家庭，不仅是两个不同民族异性之间的结合，而且是两个不同身份的民族文化和社会背景的结合与整合。为什么不同民族的人们会走到一起，建立家庭？一般情况是在交往密切和了解深刻的基础上才会建立家庭，通常意义上看，族际通婚，至少表明族际之间的关系是友好的。族际通婚与族群之间的差异程度以及造成相关差异的社会、经济、文化、政治等原因密切相关，而且族际通婚直接影响群体边界的变化，族际通婚态势对国内社会整合也具有重要影响，因此，在社会学的族群研究中，族际通婚被认为是最重要的研究专题之一。② 不同族群的血缘关系，使其子女的认同不再是单一的族群认同。在中华人民共和国成立以前，在云南边疆地区，族际通婚是不多见的，为数不多的族际婚姻，有的还带有政治色彩，如孟连宣抚司的土司娶西盟佤族的"公主"，就是典型的政治联姻。在阿佤山地区，佤族、拉祜族和傣族基本是不通婚的。中华人民共和国成立后，族际通婚开始出现，但20世纪80年代以前比例很小，阻力很大。在西盟佤族自治县的力所拉祜族自治乡，20世纪70年代就发生过拉祜族女青年和佤族小伙恋爱，女方家庭因其对象为外族，坚决反对，导致拉祜族女子自杀殉情。改革开放后，随着经济

---

① 毕跃光：《民族认同、族际认同与国家认同的共生关系研究》，博士学位论文，中央民族大学，2011年。

② 菅志翔：《中国族际通婚的发展趋势初探——对人口普查数据的分析与讨论》，《社会学研究》2016年第1期。

文化的不断发展，各族青年男女自由恋爱、通婚的现象和比例不断提高。进入 21 世纪，在阿佤山区生活的不同民族，相互通婚已成普遍现象。在对最偏僻的民族村寨的调查中，青年人对择偶的要求基本不考虑族属问题，家长认为他们合得来就行，什么民族身份没关系。一般说来，两个民族通婚率达到10%，说明族际关系是比较融洽的，中国通婚率超过 10% 的民族达到了 38 个，占到 67%，今天这个数据还会大幅提高。当然，10% 只是个理论数值，并不是说达不到这个数值就是关系不融洽，还有其他很多因素的制约，比如民族之间的交往密度和生活区域的不同，都是影响族际通婚的因素。从中国第五次人口普查数据看，族际通婚的比例是非常高的，尤其是与汉族，如表5-1 所示。

表 5-1 各民族与汉族通婚率①

民族	通婚率
赫哲族	77.60%
俄罗斯族	74.04%
高山族	71.78%
鄂伦春族	65.62%
锡伯族	58.11%
畲族	49.9%
满族	41.94%
达斡尔族	41.5%
京族	41.45%
蒙古族	37.49%
裕固族	34.08%
鄂温克族	32.56%
独龙族	27.38%
土族	25.1%
仫佬族	24.87%
阿昌族	19.76%

① 数据来源：2000 年第五次全国人口普查。

续表

民族	通婚率
瑶族	19.34%
白族	18.76%
土家族	18.61%
毛南族	18.44%
羌族	18.35%
布朗族	17.56%
仡佬族	17.42%
彝族	16.29%
侗族	15.16%
拉祜族	15%
布依族	14.86%
苗族	14.02%
傣族	13.49%
黎族	12.78%
壮族	12.66%
景颇族	12.64%
基诺族	12.28%
回族	11.85%
普米族	10.91%
水族	10.34%
佤族	10.27%
撒拉族	9.93%
哈尼族	9.08%
德昂族	8.77%
朝鲜族	7.59%
傈僳族	7.42%
门巴族	6.58%
藏族	6.49%
塔吉克族	6.11%
怒族	5.65%
珞巴族	5.4%

续表

民族	通婚率
乌孜别克族	1.84%
柯尔克孜族	1.05%
保安族	0.97%
维吾尔族	0.62%
东乡族	0.23%
哈萨克族	0.21%

从中国的情况看，各族通婚比率不断上升，根据国家统计局的人口普查统计，2000年的第五次全国人口普查，族际通婚人数为1625.5万人，占到全部配偶的3.23%。① 这与中国8%的少数民族比例来看，是相当高的。在族际通婚中，汉族与其他55个少数民族有族际婚姻，汉族与其他民族的通婚比例是最高的，达到44.93%。族际通婚的子女在族属选择上，20世纪90年代以前，选择"大"的为多，比如汉族与拉祜族的混合型家庭，子女的族属选择绝大部分选择汉族，尤其在城镇地方。20世纪90年代以后，受到少数民族优惠政策、入学、提干等因素的影响，选择"少"成为主流。以云南普洱市为例，汉族人口增加了5.1%，少数民族增加了6.85%，总人口比重增加0.39%。② 这显然与普洱市的混合型家庭的人数有直接关系。

族际通婚在云南越来越普遍，根据调查显示"95.9%的被访者不介意儿子娶其他民族女性为妻，95.8%的被访者不介意女儿外嫁其他民族"③ （见表5-2），族际婚姻的盛行，最为直接的一个后果就是双重或多重族群血缘的人群数量大幅增长，双重认同的大幅提高。

---

① 李晓霞：《中国各民族间的族际婚姻的现状分析》，《人口研究》2004年第3期。
② 普洱市2010年第六次全国人口普查主要数据公报。
③ 王延中、宁亚芳：《云南民族关系现状调查与评价》，《云南社会科学》2014年第4期。表格数据也来源于该文。

表 5-2　云南族际通婚意愿（%）

	儿子娶其他民族女性为妻		女儿外嫁其他民族男性为妻	
	介意	不介意	介意	不介意
汉族	7.2	92.8	6.7	93.3
白族	3.5	96.5	3.3	96.7
傣族	1.7	98.3	1.8	98.2
佤族	11.6	88.4	12.5	87.5
纳西族	1.0	99.0	1.3	98.7
景颇族	0.9	99.1	0.9	99.1
普米族	0.0	100.0	0.0	100.0
其他民族	18.2	81.8	20.0	80.0
合计	4.1	95.9	4.2	95.8

　　根据中国社会科学院民族学与人类学研究所于 2013 年开展的"21 世纪初中国少数民族地区经济社会发展综合调查"在云南的家庭问卷抽样调查数据，我们看到了云南各民族在族际交友、族际通婚等方面的实际状况，与现代社会伴随的开放和交流的进一步深入，各民族间族际交友越来越强烈（见表 5-3），"云南民族间族际交友意愿很强烈，而且拥有其他民族好友的实际数量也很多。79.7% 的人拥有 1 个及更多的其他民族好朋友，68.5% 的人则有 3 个以上其他民族好朋友。总体而言，云南被抽样调查的民族被访者尽管在拥有其他民族好朋友数量上存在统计学意义上的明显差异，但是拥有 3 个以上其他民族好朋友是云南各民族族际交友中的主流现象，大多数人愿意和其他民族成员成为亲密互信的好朋友"[①]。云南的民族关系的基本特征就是民族团结、和谐共生，这不仅仅有着悠久的历史传统，更有坚实的现实基础，这个基础是什么，就是"成为亲密互信的好朋友"，这就是民族团结的生动体现，是民族关系最基本也是最核心的本质，习近平总书记在 2014 年 5 月 28—29 日第二次中央新疆工作座谈会上明确了各民族"团结"的重要意义："民族团结是各族人民的生命线……各民族要相互了解、相互尊重、相互包

---

　　① 王延中、宁亚芳：《云南民族关系现状调查与评价》，《云南社会科学》2014 年第 4 期。表格数据也来源于该文。

容、相互欣赏、相互学习、相互帮助，像石榴籽那样紧紧抱在一起。"同时还强调了培养各民族的情感关系、朋友关系，"大家要行动起来，一起做交流、培养、融洽感情的工作，努力创造各族群众共居、共学、共事、共乐的社会条件，增强各族群众对伟大祖国、中华民族、中华文化、中国共产党、中国特色社会主义的认同，向着伟大理想去奋斗。"① 云南各民族极高的族际认同，对云南的民族关系进一步发展有着直接的现实意义，对全国的民族关系也具有重要的"示范"意义。

表 5-3　云南民族间族际交往意愿（%）

	汉族和少数民族				
	聊天	做邻居	一起工作	做好友	做亲家
愿意	100	100	99.4	98.8	86.7
不愿意	0	0	0.6	1.2	13.3
	少数民族与汉族				
	聊天	做邻居	一起工作	做好友	做亲家
愿意	97.2	96.4	97.3	95.7	95.1
不愿意	2.8	3.6	2.7	4.3	4.9
	少数民族和其他少数民族				
	聊天	做邻居	一起工作	做好友	做亲家
愿意	97.6	97.1	97.2	96.4	95.1
不愿意	2.4	2.9	2.8	3.6	4.9

3. 地域认同

地缘关系在人类社会中具有重要地位，在中国社会中，其地位仅次于血缘关系，人们的地区概念、老乡概念很浓。在边疆民族地区，由于不同民族之间长期以来形成的杂居现状，使人们之间建立了一种血缘、地域和民族三位一体的社会关系。三者中，地域的认同显然更加重要，它囊括了生活在同

---

① 习近平：《民族团结重在交心·要将心比心以心换心——关于民族工作的重要论述摘编》，中国共产党新闻网，见 http://cpc.people.com.cn/xuexi/n/2015/1001/c385474-27654530.html。

一地域的不同民族和文化，地域认同在不同的认同维度中的地位是十分重要的。

民族的形成和发展离不开地理环境。地域或地理条件是民族形成和构成的重要要素之一，民族或族群必须在相应的区域生活或繁衍，一个民族一般生活在相对固定的区域范围，而地理环境对不同民族文化的形成又起到重要的作用。民族文化的特征取决于地理环境，不同民族文化的差异，很大方面是地理因素造成的，如傣族喜欢水，性格温柔善良，其文化带有浓厚的水的特质，所以他们逐水而居，靠水为生；佤族居住在高山之巅，云海之上，极目远眺，性格豪迈奔放。地理环境是民族赖以生存的基本条件，是民族文化、民族特性和民族文化形成的母体，因此，对地理环境的依赖是一个民族认同的主要内容。

清华大学的一位教授在谈到对故乡的情感时发出了这样深情的感慨："无论在哪儿，都不会像在家乡这样感受如此亲情、如此友情、如此深情。我深刻感受到，唯有家乡的认同才是最高的认同、最大的认同。"对家乡的认同，实质上就是对地域认同的具体体现，对自己生长和熟悉的地方的深厚情感，这是我们不能忽视的认同行为。中华人民共和国成立以后，农村社会按区域进行组合，从初期的省、州市地区、公社、大队，到之后的省、州市、县乡村的行政区划，将人们牢牢固定在居住区域，这大大强化和固化了人们的地域观念，强化了地域功能。这种行政区划，使传统的区域认同随着时间在渐渐变化，如云南省普洱市江城哈尼族彝族自治县的整董镇，原属西双版纳的一部分，即十二版纳之一，但其地理位置嵌入江城县，因此整董镇的管属几经反复。整董是傣族传统的居住村落，光绪三十四年（1897）属傣族土司辖地，1929年设立江城县时归江城管辖。中华人民共和国成立后，1950年江城设区村制时属江城县康平区，1953年划归西双版纳州景洪县，1966年又回归普洱的江城县，属康平区的一个乡。1969年改称"五一"大队，1979年更名为整董大队，1984年初设傣族乡，1988年初经省人民政府批准正式设立整董镇。今天，整董镇的傣族，经过50年的政治的、经济的和文化上的地域强化，在地域认同上，很明显是江城人或普洱人的认同感，而西双版纳似乎是另一个遥远的地区。普洱市的澜沧县，在中华人民共和国成立前，包括今天的西盟县和孟连县，中华人民共和国成立后分别建立了三个民族自治县，孟连、西盟的新一代人在认同上就没有澜沧人的概念。在通常情况下，乡情比亲情更重要，因此有"金乡邻，银亲戚"之说。在边疆，相对地广人稀，人们的地域依赖感很强烈，这与传统的安全感有很大关系。改革开放以来，中国的社会发生了翻天覆地的变化，地域已经不再是束缚人们的障碍，人们南来北往，奔走四方，或生活、或工作、或学习，由此产生了多如牛毛的各种同乡会、商会和协会，这是地域认同感的直接体现。

对生活在不同区域的人们，地域的认同是最基本的要求，如热爱家乡、保卫家园就是具体体现。人们为此不惜生命，为她献身。在当今的国家范围里，地理区域的认同分为不同的维度，首先是对国家的认同，这是对祖国的情感认同；其次是行政区域的认同，不同的行政区域，通过历史的、文化的和行政的力量的不断强化和暗示，形成了一种区域文化的概念和边界，从而使生活在这个区域内的不同民族都有一个我们是"某某地方人"的区域认同感；最后是家乡的地域认同，对家乡的认同感是最强烈的地域认同。人们不论到哪里，对家乡的认同是不会改变的，并且随着时间的推移而不断的加深和强化。家乡的认同在地域认同的所有维度中是最基本的和最牢固的。

二、流动的认同

认同是固定在个体身上的一种意识和行为，具有个体属性和社会属性，社会属性支配着个体属性。在相对固定的群体内，认同以群体的方式表现出来，并且有着共同地域的文化特征，随着现代社会开放和包容的生活模式深入到我们的各个角落，相对独立的民族群体开始接纳新的群体，输出自己的群体成员，也就是群体的分散和流动成为常态，所以，认同就不再是固定的和静止的，而是流动的，由此导致认同是处于变化之中的，流动的认同其实是现代社会的普遍现象。

在讨论认同的多元性问题时，存在我们关注不够多的认同现象和行为，就是现代社会带来的大规模的人群流动和交往。人们的交流交往空前频繁，不同民族身份的流动人群，认同的行为和方式都发生了变化。流动的不同民族，在接触到新的环境、文化和人群之后，认同感由原来的相对固定的认同模式向流动变化的认同行为改变。

流动的认同最主要的特征是认同具有非常强烈的流动性行为，一是人的流动性导致认同的流动性行为，可能会导致不同的认同体的冲突与矛盾；二是认同意识的跨界流动，认同突破了传统身份认同强烈的排他性意识边界，具有了不确定性和交叉复合性，表现为身份的遗忘、重塑和交叉，并随着时间、地点、人物和场域的不同而表现出不同的认同心理和行为。

全球化与现代化带来的大规模人口流动是流动认同产生的直接原因。全球化（globalization）一词，是一种概念，也是一种人类社会发展的现象过程，是 20 世纪 90 年代以来在世界范围内形成的新现象，是当今时代的基本特征，它的一个显著特征就是人口的大规模迁徙，甚至催生出美国、加拿大和澳大利亚等著名现代化国家。中国在现代化建设过程中，人口流动更是惊人，"五普"期间，省际流动人口 1.2 亿，"六普"期间超出一倍，约 2.2 亿，今后这个数字还将不断扩大。2016 年 3 月 17 日，国际移民组织（IOM）与中国和全球化智库（CCG）联合发布《世界移民报告 2015：移民和城市——管理人口流动的新合作》中文版。全球最新移民趋势、移民与城市多样性、城市移民与经济发展关系等成为报告关注的重点。

《世界移民报告 2015》有几个方面特别值得我们关注。①

首先，城市化的速度惊人。全球每周约有三百万人口移居到城市，国际移民组织（IOM）与中国和全球化智库（CCG）联合发布的《世界移民报告 2015》指出，2014 年，全球超过 54% 的人口居住在城市。目前城市人口为 39 亿，这一数量在未来几十年会持续增长，到 2050 年将达到约 64 亿。据统计，全球每周约有三百万人口移居到城市。

其次，中国的城镇化得到空前的发展。国际移民组织（IOM）与中国和全球化智库（CCG）联合发布的《世界移民报告 2015》指出：

"在过去三十年里，中国的城镇化得到空前的发展：有 2.6 亿人口从农村

---

① 国际移民组织（IOM）与中国和全球化智库（CCG）联合发布，《世界移民报告 2015》2016年 3 月 17 日。

地区迁移到城市，推动了国家经济的快速增长。仅在 2000 年至 2010 年间，就有 1.17 亿农村人口迁移到城市以寻找更好的就业机会。作为中国的经济增长引擎，沿海地区接收了超过一半的移民人口。接收国内移民人口最多且移民人口增速最快的为北京、东莞、广州和上海等城市。在 2010 年，这些城市共接收了超过 5200 万人，占国内移民人口总量的 35%。目前，中国庞大的流动人口占 7.3 亿城市总人口的三分之一，中国的城市人口占总人口的 54%。预计到 2030 年，中国的城市人口将达到 10 亿，占总人口的 70%。

在中国，有成千上万的移民循环来往于城市和自己的家乡。他们大部分时间都在大城市里打工挣钱，把家人特别是孩子留在农村或小城镇的家中。这种（循环迁移）人口流动模式以及所带来的城市发展已经引起了亚洲城市研究者和从业者的关注，他们预计在未来的 15 年中，会有大约 1.19 亿人迁移到亚洲国家的半城市化地区。

最后，提出城市要制定促进移民融入的政策："城市需要认知和了解移民社区。城市不仅为移民提供服务，还需要雇佣他们，帮助他们进入正规劳动力市场，并鼓励少数民族和移民领导的商业活动进入市场供应链。最重要的是，城市承担着治理责任，不管在来源城市还是目的城市，市政当局都能够为移民融入制定政策框架。"

由此可知，世界人口流动的趋势和基本特征，城市化依然是未来发展的主要方向，世界上绝大多数人将生活在城市里，中国在未来 15 年内，城镇人口达到 70%，这是个非常惊人的比例；少数族群在报告中也引起高度关注，同时提醒城市管理应有相应的制度保障措施。中国的流动人口有 7.3 亿，表面流动非常频繁。2014 年，一篇题为"少数民族流动人口现状与问题"的文章指出："目前，我国少数民族流动人口已经超过 3000 万，其中大部分都流向东部沿海发达地区。广东省珠三角城市群，1982 年第三次人口普查时，少数民族人口不足 2 万，目前已接近 200 万。北京市 1953 年第一次全国人口普查时，少数民族人口有 16.85 万人，2010 年第六次全国人口普查时，少数民族人口达 80.1 万人。2010 年上海市全市少数民族人口总数为 27.56 万人，比

10 年前增长了 165.9%。"① 人口大规模的流动，除了普遍存在的经济问题、文化差异问题、城市融入问题等显现问题，还有我们不能直接感受甚至不能理解的隐性问题——认同问题。民族的认同，伴随着他们流动的步伐，有了一个新的现象——流动的认同。

流动认同产生一个新的重要的群体，他们呈现出族群身份逐渐弱化的特征。我们称他们为"族群身份遗忘群体"。这部分群体有着不同的民族，不同的年龄层次，不同的社会职业，其实这是一种"涵化"（acculturation）现象②。文化涵化作为文化变迁的一种主要形式，指其他的、异质的文化接触引起原有本身文化模式和结构的变化，相互接触的群体有时也会各自丧失文化个性而形成一种新文化。在不同文化的长期接触过程中，处于支配从属地位关系的不同群体，会逐渐丧失自己原有的文化，成为另一种文化的一部分。我们用目前流行的涵化理论来解释"族群身份遗忘群体"的文化现象比较贴切。中华人民共和国成立后，新的文化模式在边疆迅速建立和普及，使文化涵化现象以前所未有的速度推进，接受现代教育的不同民族的青少年，正源源不断地成为这一群体的一员。生活在城市里的不同民族青少年，脱离了本族的文化环境、母语环境，其传统文化、语言风俗都成了传说。在最边远的地区，20 世纪七八十年代，这个格局就已基本形成，比如在少数民族人口超过 90% 的西盟县，在乡镇一级，乡镇所在地的孩子，会听部分民族语言。

> 鲍某出生于 20 世纪 70 年代，父亲是佤族，一名小学教师，母亲也是佤族，无业。他出生和生活的地方，都是佤族人。由于在乡镇里生活，一直讲的是汉语，他能听懂部分佤语，主要是日常用语，他的生活习惯和老家寨子里的风俗是有差别的，一般在假期回去，外公外婆听不懂汉语，所以他和他们交流不多。高中毕业后到 20 公里外的县城工作，娶妻生子，虽然孩子的身份是佤族，但孩子一句

---

① 李俊清：《少数民族流动人口现状与问题》，《中国科学报》2014 年 3 月 28 日。

② 涵化理论（Cultivation Theory），又称培养理论、教养理论，涵化假设、涵化分析。最早系统地由格伯纳提出。1967 年，格伯纳及其同事在美国全国暴力成因及预防委员会的资助下于宾夕法尼亚大学的安南堡传播学院开始了他们一系列有关电视内容的研究。电视的"涵化"效果，即潜移默化的效果。

佤语都不会，更不用谈民族传统文化。生活在地级城市的陶某，从来就没有想到自己会是傣族，因为自己一直是汉族，户口本和身份证上的民族是"汉族"。他与父亲闲聊时听父亲说他们家祖上是傣族。我家既然是傣族，又怎么成了汉族呢？父亲告诉他，在爷爷那一辈，从语言、生活习俗就已经和当地的汉族没什么两样，和汉族还有其他民族生活在一起，大家都很少谈论民族，族属身份是个淡漠的概念。到父亲报身份的时候，很自然就报了汉族。傣族是老一辈的事了。这种情况还不是少数人家，生活在城镇的一些家庭，特别是汉族与少数民族的混合型家庭，自称是汉族的比例很高。

在边疆城市，随处可见不同地方强化地域特色的图腾或民族标识的雕刻、绘画和建筑，比如傣族的金塔、吊脚楼建筑、大象雕像，拉祜族的葫芦，佤族的牛头，街道的路灯也根据不同民族做出不同形状，这让外来人感受到浓郁的民族风情。而这些不会改变当地人已经形成的思维模式和行为，即他们形成的固有的生活方式不会因此而改变。他们不会因这些民族元素使他们变成设计者们认为的"民族"及其文化。作为身份遗忘的群体，遗忘是自然发生的过程，并且是不可逆转的，比如，一些人希望子女能学习母语，基本被拒绝了，他们情愿学习让人讨厌的英语，也不想学民族的母语。一个孩子说，父母要我学的民族母语，跟我的生活、我的未来没有关系，我为什么要学，况且我们也没有时间去学。事实证明，不同民族年轻一代，他们大多数不会回到"民族时代"。不过许多年轻人也表示，他们对自己民族的历史和文化是尊重和有兴趣的，但这不是要他们回归过去的理由。

三、流动群体的生存状态

流动群体主要集中在青壮年人群，对所属民族有着很大的影响，代表着当今边疆民族地区的认同趋势，因此，对其群体的研究有着重要的意义和价值。我们以案例进行分析。

带着自己民族的情怀，带着地域文化形成的地方性格，到另外一个陌生的文化地域闯荡，一个鲜活的案例是云南籍外出打工者对外面世界的恐惧：

　　第一次远离家乡云南元阳县来到江苏省昆山市参加当地公司面试，青年白黑初紧张得要命。更糟糕的是，从小生活在亚热带山区的他，只穿着一双拖鞋就来面试了。事实上，因为家里穷，他也只有这一双鞋。

　　2016 年 7 月，元阳县彝族火把节庆典活动现场，一顶写着"共青团元阳县委助力脱贫攻坚劳动力转移工程"字样的红色帐篷，吸引了众多参加节庆活动的乡亲们。他们围着工作人员问了不少问题："我不认识字，不会说普通话，可以报名吗？""我们不会什么技术，你们怎么让人家工厂收我们？""你们真是政府的人吗？真的是政府带我们出去找工作吗？"

　　云南红河哈尼族彝族自治州元阳县境内山高谷深，是国家扶贫开发工作的重点县，截至 2014 年底仍有 14 万多贫困人口。由于从未出过远门、不会说普通话，也没有技术，害怕出去上当受骗，加之一些青年出去打工后，人身安全和劳动报酬无法得到保证，使得大多数人都不愿意外出务工。①

　　这个案例我们不能简单地视为个别现象，而是流动群体的一种认同困惑，一种切身的感受，是一种强烈的我者与他者的巨大鸿沟。这给我们提出了一个严峻的现实拷问，我们的身份认同与地域的关系，身份认同与经济差别的关系等问题，是否会影响民族认同的统一性问题。对内地发达地区的向往与恐惧的矛盾心理，从表面现象看是少数民族融入城市中出现的困难和问题，其实是不同区域文化需要整合的现实问题。当然，首先是跨入中国城市化的时代大潮中，因此不少学者将注意力集中到这个方面，如中国社会科学院民族学与人类学研究所的郑信哲在 2014 年《中南民族大学学报》（哲社版）第一期发表的《论少数民族流动人口的城市适应与融合》一文，就强调"随着强劲的人口流动大潮，我国少数民族人口流动也已形成一定规模。少数民族人口不断地从边远乡村、山寨涌入城市，使城市少数民族人口迅速增多。而少数民族人口由于语言、风俗习惯、宗教信仰等方面的特点及掌握生活技能方面的先天不足，他们在城市的境遇更加艰难，由此出现了少数民族流动人

---

　　① 中青在线记者张文凌、通讯员周小燕：《云南元阳县：团干部带边疆青年外出务工》，《中国青年报》2016 年 11 月 26 日第 2 版。

口如何在城市适应与发展的问题"。① 还有一篇名为《城市的他者——少数民族流动人口的城市化适应》研究论文，想要说明的是"面对城市化进程的加快，作为城市'他者'的少数民族流动人口，能更好更快地适应城市社会环境，将有利于城市民族多元文化的共存与发展，否则，会引发各类矛盾纠纷乃至带来更大的不稳定因素"。② 其实，研究者们已经明确指出了大量的流动性认同群体涌向城市、涌向全国各地，而等待他们的是没有做好准备的城市及其居民，矛盾是不可避免的，因此才会有文中云南打工者的愤愤不平。其实更深层次的不同人群的地域认同和文化认同的冲突，流动者的流动性就表现着不确定性。他也许今年在上海，明年在广州或北京，或其他城市，他与相对稳定的城市文化和居民的兼容性很差，每一个区域的人群对于"他者"都有一种天然的排斥心理，要达到"和谐"需要时间来磨合。更重要的是要看到流动群体是带着不同的认同观念和行为的不同民族，要解决这个问题，首先要解决流动认同群体在"流动"中的行为和变化特征，找到接纳和包容、磨合到和谐的正确路径，才能解决流动群体融入现代社会的问题。

另外，流动群体不能融入现代社会、融入城市，也有流动群体本身的问题。大量的少数民族走向城市，是中国当前和未来的一个基本特征和现象，是一个长期的过程。我们必须正视少数民族的流动性群体。

少数民族很多人文化水平偏低，受教育程度不高，教育经历主要是小学或初中，这种现象在云南边疆少数民族地区尤其突出。2015 年，我到云南省普洱市西盟佤族自治县一个名叫"班母"的佤族村寨进行详细调研，情况正是如此。这个村寨，有 80 户人家，280 人，全部为佤族。一个名叫"小林"的佤族青年，到广东东莞打工三年了，刚回来。他说他没上过学，我非常吃惊，没有上过学怎么去打工，怎么能够从他所在的村寨走到广东去。他说是朋友带他去的，介绍他工作，一天 100 元左右，计件工资，没有文化，只能出苦力。除去房租和餐费，所剩无几，生活还是比较艰辛的，所以他回来了，

---

① 郑信哲：《论少数民族流动人口的城市适应与融合》，《中南民族大学学报》（哲社版）2014年第 1 期。

② 白佩君、胡兆义：《城市的他者——少数民族流动人口的城市化适应》，《青海社会科学》2013 年 5 月。

在家干农活，农闲时到周边再去打打短工。在我调研的佤族、拉祜族、傣族等村寨，青年男女外出打工是非常普遍的现象，有的村寨几乎见不到年轻人。这些村寨的孩子能够上到高中的很少。我们专门采访到拉祜族村寨的一户人家，孩子刚好上初一，只读了一个学期，就再也不想去读了。他父母说，怎么劝他都不读，没有办法，过一两年想出去打工。边疆少数民族打工的理想地点是东部发达地区，他们的教育层次与东部发达的文化和现代化的节奏显然是不匹配的，这决定了他们打工是短时的、零散的，基本上还是要返回的，那么流动也比较频繁。

流动群体到了城市，带着自身强烈的认同意识，让城市居民感受到了不同民族的性格、特征、习俗和文化，我们可能忽视了这些流动群体返回家乡之后的认同变化。他们大多接受或部分接受了所到之地的文化，在认同上增加了异域文化的认同，他们时常以打工的经历和见闻为荣，思想上也发生了变化。他们返回家乡后，用现代的生活方式、价值观影响甚至改造当地的传统生活方式和观念，进而导致民族地区生活方式与思想观念的变迁。所以，流动性的认同内容是不断变化和补充的，这种认同方式让我们或多或少感知到解决问题的途径，即流动性认同的引导。

流动群体目前已经成为中国的一个热点问题和难点问题。据有关部门预计，在未来30年，中国人口将形成5亿城镇人口、5亿农村人口和5亿流动迁徙人口三分天下的格局。流动群体引起人们的关注和讨论，各地政府也高度重视和关注这个问题——"流动人口，明日飘向何方？"据搜狐网站的调查：你认为解决流动人口最好的方法是什么？（见表5-4）

表5-4　流动人口问题调查

内容	投票数（共2784人）	百分比
改革户籍制度	991票	35.6%
加强农村建设	510票	18.32%
扩大城市容纳量	1241票	44.58%
其他	42票	1.51%

　　这个调查数据，我们可以分析出几点：一是人们普遍关心的是流动人口的接纳问题，说明城市居民已经认同并可以接纳流动人口，流动人口的目标很大程度上就是到城市去，并在那里生活下去，因此扩大城市容纳量的投票率是最高的。二是户籍制度也是关注的重点，中国的户籍制度正在改革。2014 年 7 月 30 日正式发布《国务院关于进一步推进户籍制度改革的意见》，意见规定，要进一步调整户口迁移政策，统一城乡户口登记制度，全面实施居住证制度，加快建设和共享国家人口基础信息库，稳步推进义务教育、就业服务、基本养老、基本医疗卫生、住房保障等城镇基本公共服务覆盖全部常住人口。到 2020 年，基本建立与全面建成小康社会相适应，有效支撑社会管理和公共服务，依法保障公民权利，以人为本、科学高效、规范有序的新型户籍制度，努力实现 1 亿左右农业转移人口和其他常住人口在城镇落户。这使流动人口的归宿有了制度的保障和实现路径，流动的速度将进一步加大。三是流动人口的大问题是生育问题和儿童教育问题，流动人口违法生育比较突出，流动人口出生性别比偏高，在这个问题上，应在国家层面来统筹和解决。流动人口儿童教育问题目前得到较好的解决，据新华网的报道："中国全面普及九年义务教育，流动人口中的儿童基本能接受九年义务教育，大中城市和经济发达地区适龄儿童基本能接受学前 3 年教育，农村儿童学前 1 年受教育率有较大提高。"[1] 农村建设是个不容忽视的问题，在调查中的支持率不低，毕竟流动人口的绝大部分来自农村，农村问题解决不好，对流动人口的影响会比较大。

　　流动人口派生出的一个问题，即该群体的认同问题，特别是少数民族的认同。表现在自我认同的加强或弱化，在包容性较强的地方，民族自我的民族认同就会减弱，反之就会加强。习近平总书记在 2014 年召开的中央民族工作会议上强调：对少数民族进城要持欢迎的心态，而不能抱着"来得越少越好，走得越快越好"的心态。城市的接纳与包容成为中国现代城市文明的标杆，族际交往理论认为，一个民族的成员能否被其他民族的成员接纳，会影响该民族成员个体或群体的自尊和幸福感。如果该民族成员不被接纳，往往

---

① 《我国流动儿童基本能接受九年义务教育》，《中国教师》2009 年第 8 期。

会导致一些心理问题和负面情绪。"社会包容是社会排斥的对立面。世界银行指出，社会包容是提高社会不利（弱势）群体社会参与能力、机会与尊严的过程。从族际关系的角度讲，包容就是从心理上到行动上容置不同，即对不同民族成员宽以相待，乃至宽容地对待彼此之间的误解，谅解彼此的文化差异，化解彼此之间的矛盾。对于一个文化、民族、宗教均呈多样性的社会而言，宽容不仅是一项至关重要的民众品质、一种道德责任，还是社会健康运行不可或缺的一种社会行动。在城市民族工作中，接纳是指城市的管理者和常住人口对外来少数民族流动人口的主动示好和欢迎，是城市接受、容留外来少数民族流动人口的态度和行动；包容是指不同民族成员在城市的生活、就业、交往中，彼此谅解，直面差异，相互承认，同生共处"①。

随着中国现代化进程的不断深入，流动群体的大军将会不断壮大，适应现代社会的快速变化、适应新的社会环境、适应时代的新文化，是流动群体必须面对和解决的问题。从山寨农村走到开放的城市，他们需要重新更加包容的适应当代城市与社会的态度。他们不断壮大的群体同时也考验着快速推进的城市化过程中对新型民族和社会关系的整合能力，城市要具有更加开放包容的机制和胸怀来迎接流动不息的各族人群，少数民族要在流动中强化现代公民意识，了解和吸纳新的文化，在不同文化冲撞与融合中相互适应，为新时代的中华民族多元一体格局注入新的内容。不论我们如何流动，一个根本的原则就是各族人民在中国共产党的领导下，不断深化交往交流交融，强化中华民族共同体意识，推进各民族交往交流交融，最终实现各民族和睦相处、同舟共济、和谐发展。

---

① 《接纳与包容：城市民族工作需要的社会心态与风尚》，《中国民族报》2016 年 5 月 27 日。

第六章 认同的磨合与挑战

　　云南民族文化交融过程中有两个历史分水岭：一个是明朝时期，来自中原的汉族与云南的各民族的交融共生，奠定了中原文化与地方民族文化交叉共生的区域文化的基本特征，使云南的多元文化特色更加鲜明。另一个是中华人民共和国成立，在各民族平等的基础上，云南进入了共同进步的新时期。民族之间的交往与融合以前所未有的速度在进行，特别是 20 世纪 80 年代，中国的改革开放，彻底打破了相对封闭的民族分布格局，民族之间不再受地域的束缚和传统的制约。在现代社会强力的推动和整合下，进入了民族之间的磨合与交融时期，认同在此时的表现行为和方式，是最值得关注和研究的。本章将从明清时期迁移到云南的汉族后裔的生活现状、民族传统村落的变化和当代云南各民族年轻一代人的认同诉求等方面，来研究分析云南民族认同的磨合与交融的具体表现行为与方式，特别是关于传统与现实的矛盾焦点，他们对自身文化的基本态度和思考。作为汉民族，他们的祖先大多在明清时期来到云南，他们关于祖先的态度和今天的诉求是什么？成千上万走出村寨的年轻人不想再回到自己的家乡，村寨正在慢慢地衰落，这些不同民族的年轻人的认同归宿到底在哪里？

一、来自南京的"云南人"

　　西南的横断山脉、三江高原之地，被称为云南，云南虽为多民族地方，但有着中国江南的风韵和文化色彩（图 6-1 所示），云南有大批自称来自南京的人，他们改变了云南的历史进程，明清时期，云南甚至"文风不让中原盛"，这是怎么回事？

图 6-1 云南腾冲和顺乡——极地边陲小镇的应天府情结

公元前 109 年，汉武帝征服西南夷，设益州郡，立云南县。225 年，诸葛亮设南中七郡，其一为云南郡。738 年，皮逻阁被唐玄宗册封为云南王。1276 年元朝正式建立云南行省。明朝建立后，朱元璋对盘踞云南的元朝遗孽始终放心不下，他认为"云南自昔为西南夷，至汉置吏，臣属中国，今元之遗孽把匝剌瓦尔密等自恃险远，桀骜梗化，遣使招谕，辄为所害，负罪隐匿，在所必讨"。① 明洪武十四年（1381），朱元璋派傅友德为统帅，蓝玉、沐英为副帅，统帅 30 万大军远征云南，在白石江（今云南曲靖市）大败元军，梁王部将达里麻所率 10 余万精兵悉数被歼灭，梁王把匝剌瓦尔密自杀。1382 年，明军攻克大理，擒段氏，克鹤庆、丽江等地，平定云南全境。为开发西南，巩固边防，1382 年明朝政府设立云南都指挥使司和云南布政使司，管理云南军政事务，并于军事要冲地区，置卫所，屯兵戍守，云南历史至此又掀开了新的一页。

今天的云南人，一部分来自各少数民族原住民，另一部分来自省外的汉族和其他民族。云南方言虽然属于北方方言，但其方言是具有江淮官话特征

---

① 《历史档案：明代永昌府的驻军》，见 http://www.baoshan.cn/2016/1028/2538.shtml。

的滇方言，为什么具有江淮官话的特征呢？这涉及云南的"夷化"和"汉化"的问题，这实际上反映出云南文化的两个阶段，即"西南夷化"融合阶段和"中原汉化"融合阶段。中原人进入云南从什么时候开始，无确切的文献记载，最早见《史记·西南夷列传》载："始楚威王时，使将军庄蹻将兵循江上，略巴、黔中以西。庄蹻者，故楚庄王苗裔也。蹻至滇池，方三百里，旁平地，肥饶数千里，以兵威定属楚。"公元前301年，楚国的将领庄蹻率军进入云南，开启了云南的开发历程，然而不久之后，就被"夷化"了，"以其众王滇，变服，从其俗，以长之"。两晋南北朝时期陆续有汉人迁入，唐代的天宝战争，数万唐军被南诏俘虏，829年南诏攻陷成都，掠子女百工数万人南归，这些汉人成为南诏的一笔巨大财富，推动云南经济社会的发展，这些汉人也渐被"夷化"，成为云南土著的一部分，即"西南夷化"融合阶段，这是明代以前云南民族融合的基本特征。

明朝平定云南后，洪武、永乐两朝实行大规模的军屯、民屯和商屯，到云南的江淮军民达30万人左右，基本奠定了云南汉民族的分布格局。史载"洪武十五年（1382），指挥王真，立卫镇守。本年十月，云南指挥李观，请复立永昌府金齿卫。十七年（1384），朝廷续废南京各处军，充实军伍"①。在许多云南汉民族的记忆里，南京是他们的来源地和祖源地，《滇系》载："自傅、蓝、沐三将军监之以武，胥元之遗黎而涤荡之，不以为光复旧物，而以为手破天荒，在官之典籍，在野之简编，全付之一炬。即奏迁富民以实滇，于是滇之土著皆曰：'我来自江南，我来自南京。'"② 这里强调了一个历史分水岭，云南"西南夷化"的历史结束，"中原汉化"民族融合时代开启，少数民族上层、土司开始"借祖认同"，明军三征麓川之后，麓川之地（今德宏）傣族土司也说自己的祖先是"南京应天府"人，并写进土司家谱之中。他们以明朝京都作为自己的祖籍，提高政治地位，并在精神上拥有一种优越感，但不可否认，有不少汉族与其通婚，在祖源上确实有了血亲关系。汉族以南京人作为一种凝聚力和自豪感的寄托，顽强生存，渐渐成为完全适

---

① 《历史档案：明代永昌府的驻军》，见 http://www.baoshan.cn/2016/1028/2538.shtml。
② 廖国强：《清代云南少数民族之"汉化"与汉族"夷化"》，《思想战线》2015年第2期。

应并一直扎根在这块土地上的世居民族，其各种不同民族风格的居住建筑风格成为云南民居的主要特征（图6-2所示）。到明朝中后期，汉族人口数量逐渐超过当地其他民族，"夷多汉少"的人口结构发生了根本的转变，形成了今天各民族杂居，汉族人口散居云南全省各地的现状。

图6-2 保山汉族传统民居

在云南，许多人都说保山人很传统，礼数多、规矩多，口音也和其他地方有较大区别，很不像云南话。这是事实，保山虽然地处极边，但保存了数百年前中原文化传统，是云南汉民族传统主流文化的代表，并且形成一种新的边疆文化。在这里中原文化、边地少数民族文化与西方文化相互融合，形成了以汉文化为主体的"腾越文化"。云南省保山市，旧时称永昌，明代设保山卫，大批汉家子弟从应天府入保山戍边卫国，至今500多年，彻底变成了云南人口结构、人口分布和文化轨迹，改变了滇西的历史面貌。他们至今一直都称自己是南京人，因此有"朱元璋一声令下，南京人变成了云南人"之说。2014年3月6日保山新闻用题为"明代保山军屯移民知多少？"报道了保山人的南京情结，"在保山卫、所镇守的士兵，以南京籍为著，《永昌府志》中说：'明初迁江南人入居此地，故其习尚与江宁相仿佛，是以俗号小南京也。'也正因为军屯移民对保山产生的深远影响，但凡保山汉族的始祖大多为军籍,南京应天府柳树湾因而是保山人自明以来说不完的话题"。① 今天,保山人到南京,都要打听一下柳树湾在什么地方,他们祖辈一直传承来自南京的故事与光荣,数百年来,他们坚守的不仅仅是土地,更是一种执着的中华认同的信念。保山市龙陵县镇安镇的正平村(图6-3所示),是个偏远的小山村,现有农户211户,总人口902人,全部为汉族,村里基本由范、陈两姓为主,虽然住在贫困的山区,但谈起家族历史,他们个个充满自豪感。据《龙陵范氏家谱》记载,范氏家族在当地已有500多年的历史,范家保山始祖范清、范和、范政三兄弟随明朝大军三征麓川,麓川平定后,范氏三兄弟分别定居在保山、腾冲和龙陵。范政墓志铭记:"始祖公讳政,太杨氏。祖乃建业南京应天府十八都大石板打油坪人氏,明从王公尚书征南而来,不辞忠廉而至落业于斯(镇安新寨)。"今范氏家族已传十五代,遍布云南各地、州,在缅甸等周边国家也有他们的后代。

图6-3　正平村

　　正平村陈氏家族的祖先很显赫,一世祖乃是明腾冲军民指挥使司指挥使、

---

① 《明代保山军屯移民知多少?》,《保山日报》2014年3月6日。

昭勇将军陈昇。陈昇，字孟旸，直隶庐州合肥人，生于洪武三十年（1397）六月二十七日，成化五年（1469）闰二月八日病逝，终年七十三岁。父陈昇继之，以先世功任百户，永乐元年累升至指挥同知。宣德五年（1430）调守金齿，"以劳于王事，冲瘴而卒"。陈昇袭父职，他"素以勇敢建名"。正统六年（1441）征麓川，"膺选当前锋，破上江、度高黎贡、击陇把、平大寨，在在有功"。总督王骥"举其勋绩上之，钦升陈昇为指挥使"。正统十二年（1447），开设腾冲卫司衙门，以陈昇"有能声，调掌司事。历十四年，边夷按堵，军民宁辑"。陈昇一直作为镇守边城的军事长官，六十岁老退，定居腾冲。成化初年，"朝廷恩及致政老臣，诏赐进阶一级，得昭毅将军金都指挥使"。陈氏后人对此引以为豪，年年拜祭（图6-4为陈昇第20代后人）。

图6-4　陈昇第20代后人

　　范陈两家的家谱记载了祖先的光荣，作为戍边的后人，从南京应天府带来的宗族社会的传统一直延续着。在20世纪50年代以前，他们有宗族祠堂、私塾教育，尊师重教的传统影响很深。腾冲县的和顺乡，竟然建有藏书7万册的乡村图书馆，这是中国最大的乡村图书馆之一，也是全国建馆历史最长的乡村级图书馆（图 6-5 所示）。此地读书风气甚浓，中国著名马克思主义理论家艾思奇就是从这里走出去的。2006 年，国务院将和顺图书馆公布为全国重点文物保护单位。正平村这个不足千人的小山村，虽不能和腾冲和顺乡相比，却先后考出了 30 多个大学生。这里的民居都为两厢一正房，门前一照壁，颇有江南韵味。每家房屋的正厅正位都供奉着"天地君亲师"牌位，现大多改为"天地国亲师"，左边供奉祖先，右边供奉灶神。每当春节、清明、七月半等传统节日里，都要供奉一番，传统气息浓厚。传统村落承载着传统文化的精华，保山市是中原传统与边地民族文化兼容发展创新的典型区域，截至 2016 年，入选"中国传统村落名录"的村落已达 102 个，占云南总数的五分之一。为什么有这么多的村落进入名录，就是因为他们的特色鲜明，他们把中国传统的建筑、文化、习俗从平原搬到了高原，在高山峡谷之地创造了一种新文化——云南边地文化。云南边地文化，集中原文化、南诏大理文化、少数民族文化之大成，近代还吸收了西方文化的因素，使其地方特色鲜明。农业部发布的《关于公布 2015 年中国最美休闲乡村推介结果的通知》，所推荐的全国 120 个中国美丽休闲乡村当中，云南省有 4 个乡村上榜，其中保山市隆阳区瓦窑镇坡脚村榜上有名，而在 2006 年，全村经济总收入 28.34 万元，农民人均纯收入 1728 元，属于贫困村。随着该村成为中国"最美乡村"，脱离贫困只是个时间问题。这里有个值得反思的问题是传统的文化大都在乡野，我们的城市与传统是对立的吗？而城市化的浪潮必将摧毁和淹没广大的农村，我们的传统文化的归宿在哪里？云南边地文化是个不错的参照和借鉴。

明代远征到云南的汉家弟子，落籍西部边陲，其后人如今是典型和传统的云南人。从范陈两家的家谱中我们看到了"英雄徙边"的豪迈情怀，英雄祖先是他们历史文化记忆的基点，500 多年来忠勇守国，英雄辈出，近现代保山龙陵、腾冲等地涌现出了许多英雄和历史人物。腾冲人一直以中国马克思主义理论家艾思奇为荣。艾思奇是中国大名鼎鼎的哲学家，1935 年参加中国共产党，24 岁就著《大众哲学》，蜚声中外，毛泽东主席曾评价他为"党在理论战线上的忠诚战士"，连蒋介石对他也钦佩不已，要蒋经国读《大众哲学》。滇桂黔边区纵队副司令朱家壁是龙陵县人，朱家壁毕业于黄埔军校第

图 6-5 腾冲和顺乡图书馆

八期，中华人民共和国成立后任云南省统战部长、省政协主席等职务。

在中共历史上来自云南的文臣武将并不多，艾思奇等人出自边陲小城，实属不易。当然小城故事远不止于此，著名爱国民主人士，民国元老腾冲人李根源，1905 年加入孙中山、黄兴创办的同盟会，为同盟会首批会员，创办云南陆军讲武堂。1911 年，他与蔡锷等发动指挥了辛亥"重九"起义，推翻了清王朝在云南的统治，先后任陕西省省长、北洋政府农商总长、署理国务总理等职。滇西抗战时期，国人没齿难忘的龙陵松山战役，腾冲战役，至今荡气回肠，被称为"抗日县长"的张问德，就是保家卫国的典型代表。1942年，日军进犯腾冲，1943 年 8 月，作为腾冲县长的张问德，不畏日军劝其投降，写下了当世名檄《答田岛书》，表现了中华民族的浩然正气、大国风度，在全国引起强烈反响。他被陈诚誉为"全国沦陷区五百多个县县长之人杰楷模"，被蒋介石誉为"富有正气的读书人"。他的名字被收入《大陆名人集》。

2011 年，原保山地委书记杨善洲获得感动中国十大人物奖，杨善洲的事迹让中国人知道了滇西保山这个遥远的地方。

二、山寨的变迁

中国是个传统的农业国家，"三农"是核心问题。"三农问题"是农业文明向工业文明过渡的必然产物。新农村建设是中国建设强大国家的主要内容之一，中国要强，农业必须强，中国要美，农村必须美，中国要富，农民必须富。在云南，三农建设取得了巨大的成效。这里，我们要探讨的是，边疆少数民族地区的农村建设，是不是我们想要的那种"新农村"。因为民族地区的传统文化就保存在无数的农村山寨，新的山寨能否保存"旧"的文化和传统。

南本村（图6-6），普洱思茅区的一个傣族村寨，成为当地政府打造的新农村典范和旅游地，并成为中国1561个传统保护村落之一。该村约400多人，全部为傣族，传统的民居已经和周边的汉族民居一样，是青瓦平房。我们现在看到的是汉傣风格混杂的建筑格局，村里有传统的青瓦房，有傣族风格民居、金碧辉煌的傣式金殿，还有现代的钢筋水泥平房。这种风格，是边疆新农村建设中的普遍现象，这种现象的出现，与政府的"特色规划"有关。

以南本村为例，该村离中心城区40多公里，地处交通要道，山清水秀，是个传统的傣族村寨，因此政府着力规划将其打造成为一个具有民族传统特色的旅游地。2014年4月通过规划，按照"规划"建设民族特色村，思茅网进行了专题报道："为切实做好传统村落的保护和传承工作，思茅区规划局委托云南省设计院编制完成了龙潭乡龙潭村南本小组保护和发展规划，并获省级专家审议通过。规划将科学指导南本的规划建设，增强村民的保护意识，保护历史文化遗产、促进当地经济发展具有十分重要的促进作用。"[1] 政府的规划是清一色的傣式建筑，既特色又美观，更重要的是要"增强村民的保护意识，保护历史文化遗产，促进当地经济发展"。然而，现状不太令人满意，杂花式的建筑要统一，难度不小，即使统一了，就能实现政府的目标吗？我

---

① 思茅区城乡规划局：《南本传统村落保护规划获原则通过》，见 http：//www. simaowang. com/zx _ nr. asp？id＝613。

们对南本村的调查采访看到了"规划"与"传统"的不同。南本村的傣族被称为"汉傣",汉傣一词在民间有流行,即地理上接近内地,采取较多汉族生活习惯的傣族称为汉傣。南本村民也自称汉傣,村民精通傣语和汉语,在2010年以前,他们的建筑为普洱一带汉族的民居,室内装饰、布置和汉族一样,门幅和对联都是汉式的,有的家庭在某些地方放有民族特征的"神符",混合式的文化特征比较明显。该村所在的"龙潭乡"其实就是当地民族及其文化多样性存在的地方,从建筑风格上是地方化的青瓦房,这不是哪个民族独有的建筑形式,而是当地各民族的民居建筑。龙潭乡就是云南边疆民族生态的一个缩影,龙潭乡于1988年12月设立,居住着汉、彝、傣、拉祜、佤、白、回、哈尼等8种少数民族,1993年改设为龙潭彝族傣族乡,1995年被列为云南省506个脱贫攻坚乡之一,"边少穷"(边疆、少数民族、贫困地区)是这一地区的现实问题。政府的"规划"就是要解决这些问题,"边少穷"与"民族传统文化"要毕其功于一役,显然是难以实现的。这些行为举措带来的问题就是过分强调民族的差异性,强化民族的身份认同与文化认同,从服饰到民居进行了现代意义的"规划",比如民居的选择由政府主导,通过政府"民族化"的统一设计,统一建盖,使村寨民族"特色"鲜明;服饰的穿着政府也进行干预,某县的民族"传统"节日(节日也是政府定的),所在地的全体居民要求统一穿着民族服装。这些弘扬民族文化的举措,还是缺乏应有的系统思考。文化是一个民族的灵魂,是一个民族发展中最基本、更深沉、能持久的力量。对于文化,首先是要尊重,尊重文化的本质,尊重文化发展的规律和现状。我们许多少数民族地区,即使在边远的村寨,文化的趋同是一种趋势,求同是人们自然的选择,"涵化"(acculturation)现象就是现状。把他们从"现实"拉回"过去"的做法,必须考虑它的可能性。比如说民居,经济、实用、牢固是重点,意义大于外形符号;服饰的核心是美观舒适,而不是景观化、表演化,只能在特定的时间、特定的地点才能穿着的服装,这样的服装,绝大多数时间只能保留在衣柜里。其次,民族民俗泛节日化的现象要进行必要的整顿和修正,当前在边疆民族地方,节日泛滥,木鼓节、葫芦节、神鱼节、新米节、双胞节、百花节、水果节、茶叶节等等,过多的将民俗规划为"节日",不仅劳民伤财,还将淡化传统民俗的文化价值，甚至可能伤及民俗文化本身。民俗是存在于日常生活中的文化行为，不同的时节有不同的民俗，打造成为节日，显然牵强附会。这些节日中，木鼓节、葫芦节、神鱼节就比较成功，但是这些节日是在政府大力支持倡导下形成的，离开了政府的支持是否能够延续还有待观察，今后社会力量参与、各民族民间的广泛参与，形成一种新的民俗节日模式，这样的文化创新才能取得成功。

图6-6　南本村——一个"现代"傣族村寨

边疆传统的民族村寨，大部分是以血缘关系或部落联盟为基础建立的，如西盟县建于清朝同治年间的拉祜族寨子力所寨，建于清乾隆时期的傣族寨子勐梭寨，建寨历史有千年之久的马散佤族寨子。这些寨子的特点是规模小、民族单一、相互联系较少，传统文化和民俗保存较为完整。我们以佤族的村寨为例，这种类型的村寨，有着脆弱的文化生态系统，其文化的基础是稻作文化，辅之狩猎采集，严重依赖自然，他们的文化及其传统围绕着对自然的敬畏与崇拜。佤族文化的核心是"祭稻"，由祭稻而构成"猎头""木鼓""剽牛""歌舞""饮食""民居"等文化系统，文化系统的支柱就是赖以为生的"稻"及其生产方式。这种生产方式的改变，必然带动整个文化系统的改变。进入 21 世纪，政府的新农村建设打破了封闭而传统的山寨文化体系，可以称为一场激烈的传统文化革命。政府改变山寨最直接的手段是"消灭茅草房""村村通公路""人人吃得饱"，这解决了温饱问题，解决了千百年来封闭的山寨交通问题。解决了衣食问题，我们要回头解决文化问题，但是手段和方法也许就不那么简单了。

文化问题，我们首先看看文化核心的支撑要素。边疆民族地区的村寨依赖传统的谷物生产方式，一年四季要精心打理自己的土地，为保障谷物的丰产，要祈求神灵，祈求上苍，要依靠自己特有的文化支撑农耕文明的各种文化要素。我们以佤族村寨的变化为例，佤族自然村（组），一般有五六十户或七八十户不等，人口两三百人，主要居住在山坡，人均耕地 5 亩左右，主食为旱稻谷，有的也有少量水稻。一般以种植旱谷地为主，辅之玉米、豆类等，粮食自给都很困难。进入 21 世纪以来，政府大力推广适合当地种植的甘蔗、茶叶、咖啡等经济作物，经济收入来源呈多元化，而传统的旱稻由于产量低、成本高，渐渐没人种植了，纷纷改种经济作物。至于主食稻米，不远的镇子上来自各地的优质稻米比比皆是，并且价钱便宜，当前的现实是，最偏僻的山寨也纳入了市场经济的范畴。他们再也不被土地束缚了，江城县整董镇的傣族，不少家庭把耕地全部租给了他人种植，自己干点别的工作，甚至还给租户打工。很多人的生活已经要靠市场来提供，以购买米、油、盐、鱼、肉为主，自己养的猪鸡不能完全满足生活需求。稻作传统的衰落和对市场的依赖越来越重，传统稻作文化的心理依赖和实际需求越来越低，传统文化的流失不可避免。

稻作文化，是云南各少数民族特有的社会生活方式、历史文化传统、科学技术和民族民间艺术等民族文化赖以生存和发展的基石，稻作文化的衰落，使其文化根基发生动摇。这个变化毫无疑问将是一场革命性的变革，对于传统文化而言，焉知祸福，面对急速消失的稻作生产方式，如何保存其文化是必须加以研究的新课题。2013 年 6 月 22 日，联合国教科文组织第 39 届世界遗产大会上，红河哈尼梯田成功列入《世界遗产名录》，成为我国第 45 个世界遗产。这是世界对云南少数民族稻作文化最高的奖励和认可，说明了稻作文化在云南民族文化体系中的重要意义和价值。但我们必须正视的是，像哈尼梯田这样还具有现实价值的稻作生产方式已经为"遗产",也就是说我们看到的各少数民族的稻作文化大部分成了遗产,那么我们必须按照"遗产"的处理方式来思考这些问题。

稻作文化包括物质遗产与非物质遗产,保护的方针是"保护为主、抢救第一、合理利用、传承发展"。第一,要确定保护什么。作为文化遗产,其文化载体本身是保护的第一对象,包括村寨、梯田、森林和水系等。云南少数民族生活的地区基本是在高山河谷,地形复杂,稻作梯田依山而建,形成了奇特的盘山梯田奇观,兼具自然景观、人文景观和民族特色的稻作文明必须有选择的保留和保护。第二,人们在极限生存条件下顺应自然,赢得生存空间,这是一种宝贵的生存哲学,因此要保护和弘扬稻作文化,敬畏自然,顺则为利,逆则为害的天人合一自然观思想,在新时期要把保护生态、人与自然和谐发展理念融为一体,为建设新型的美丽家园提供传统文化思想基础。第三,传承和发展稻作文化,包括由于旱稻、水稻等不同耕作方式产生形成的文化多样性,包括资源互补形成的和谐族际关系,还包括勤劳勇敢、包容开放的优良传统。没有千百年来形成的云南特色的稻作文化,就不会有云南各民族和谐共生的族际生态,就不会有云南百花齐放的多元文化。稻作文化的形态逐渐消失,而文化内涵虽然有相对的稳定性和持续性,但如果不加以传承、创新,就不会有发展,甚至可能会消失。从如今的状态来看,前景不容乐观,亡羊补牢为时未晚,作为世界遗产的云南红河州哈尼梯田,云南省和红河州采取了一系列的保护措施,省人民政府颁布实施《红河哈尼梯田保护管理规划》;云南省文物局颁布实施《红河哈尼族传统民居保护修缮和环境治理导则》;经云南省第十一届人大常委会第三十一次会议批准,红河州人大常委会公布实施《云南省红河哈尼族彝族自治州哈尼梯田保护管理条例》;元阳县政府颁布实施《红河哈尼梯田文化景观村庄民居保护管理办法》,等等。① 这些措施是值得推广和借鉴的经验。

走出村寨去闯世界是不少年轻人的想法,也是一股时代潮流。不论文化

---

① 木仓子:《元阳哈尼梯田的保护与开发:活着的哈尼梯田美丽绽放》,人民网,见 http://yn.people.com.cn/n2/2016/0219/c372452-27767997.html。

高低，村寨里的人都要外出打工。打工的地点有的远至北上广，有的就在本市本县或本镇，他们认为留在家里是无能的表现。许多外出打工的青年人表示能留在外地，有自己的事业是理想的归宿，即使返乡也学到了不少本事，总之外出打工是年轻人生活的一个重要组成部分。走出去的年轻人学到了新知识、开阔了视野，他们骑着摩托车，戴着耳麦，染着头发，衣着时尚，虽然被戏称为"乡村的刘德华"（图6-7），他们确实改变了偏远山村的文化体系。

图6-7 时尚的乡村小伙子

年轻人外出打工，改变了村寨的人口年龄结构，村寨里除了春节等重要传统节日外，已经很少看见年轻人的影子。村寨里只有老人和小孩，当然，这也是中国广大农村的现实，只不过边疆地区更为严重。这里地广人稀，山高水远，山寨更显得孤寂（图6-8）。

图6-8 拉祜村寨里的老人和孤寂的佤族村寨

在一个名为怕科的拉祜村寨，50岁的村民扎努忧心忡忡地说，自己的两个子女都外出打工，其中一个女儿嫁到城里，有了儿子，回来竟然不会说拉祜语。他们平时很少回家，春节回来，欣喜之余是看到这些孩子除了人还是拉祜族，其他拉祜的传统基本丢光了，比如拉祜的各种传说、原始信仰基本不知道，每年的传统拉祜歌舞也不会，尤其是芦笙，既不会吹，也不会舞，基本属于看客，过年吹芦笙跳舞的大多是中老年人，和广场舞差不多了。过年村里明确通知，每家必须出一个人参加歌舞会，否则罚款50元，最能体现民族传统的歌舞会，需要村组以行政方式组织，与文化传承人的缺失是密切相关的。年轻人反映说跳舞还勉强，但是害羞，不好去跳，吹芦笙是真不会，也不想学，这种传统文化真不知道能传到什么时候（图6-9）。

图6-9　传统的芦笙舞，只剩下老年人了

最能体现民族差异的，除了语言和服饰之外，还有民居建筑风格。比如傣族的杆栏式竹楼、佤族的半杆栏式建筑，还有彝族、哈尼族的土掌房，这些建筑反映了不同民族的生活习俗和文化传统。现代建筑使用新材料、新结构，宽敞明亮、牢固结实、实用简洁。因此在新的民房建设上，是要传统还是要实惠成为艰难的选择。傣族、佤族、拉祜族等民族的传统茅草房冬暖夏凉，民族风情浓郁，问题是不安全、不结实，两三年就要换草，极易引发火灾，火灾的后果就是整村的焚毁，这种事例20世纪70年代还经常上演，直到竹楼大量使用砖瓦后，情况才有所改观（图6-10所示）。在政府资助盖新房时，大家毫无例外地选择现代钢筋水泥的平房，毕竟文化的影响是隐性的，住进结实耐用的房子才是现实的。

图6-10　保存完好的傣族村寨——糯干

　　普洱市江城县整董镇是个傣族聚集的地方，10年前这里交通闭塞，经济落后，无力对民居进行更新改造，使整体民居保留了原初的状态，这反倒成了其如今发展的资本。整董镇整董村目前进入了国家古村落保护名录（图6-11），村寨的建设纳入政府规划范畴，不得随意改造和更新。事实上大部分村民对于新的民居是比较偏好的，老的民居是木质结构，瓦为土质挂瓦，木料和土质挂瓦如今成本和建盖费用都比较高，安全性则较低，政府的设想是保留原来的村落，另行选址建盖新房。这是一种不错的保护措施，村民的意见也较小，除整董镇采取了这项措施外，著名的茶山景迈山的傣族村寨糯干寨也是按照此方法来保护的古村落。孟连县的佤族村寨英西，村民们不愿意保留传统的茅草房，他们认为维护茅草房的成本高，价值不大，强烈要求住新式民居，如今英西就再也看不到茅草房了。

图 6-11　整董村

美国人类学家哈维兰在关于文化变迁的理论研究上提出了文化遗失的不可避免性问题："人们往往倾向于把变迁看作创新的积累，即把新的东西加到已经存在的东西上面去。他们之所以这样认为，是因为这似乎就是他们生活的一部分。然而，只要稍作反思，我们就会明白，接受一种新发明常常导致一种旧事物的消失。"① 许多情况下这种消失是"无替代的消失"。我们今天看到的情况非常的类似，怎么能够保留我们需要的文化遗产，避免无代替的消失呢？有指导的文化变迁与创新是普遍的做法，因为我们不同的文化遗产是民族文化或特色文化赖以生存的载体，离开这个载体，文化的存在就是无根之树，不可长久。目前的危机是，文化的载体往往只是个别的样板，难以支撑一种文化的可持续存在，诸如我们看到的整董、糯干和英西等零星的村落。政府和古村落的人们更关心的是这些文化遗产能否带来现实的经济效益。云南丽江古城是个成功的典范，虽然它更像是个现代旅游城市，但这些古村落的人们似乎并不在意文化的内涵，只要有经济价值，文化变异是完全可以接受的。我们看看这些古村落展示的文化产品，从大理、丽江、西双版纳到

---

① ［美］威廉·A. 哈维兰：《文化人类学》（第10版），瞿铁鹏、张钰译，上海社会科学出版社2006年版，第463页。

边陲的古村落，基本是一个模式和品种，没有更多的特色差异。这是一个危险的信号，完全商业化的文化打造对传统地方民间文化的未来发展，有待进一步观察（图6-12所示）。

图6-12 传统的傣族民居和改造后的现代傣族民居

边疆少数民族诸如佤族、拉祜族、傣族等，他们对于老式建筑的依恋，最主要的表现是偏好传统的火塘文化。在民族传统的村寨，每家的主房厅，不论是杆栏式还是茅草屋，都设有火塘，火塘上方有一杆栏架子，上面可放各种食物、肉类。火塘不仅是生火做饭的地方，更是一个文化场域，平时家里人围着火塘烤火，听老人讲故事。客人来时也围坐火塘，抽烟、饮茶、饮酒，还可以吃烧烤，寨子里的大事小事都在火塘边商议决定，重大活动，则在寨子中心搞个大火塘进行，比如歌舞、祭祀，那是少不了火塘的。在火塘边，大家显得自然、快乐和温暖，离开火塘，总感到强烈的不适。有些人进城住进明亮的钢筋水泥房后，最不适应的就是没有火塘，有的干脆就在客厅搞个火塘，弄得房间墙面黑乎乎一片，一时成为笑谈。20世纪90年代，西盟县政府搞的一个拉祜族村寨异地搬迁扶贫项目，整个村子搬进崭新的砖混结构房，设计当中没有火塘房，村民们实在不习惯，有的干脆又跑回有火塘的茅草屋，有的就在客厅架起了火塘，房子熏黑了没关系，生活自在更重要，如今的民房都加建了一个火塘房，那里才是大家想坐下去的地方（图6-13所示）。

随着乡村民房改造和城市化进程的不断深入，电力、液化气等新能源的使用，使火塘渐渐退出人们的生活和文化范畴。在山村火塘文化虽然存在，

图 6-13　拉祜族火塘和佤族火塘

不过文化内涵不断弱化，电视开始取代火塘的文化地位。火塘文化的衰落，预示着少数民族传统文化，尤其是山村地区的传统文化地位不可避免的动摇了。

　　山寨的一个变化是电视进入人们的日常生活。在交通不便的偏远山寨，如西盟县的帕窝地村，在 2010 年以前电视是个奢侈品，短短几年时间，摩托车、电视机已经是每个家庭的基本生活物品，这个物质上的变化，对传统生活方式的改变是惊人的。如今电视进入人们的家庭生活，看电视成为人们业余时间最普遍的日常行为。无论白天晚上，只要有人，电视机就是开着的。电视不仅仅是娱乐工具，还使人们看到和了解外面的世界和时代的变化。新的信息源源不断地流向山寨，强烈地冲击着人们的观念和视野。我每次到村寨，都发现人们的观念的变化。以前对陌生人的好奇，对陌生人礼貌和盛情邀请，如今也越来越少，使人感觉村寨的人们不像以前那样热情。其实是他们已经习惯陌生的世界和陌生的人，村寨已经不再是封闭的社区。这个变化还带来了另一个变化。传统的少数民族社交方式，是群体的紧密联系，通过长时间的交流达到族群内部的向心力和亲近感，电视节目把人们困在各自的家里，人们的社交时间大大减少，传统的集体活动越来越不热心，这是他们进入现代社会的前奏——个体行为的不断强化和群体感的不断弱化。以集体意识和力量建立起来的村寨，是个独立的文化社区，群体意识的淡漠，可能会是传统崩溃的蚁穴。

　　山寨日新月异的发展势头，让人们看到了未来发展的希望，就在不远的乡镇，发展变化更是惊人，仅有的一小块坝子，所有的农田消失了，菜地消失了，代之而起的是一栋栋的住宅小区和商业楼盘，这就是城镇化，在边疆它依然势头强劲。农村山寨许多外出打工的年轻人，就梦想在城镇、县城买房子，成为城里人。我们以集边疆、少数民族、贫困山区为一体的普洱市为例，普洱的一个核心发展理念是"跨越式发展"，速度和规模是刚性要求；在《普洱市十三五规划》中提出的几个指标，直接对传统的村寨格局产生重大影响。一是城镇化率要从目前的38%增长到50%，那就意味着大量的农村山区人口要流入城镇居住。普洱市全国第六次人口普查的数据显示，"全市10个县（区）的人口中，居住在城镇的人口为788298人，占总人口的31%；居住在乡村的人口为1754600人，占总人口的69.0%。同2000年第五次全国人口普查相比城镇人口增加了334398人，乡村人口减少了451800人，城镇人口占总人口的比重上升了12.7个百分点"。[①] 这就是说，5年之后，将有数十万人涌入城镇，而且可以肯定的是这些人中大多数是年轻人。我们可以想象得到，农村山寨，在平时看不到年轻人。现在的村寨，人口只出不进，城市里人是不会到农村、到山村的，年轻人又不愿意回去，农村山寨的衰落是不可避免的，有的地方还将彻底的消失，并且速度将是十分惊人的。

另外一个指标是劳动力人口受教育的平均年龄从7.5年增加到10年，这使人们的整体文化水平有较大提升，人们建设家乡的主要目标在所在区的城镇，而不是农村，农村没有提供他们发展和现代社会必需的各种设施和保障，而城镇则基本可以满足他们的基本要求。未来5年，信息化建设、交通运输将发生革命性的变化，普洱将有高速公路、高铁和更加便捷的航空运输。这是典型的边疆现代化，现代化将催生一个个特色的民族村落，改变那些普通的山区村落，农村山区的社区将发生革命性的巨变。

三、回不去的故乡

《河南日报》2016年3月3日，有一篇《2016年春运昨天结束 全国旅客

---

① 《普洱市2010年第六次全国人口普查主要数据公报》，见 http://www.tjcn.org/rkpcgb/rkpcgb/201112/22684.html。

发送量超 29 亿人次》的报道，"为期 40 天的 2016 年春运圆满结束，全国旅客发送量超过 29.1 亿人次，比去年同期增长 3.8%"。2017 年，"据交通部网站消息，国家发改委等 6 部门日前印发关于全力做好 2017 年春运工作的意见。意见指出，2017 年春运从 1 月 13 日开始至 2 月 21 日结束，共计 40 天。初步预测，2017 年春运需求仍将保持小幅增长，全国春运旅客发送量将达到 29.78 亿人次，比上年增长 2.2%"。① 这真是个天文数字，春节期间，将近全球一半的人数在中国大地流动。这种规模空前的中国式人口流动，反映出一个事实，就是中国有着数以亿计的人离开家乡，每年春节回家的人数在增长。可以肯定的是，春节之后，广大的农村、边疆地区的村寨是人去村空，一片萧瑟。

我们看到的是大规模的人群回家，是因为家乡有父母、老人和孩子，有童年的美好记忆和乡土情结。但是，他们仅仅是回家，他们马上就会离开。随着国家户籍政策、义务教育政策改革的不断深入，可以预见，未来的山村儿童将会越来越少。回家乡只是"看看"，最多也就是"常回家看看"的一种心愿，他们的大多数其实已经"回不来"了，这是中国当下大多数人们的生活选择。回不去的故乡成为人们心头的一种惆怅。为什么回不去，许多人已发出不同的感慨和思考。幽壹的散文集《回不去的故乡》，使迷失了文化方向的人们找到共鸣，书中的序言里如是说："书中所写是幽壹故乡的风土人情和历史掌故，而书名《回不去的故乡》，难道其故乡已经沦陷，回归无门？不是的，这个'故乡'，指的是'故'乡，回不去的不是故乡，而是回忆中的岁月。尽管岁月流走了，但记忆犹在。"在中西部和边疆地区，问题比这个严重得多，有的地方可真是回不去了。正因为如此，《人民日报》于 2014 年 2 月 11 日发表题为《"回不去的故乡"何以绽放梦想》的评论文章，指出了问题的严重性："一项调查显示，春节过后，50.1% 的受访者会去一线城市打工，30% 的受访者选择二、三线城市，选择老家或者家乡附近县镇的受访者，仅占 13.8%。这种选择的背后，其实透着一种深深的无奈。'融不进的城市，

---

① 《2017 春运 1 月 13 日开始 预测旅客发送量达 29.78 亿人次》2016 年 12 月 5 日，见 http://www.xinhuanet.com/politics/2016-12/05/c_ 1120057161.htm。

回不去的故乡',对很多人来说,人生的路径并非归去来兮的田园诗,更像是进退失据、左右为难的岔路口。"① 我们确实走到了岔路口,做何种选择都是困难的。

在一个名叫勐梭的傣族村寨,曾经的一个现象是"美女如云",隔壁的孟连县城边,有个小寨子叫"小勐梭",因为有许多的勐梭傣族少女因孟连的繁华而嫁到孟连,此地由此得名。如今,勐梭寨子已很殷实,但放眼望去,除了老人和小孩,已经很少看到少女的影子,"美女如云"的景象一去不复返,村里的姑娘小伙基本都到外地打工去了。这里地处极边,但外出打工,还是去北上广等大城市,就连省会昆明他们都认为工资低。要到沿海发达地区,那里相对好挣钱,女孩子嫁到外边的较多,家长认为女儿嫁到外面还是很有面子的事情,寨子里的人总体是逐年减少,能走的都往外走、往城里走。根据普洱市全国第六次人口普查的数据,普洱的农村人口比第五次人口普查时下降。很明显,在广大的山区村寨,年轻人不断地走出去,回来的越来越少。当然,这是现代化和城市化的必然结果,问题是这个结果是我们想要的吗?中国现在呼吁的是留住乡愁,"让居民望得见山、看得见水、记得住乡愁",这是以人为核心的新型城镇化的要求。边疆山区,山水没有问题,乡愁才是核心。乡愁是什么,是一方的传统文化,传统思想,如今乡愁难保,文化撕裂。这种传统需要有自己的文化历史和文化环境,要有与之对应的社会人群,离开这些要素,这些文化的保存就没有根基。保山的一个汉族村寨,传统习俗目前保存得很好,比如农历的七月半,七月初要请列祖列宗回来吃饭,每顿饭前必须烧香纸,供上饭菜茶酒,请"老祖公"享用,之后才能用餐,七月下旬送"老祖公"。这期间,长辈不时讲起祖宗的事情,讲起宗族的荣耀。乡村宗族社会的色彩还很浓厚,人们对宗族中的族长敬畏有加。每年春节,四面八方的族人到族长家里送贺礼,吃年饭,他则准备几头猪,几坛好酒,招待数以百计的族人亲友,热闹非凡。但是二三十岁的年轻人对于等级鲜明、长辈为尊的场所不太感兴趣,他们觉得很不自在,早早就想逃离。

---

① 人民日报评论部:《"回不去的故乡"何以绽放梦想——城镇化进程的中国思考之一》,《人民日报》2014 年 2 月 11 日。

有的年轻人甚至表示，每年拜见族长是件痛苦的事情，实在不太喜欢三六九等的宗族秩序。年轻人大都到外面的世界见过世面，有着自己的判断和思想，村里面的年轻人回到家里过年，有的带回媳妇，有的带回丈夫，带回孩子，带回了不一样的精神风貌，他们要展现的是不同的异地特色，有的甚至连口音也变了，潜意识里强调"我"已经和"家乡"的他们不一样了。这些"异地文化"，无疑使当地传统习俗和文化显得很土气，无形当中他们的地位高起来，留在村里的为数不多的年轻人也坐不住了，纷纷走上外出闯天下之路。

在云南的西南边疆地区，包括汉族在内，每年的农历 11 月和 12 月，春节前夕，有持续 1 个月左右的民俗——杀猪饭。到了岁末，没有农活，农村的人们为了一年一度的春节做准备。与其他省份的春节不同，这里的春节融入了许多民族的味道。有原始民族之称的佤族、拉祜族，过春节已有 100 多年的历史，并成为本民族最为隆重的传统节日，春节前夕，他们依然和其他民族一样杀猪过年。杀猪饭反映了区域文化的特色，即大家有肉同吃，有酒同醉的原始公社遗风。汉族的农村地区，村子的人杀猪，要进行盛大的年饭仪式宴请亲朋好友，一大早主人家就请了会杀猪的壮汉数名，会做菜的妇女数名，帮忙的亲戚朋友数十名，操办宴会，同时做些腊肉香肠之类的地方风味，挂在厢房的横梁上，节日的香味飘满房间。客人有来自本村子的，也有其他村子的，有的甚至是远方的，一般请杀猪饭要提前几天通知，客人从中午到下午，陆续前来赴宴，一直持续到晚上，一头猪如果是三四百斤的要吃掉六七成。杀猪饭是村民一年快乐的时光，亲朋好友相聚，烤肉、喝酒、唱山歌。在西盟的佤族、拉祜族村寨，杀猪饭载歌载舞，热闹非凡，有所不同的是，只要那个时候到村寨，赶上杀猪，不论是否认识，都是客人，会被热情的邀请到家里吃饭。客人除了外请的，村寨的人都去参加，主人家的猪基本被吃个精光，所以佤族、拉祜族的家里，在过年期间很少见腊肉，人们形容他们的杀猪饭是"吃光喝光"。曾经政府有关部门为解决吃光喝光问题，组织人员到村寨，教村民腌制腊肉，要使他们在杀猪饭之后还有肉吃，同时要村民同一天杀猪，使大家没有时间和精力到别人家去吃饭。这个措施效果很好，家家都有腊肉腌肉。但是这既不好吃，也不好玩，更没有年味，大家也就不再按照要求杀猪，而按自己的传统方式进行。传统的方式展现了它的群体性狂欢，成为亲情友情的强化剂，是传统文化展示和传承的场域。佤族、拉祜族等少数民族，强调和重视地缘和血缘关系，需要有隆重的仪式加以固化和呈现，春节的杀猪饭就是最重要的仪式，传统村寨，一般几十户人家，一两百户是大型村寨，很少。寨子里的人乡里乡亲，一家杀猪大家吃，你家杀罢我家请，天天有肉吃，夜夜有酒喝，岂不快哉？近些年，在这场景中，增加了一道风景线，外出打工的青年男女，纷纷返乡，就是回来享受这记忆中抹不去的杀猪饭。

春节是中国最隆重的节日，许多少数民族也有过春节的习俗。没有过春节习惯的如傣族等民族，也受春节影响，加入其中，周边的其他民族会邀请他们参加节日的狂欢。少数民族的春节，用狂欢形容是恰当的，大年初三以后，开始进入对歌跳舞环节。歌舞晚会在村寨的一个比较大的场地进行，中间有篝火，有甘蔗、糖果、酒、香烟，其间有肉粥供应，所有东西免费，随心所欲；男女老少，围着篝火拉着手，男女对唱，众人合唱，一起跳舞，当地俗称"三跺脚"（图 6-14 所示）。内容有历史的、生活的、爱情的，其中以爱情的居多，一般是通宵达旦，跳到最后的几个人，可以分享留下的物品。能歌善舞的姑娘和小伙子是众人眼中的明星，成为追逐的对象，有的村寨的歌手很有名，该村寨的舞会就会有许多寨子的人慕名去参加。弹弦子的一般是年纪较长的，称为"老牙"，歌舞会可少不了他们，没他们弹奏旋律，是无法进行舞会的。近几年，不少村寨很难组织起这种民间的歌舞会，一是没有人来组织；二是会弹弦子的人渐渐少了，年轻人几乎没有人去学习弹奏被称为"三弦"的乐器，会跳舞的也越来越少；三是现在娱乐项目多了，看电视、玩手机、进城逛街等，到县城去跳舞现在由政府组织，自发的已经没有了。三四十岁的人，回乡更多的是感受和回味杀猪饭、对山歌、跳三跺脚等民俗，这些没了，除了看望长辈之外，那已经陌生的地方，实在没有什么能让他们回去的冲动。

回不去的故乡，一个更为直接的原因是年轻一代的乡愁很淡了，对现代城市生活的向往是他们追求和奋斗的目标。在一个偏远的小村庄，自然环境恶劣，人们的贫困是可以想象的，所以，家长要做的事就是让孩子走出去，不论用什么方法。村里一户人家，两个小孩，自小刻苦读书，先后考上了云

图 6-14　三跺脚

南的大学，毕业后都在外面工作了，这是家里的荣耀，每年春节都回家看望父母和祖辈，他们成为村里人羡慕和学习的榜样，现如今成家立业，拖儿带女，回家次数越来越少，他们认为回故乡甚至已成为一件烦恼的事。随着故乡的变化，儿时的记忆渐渐消逝，儿时的伙伴大都也出去了，和村里人没有什么共同语言。生活不方便，尤其是简陋的卫生间，洗澡、上厕所极不方便，满院子的鸡粪便让人难以承受……。看看那些留在村里明显苍老的同学，他们很庆幸自己能走出故乡，去过另一种生活，虽然家乡的变化是巨大的，生活水平已经是今非昔比，与城市比较，依然有着不可逾越的鸿沟和差距，对家乡的情感，让它留在记忆里吧。我曾经采访过边疆考出去的几个少数民族大学生，考在北上广985大学的，基本是"民族二代"或"民族三代"，他们生活在县城或地级城市，除了有少数民族的血统外，他们是十足的现代青年；他们对其民族语言、文化和传统基本不了解或知之甚少，他们表示大学毕业后想方设法要留在北上广，退一步也要留在省城昆明工作。读其他一般大学的，最低的要求是必须在地级城市工作，回县城是万不得已的打算。为什么？对于他们这个年龄段和教育背景，他们的回答是"没有为什么"，他们的生活方式他们做主。

　　为什么回不去，我们通过对几个村子的年轻人的调查访问，有两个方面原因，一是出去的年轻人不愿意回去，另一个是自己的故乡其实在强烈的排斥已经走出去的人。一个小伙子陈某，出生在较为偏远的小村寨，现在家乡早已经修通了水泥公路，离县城 50 公里，现在车程也就一个多小时，严格意义上讲，他的家乡已经不是偏远村庄了。如今家家户户盖起了新房，有摩托车，有的有汽车、拖拉机，生活比起从前殷实多了，家乡的面貌已经发生了巨大变化。几年前陈某荣耀的考上了大学，充满激情和理想地走出这个村子，几年后，陈某大学毕业，没有找到理想的职业岗位，回到所在地考公务员也没考取，只好回到自己的小村庄。回到村里的陈某，想静静的待一段时间，好好规划自己的未来，或在家乡创业，或出去闯荡。他们村子到目前为止，考上大学的不到 10 人，当初他上大学时，家里很是骄傲，如今不是衣锦还乡，而是落寞而归，什么也没有，看着父母失望的眼神，乡亲们异样的目光，自己实在是待不下去。在学校，老师们讲创新创业，回去建设自己的家乡，改变自己的家乡，只要去干，什么都是就业。现在父母希望自己出去，家乡也容不得自己了，离开这里是唯一的选择，外面也许有许多的机会，也许很艰难，但必须走，村里出去的大学生还没有一个回来的，他突然觉得自己的家乡是那么的陌生，那么的无情，自己无论如何不能做第一个回乡的大学生。

　　故乡很美好，就让它留在儿时的记忆里吧。一个曾经到省外读大学的少数民族大学生，毕业后分配到地级市，同学们很惊讶，说他至少应当留在昆明的，怎么回来了。实际上，和所有地方人一样，你是谁不重要，重要的是出去了就别回来，这似乎是个难以更改的惯例，只是增加了一些故乡的弃儿。在城市里生活了十几二十年，比生活在自己故乡的时间更长，但他们不是这个城市的人，更不是他出生那个地方的人。

四、改姓、改族与教育问题

　　对于每个人而言，姓名是必须的符号，姓名是中国民族文化的脉承之一，它是以血脉传承为根基的社会人文标识。姓名是人们在社会中必不可少的符号与标识，它是人在社会人文交流必需的信息表达、交流、传播的一种工具。

每个民族都有姓名吗？都有，即每个人都有相应的称呼，只是有的民族有名无姓。在现代社会，姓名作为一个基本必备的信息，要求白纸黑字，原则上不更改，伴随人的一生。但中国是个多民族的国家，有的民族有姓名，有的民族传统上只以名称呼，中华人民共和国成立以后，云南边疆各族人民第一次可以进学校上学堂，本来不是问题的姓名，在这里成了问题。

　　云南西南边疆的佤族、拉祜族、傣族等少数民族，传统上只以名称呼，同名同姓比比皆是，如你在傣族寨子里叫"岩（ai）义"，会有一群名叫"岩义"的人出现，因为他们都以名称呼。傣族的姓较少，以前只是上层贵族有姓，如"召"（"刀"）"喃"等，严格讲这是官名，并非姓。普通人按出生顺序称呼，男的分别叫"岩"（老大）、"岩义"（老二）、"岩三"（老三）、"岩帅"（老四）、"岩俄"（老五）等称呼，女子按"叶"（老大）、"玉"（老二）、"安"（老三）、"娃"（老四）等称呼；佤族有姓氏，但很少用，基本是男的叫"岩（ai）某某"，女的叫"娜某某"，也是按顺序排，男子的排行是长子叫艾（岩艾），次子叫尼（岩尼），三子叫桑（岩桑），四子叫赛（岩赛）……，女子的长女叫叶（娜叶），次叫伊（娜伊），三女叫安（娜安）……。拉祜族只有名而没有姓，拉祜族的男性名字冠"扎"，代表强壮和勇敢，叫"扎某某"；女性名字冠"娜"，是贤淑和美丽的意思，叫"娜某某"，"某某"一般是按出生时的属相或出生时辰来称呼，如属鼠的名"发"（拉祜语鼠），男性叫扎发，女的叫娜发，属羊的名"约"（拉祜语羊），男的叫扎约，女的叫娜约；天亮时出生的人（拉祜语为"体"），男性取名"扎体"；女性取名"娜体"，日出时出生的人（拉祜语为"朵"），男性取名"扎朵"；女性取名"娜朵"。这种起名方式，导致了姓名的重复现象十分普遍，在规模较小的社区和相对封闭的地区，很容易区分，但在交往频繁的开放时代，上学、就业对姓名要求等问题上，出现严重的不适应，因此，一时间出现了姓名改造变革运动。

　　20 世纪六七十年代，在佤山地区的小学，老师们为小学生们注册，头疼的是男生有一群"岩桑"，女生有一群"娜安"，一个班有如此多的同名同姓，更何况一个学校，老师便按照汉族传统的取名方式给学生取名字。用得较多的姓也是李、张、赵、陈、魏等姓，名也是多取高大响亮的，如赵中华、魏华荣、赵振华等，也有时代感极强的姓名，如李红卫、陈建军、魏学工、魏学农等，还有结合原来少数民族名字的，如赵岩尼、张岩松、李扎思等，当然还有部分保留了原来的姓名。这样，一个班里姓名的差异性和多样性就体现出来了，每个学生都有了自己的学名，学生们从此将老师取的学名当作自己的姓名，在他们成家立业之后，他们的孩子中，不少名字取的很时尚，比如魏娜娜、李玉娟等，在中国丰富的姓名历史文化中又注入了新的内容。

时代在不断变化，边疆民族地区的姓名随着时代悄然发生着变化，二十多年前将汉姓借用，形成了具有民族韵味的姓名。二十多年后，即20世纪90年代以来，兴起了民族文化复兴风潮，"民族的就是世界的"口号风靡一时，这是对民族文化的充分肯定，强调了其文化价值必须加以重视和保护弘扬的重要性。民族的东西一时洛阳纸贵，姓名在这风潮中也受到很大冲击，民族的姓名称呼含金量直线上升，扎约、岩桑等名字似乎更能证明其民族性，民族名字更容易进入人们的视野，部分人开始将姓名改回原来的民族名字。不过有趣的是，他们的孩子几乎都按他们的汉姓取名，并无更改。这一现象，虽然不是普遍现象，但反映民族优惠政策的隐性和直接的吸引力，尤其是在学生的高考、干部的培养等方面。但从其新一代的姓名使用情况看，汉姓的使用已经被广泛接受和承认，年轻人大都不太关心名字的族属性，一位拉祜族男孩，使用的是汉姓名"李某某"，家里给他也取了拉祜名叫"扎拉"，但他从未使用。时代对年轻人的观念烙印很鲜明，他们有着自己的思想和价值观，在城镇里，汉姓的普遍使用已经是不争的现实。

与姓名的取舍相派生的是改族属的现象。《中国公民民族成份登记管理办法》明确规定，年满十八周岁的公民，在其年满十八周岁之日起的两年内，可以依据其父或者其母的民族成份申请变更一次。未满十八周岁的公民，有父母婚姻关系发生变化、其民族成份与养（继）父（母）的民族成份不同等情况时，可申请变更其民族成份一次。国家有明确的相关规定，不得随意更改，但现实情况很复杂，在20世纪90年代以前，人们对民族身份并不太在意，尤其是民族混合型家庭的子女，填什么民族很随意，要么跟父亲，要么跟母亲。有的考虑父母的一些心理感受，兄弟姐妹多的，分开报填民族身份，如一个汉族与彝族混合的家庭，四个子女，两个报填汉族，两个填报彝族，父母双方都得到平衡。20世纪90年代以后，民族身份的重要意义体现出来，两个填报汉族的子女又将身份改为彝族，理由很充分，我们本来就是彝族。不少人因此提出要求，要更改民族身份，以下的网络求助消息颇有代表性。

我是否可以修改身份证上的民族信息？

少数民族得到的优惠政策越来越多，我也想修改我的民族。其实我应该是壮族人，因为我爷爷奶奶是壮族，叔叔伯伯的户口本上也是壮族，但是我爸的确是汉族，这是被村里人填错的（因为当时我爸外出打工不在家，要办理户口簿，就让村里的教书先生代填，但他把我们家人——从我爸到我和我弟的民族信息都写成了汉族）。现在我上大学，刚满19岁，发现学校里的好多优惠政策都倾向于少数民族，我也想享受。我爸是我爷爷奶奶亲生的，二老已经过世。我本人的户口已从广西迁到广州，请问我可以修改民族信息吗？这对我很重要，因为身为一个少数民族却享受不到相应的政策真的很苦恼。

当然，有的人在所谓的优惠利益驱使下，将自己或子女的身份改为少数民族，在少数民族的光环下享受民族优惠政策。有一位改身份者直言不讳地说，有了少数民族身份，自己的子女成绩不太理想，高考上大学，不仅可以有加分，还有一个可以读少数民族预科班的机会，汉族没有这些优惠，将来就业，民族也是有优惠的。

还有集体变更民族身份的。变更民族身份，还有一种情况，少数民族经过多年演变或躲避战乱等，自称汉族或其他民族，现在要求改回原来的民族身份，有的已经是数百年前的事了，通过家谱追溯其族源，要求恢复很久以前的民族身份。云南省西部边疆的某地，有一支已经在那里生活了四百多年的蒙古人后裔，如今提出更改民族成份的要求。他们的理由也很充分，从姓氏源流到家谱墓志铭，都能够说清楚。这不是个案，在云南、贵州等地都有这种集体变更民族身份并获得批准的成功事例。这里有一个最大的问题，中国的民族，包括汉族，大部分是在历史的民族融合中不断形成的，如果追根溯源，恢复所谓民族身份，岂不成为大问题。

针对更改民族成份的这些问题，国家高度重视，在 2009 年 4 月 23 日，出台了严格的有关规定。

关于严格执行变更民族成份有关规定的通知

各省、自治区、直辖市民（宗）委（厅、局）、教育厅（教委）、公安厅（局）：

近年来，一些地方出现了个别考生为享受少数民族高考、中考加分等优惠政策，违反有关规定变更民族成份的现象。这种行为违背了党的民族政策，侵害了少数民族的合法权益，不利于民族团结和社会稳定。为正确执行党和国家的民族政策，现就有关要求通知如下：

一、公民个人的民族成份，只能依据父亲或母亲的民族成份确定。父母双方均不属少数民族成份的，本人不得变更为少数民族成份。考生在参加国家教育考试报名时填写的民族成份必须真实有效，符合国家有关政策规定。

二、公民申请变更民族成份，须严格按照国家民委、国务院第四次人口普查领导小组、公安部《关于中国公民确定民族成份的规定》（民委（政）字〔1990〕217 号）办理。申请变更民族成份，应先向县级民族事务主管部门申请，并提交相应证明文件。县级民族事务主管部门应在对相关材料的真实性进行严格审查（必要时还应进行实地调查）后做出初审意见。初审同意后，上报地市级民族事务主管部门核实并签署审核意见。对其中符合变更条件的，再转由户口所在地公安派出所受理，经逐级呈报地市级公安机关户政部门审批后办理变更手续。未经地市级以上民族事务主管部门审核同意和地市级公安机关户政部门审批，公安派出所不得办理公民民族成份变更手续。

三、考生民族成份的确认，应坚持考生本人所填报的民族成份与考生的居民户口簿、居民身份证内容相一致的认定办法。考生少数民族成份的审核由当地教育行政部门在指定的考生报名点指派 2 名以上人员负责。考生报名时，必须出示本人居民户口簿原件，16

周岁以上的考生还须出示居民身份证原件。如发现考生所填报的民族成份与本人居民户口簿、居民身份证内容不相符，相关教育行政部门可转由地市级以上民族事务主管部门和公安机关户政部门进行认定。

四、各级民族事务主管部门、公安机关对申请变更民族成份的考生要认真把关，严格执行国家有关公民确定和变更民族成份的政策和规定，规范工作程序。各级招生考试机构要充分发挥职能作用，加强监督检查。对于弄虚作假、违反规定将汉族成份变更为少数民族成份的考生，一经查实，由省级教育行政部门或其委托的招生考试机构取消其考试资格或录取资格，并记入考生电子档案。已经入学的，取消其学籍。

五、各级民族、教育、公安等部门要加强协作，规范程序，公开透明，监督到位。要认真做好群众来信来访和政策咨询工作，切实维护民族政策的严肃性。要按照"谁主管，谁负责"的原则，将考生民族成份确认工作明确到部门，落实到人员，严格实行责任制和责任追究制度。对弄虚作假、以权谋私、玩忽职守，违规将考生汉族成份变更为少数民族成份的，要严肃追究相关人员的责任。

二○○九年四月二十三日①

这个通知对于民族身份的更改乱象意义重大。该通知涉及的核心部门是教育部门，正常的办理手续，应该是民委和公安部门，而教育部门在其中成为主要部分，第一、第三、第四、第五条都是涉及考试和教育部门，这说明民族身份的更改，很大程度上的直接原因与教育有关。实际上，高考加分，并非少数民族独有的特权福利，涉及群体也不小。教育部的规定从文字看，关于少数民族加分政策仅仅是一个非强制的指导性意见，具体执行的政策由省级招生委员会决定。比如民族大省云南，哈尼族、傣族、苗族、傈僳族、拉祜族、佤族、景颇族、瑶族、布朗族、怒族、阿昌族、普米族、德昂族、

---

① 《三部委关于严格执行变更民族成份有关规定的通知》2009 年 5 月 4 日，见 http：//www.gov.cn/gzdt/2009－05/04/content_ 1303839. htm。

独龙族、藏族、蒙古族、基诺族、水族、布依族、彝族、壮族等民族的考生可以加 10 分；另外归侨、华侨子女、归侨子女和台湾省籍考生加 10 分，自主就业的退役士兵，可在其统考成绩总分的基础上增加 10 分投档。各州（市）人民政府确定的内地高寒贫困山区的少数民族考生加 20 分；烈士子女加 20 分；边疆及执行边疆政策县的少数民族考生加 20 分。汉族考生加 20 分（指土生土长或随父母到边疆，户口、上学逆推连续十年以上，现仍在边疆的考生）。上述考生，高中阶段在内地上学的相对减少 10 分；在服役期间荣立二等功以上或被大军区以上单位授予荣誉称号的退役军人，在其统考成绩总分的基础上增加 20 分投档。在高级中等教育阶段已取得重大国际体育比赛集体或个人项目取得前 6 名，全国性体育比赛个人项目取得前 6 名；获得云南省招委确定的统测项目范围内的国家二级运动员（含）以上称号者的，参加省招考院在报考当年组织的测试，并经省体育局审核认定达到二级运员（含）以上技术等级标准的，在考生统考成绩总分的基础上增加 5 分投档。

这里，我们得探讨一下高考加分的价值。全国各省市自治区都有加分群体，分数也不一样，享受的人群与正常考生比例肯定是比较小的，因此才会受到许多人的诟病。在全国的考试加分中，有 5 分、10 分、20 分的，新疆的情况略有不同，根据自治区招办下发《自治区 2016 年普通高等学校招生工作规定》，凡参加汉语言统考并报汉语言招生计划或民考汉招生计划的维吾尔、哈萨克、蒙古、柯尔克孜、塔吉克、锡伯、乌孜别克、塔塔尔、达斡尔、藏、俄罗斯十一个民族的考生（以下称"民考汉"）（以地、州、市招生办公室审核的名单为准），在录取时分别按以下两种情况予以照顾：父母双方均为上述民族者，加 50 分；父母一方为上述民族者，加 10 分。参加民语言统考并报民语言招生计划的汉族及其他民族（不含对"民考汉"已给予照顾的十一个民族）考生（以下统称"汉考民"），在录取时与"民考汉"考生的照顾分值一样对待。高考时，也许 1 分都可能改变命运，何况是 10 分、20 分乃至50 分。事实上这些分数的意义被夸大了，加分的价值应当是从内地中心地区向边疆贫困地区逐步减弱，在最边远的民族地区，甚至起不了作用。在精英化教育阶段，云南许多的边疆县，高考上线率有的为零，比如普洱市的西盟县、孟连县、江城县就有不少年份出现高考升学率为零的尴尬记录。西盟县

1982 年高考, 70 多位考生, 大专以上 11 人, 上线率 6%, 号称 "82 辉煌", 创造了该县的历史记录, 但最好的考生, 英语成绩不过 30 分, 无一及格, 这个成绩在内地和沿海省份是不可想象的, 要知道他们当中的许多人, 小学时代还在刻苦学汉语, 高中阶段开始学英语, 此时的 10 分或 20 分的加分, 对于提高他们的竞争力的意义实在太小了。高等教育进入大众化阶段后, 在 "十二五" 期间, 云南省的高等教育入学率达 30.2%。根据历年数据统计, 2015 年云南高考录取率基本保持在 81% 左右, 其中云南高考录取本科率在 57% 左右。在普洱市的边境诸县, 情况依然不乐观, 西盟县 2013 年和 2014 年高考全县没有一个上一本线的学生, 虽然高考录取率大幅提升, 但主要在二本和专科层面。恢复高考以来, 民族考生和边疆考生加分给他们带来的意义并不明显。

这里有必要讨论一下教育方面中国少数民族优惠政策实施的一些效果。从基础设施到制度保障方面, 总体上解决了全体适龄群体的教育问题。但在民族优惠政策的具体措施上还需要进一步地探索和实践。马戎教授从个体层次和整体层次两个方面进行分析, "第一个层次是个体层次, 在不同族群的成员之间优惠政策所造成的实际结果是不平等。例如在一些地区, 与汉族考生相比, 政策规定给少数族群考生的实际高考分数加 10 分, 就个体而言, 这是不平等。第二个层次是族群整体层次, 这些优惠政策的设立可能存在一个预设目标, 即通过目前对多数族群考生在高考录取中的不平等, 在一段时间后能使少数族群人口的大学生比例接近汉族人口的大学生比例, 以实现各族群在受教育水准方面达到整体上的平等"。[①] 到目前为止, 我们的政策目标并没有实现, 用不平等来实现真正的平等, 这是个非常美好的理想愿望, 从实践的结果来评估, 效果不尽如人意。首先, 大学生比例, 少数民族远远达不到汉族的平均水平。民族大学的少数民族学生比例不到 50% 的比比皆是, 更不用说其他大学; 其次, 10 分的加分, 是无法体现出实际的差距, 反而造成矛盾, 即双方都不满意; 最后, 我们实际上没有认真的研究边疆地区的实际, 尤其是边疆与发达地区巨大的 "教育鸿沟", 防止教育鸿沟进一步扩大, 提

---

① 马戎编著:《民族社会学导论》, 北京大学出版社 2008 年版, 第 214 页。

高边疆教育质量和水平是今后一个时期的重要任务。

边疆民族地区的教育"贫困"是整体性的。这些区域的少数民族,包括汉族,都应当是教育"扶贫"的对象。在全国高等教育快速发展的背景下,边疆地区与内地,特别是发达地区的教育差距将越来越大,单纯的加分是解决不了问题的。在目前的状况下,50分的加分都难于弥合这种鸿沟,因为差距远远不止50分。教育公平问题怎么解决,要从区域的整体角度来考虑和谋划边疆的教育、经济、文化和社会的发展,实现区域之间的相对均衡。高考的录取分数段,全省采取一个标准,不是一个最科学、最公平的办法,边疆地区会永远处于落后状态。因为教育的优质资源都集中在中心地区和城市,这是一种不公平的竞争。边疆地区的教育基础设施,近年来随着国家建设资金的不断投入,已经不断得到改善。问题的关键在师资,在经历了代课教师、民办教师和特岗教师的一系列变化之后,目前师资的学历,都在大学专科以上,然而事实上很少有年轻大学生愿意到边疆和乡下教书。边疆许多县每年都为缺乏师资而烦恼,谈不上选择优秀人才。这是个恶性循环,教育资源的不均衡状态短时间是不会改变的,更为棘手的是我们还没有如何解决这个问题的办法和行动。

第七章 认同的分化与重构

新的社会组织方式，新的教育方式和生活方式的变化，不可避免地导致认同的分化与重构。在传统民族社区，文化传统和教育方式保障了认同的相对稳定性和单一性。中华人民共和国成立后，按照现代社会的组织模式，建立了开放的社区运行机制，人们的文化和教育不再局限于有限的范围内。今天是全球化和互联网时代，不同民族的新生代，认同的分化和自由度极大地表现出来，不同代季群体的认同差异十分明显，而如何重构新的认同体系，却是尚未深入思考的问题。

一、现代教育——认同取向与话语方式

（一）中华人民共和国的民族教育成就

中华人民共和国成立以后，政府对少数民族的教育问题十分重视，根据1949年《中国人民政治协商会议共同纲领》第五十三条规定："人民政府应帮助各少数民族的人民大众发展其政治、经济、文化、教育的建设事业。"培养少数民族干部和知识分子成为第一要旨，1950年设立了中央民族大学。1951年中央召开了第一次民族教育工作会，确定了少数民族教育的任务，是培养民族干部为主，同时加强小学教育和成人业余教育，提高少数民族的文化水平，并指出了在少数民族地区设立民族小学、民族中学。[①] 中华人民共和国成立初期，少数民族水平普遍偏低，据1953年第一次人口普查的报告，少

---

① 吴明海主编：《中国少数民族教育史教程》，中央民族大学出版社2006年版，第304页。

数民族人口 3532 万，占总人口的 6.06%，受教育的人口比例非常低，1949
年以前除个别少数民族外，许多少数民族的人口文盲率都在 95% 以上。

经过 60 多年的努力，到 2014 年，中国的民族教育取得了前所未有的成
就。2015 年 8 月，教育部、国家民委共同举办的"民族教育发展成就展"，
展示了民族教育的辉煌成果：2014 年全国各类学校的少数民族在校生达到
2501 万人，占全国在校生总数 9.9%，少数民族专任教师 129 万人，占全国
专任教师的 8.6%，这些数据基本与少数民族的人口比例契合。中小学在校生
1888 万，中等职业学校 121 万，高校在校少数民族大学生达到 263 万，55 个
少数民族都有自己的本科生、研究生。9 年义务教育巩固率在边疆 10 省区超
过 80%，其中云南最高，达到 92.2%。10 省区高等教育毛入学率，最高的青
海达到 35.54%，最低的广西也达到了 27.3%，云南 28.3%，按国际通行标
准，已经实现高等教育大众化。全国共有 1.2 万所学校使用 21 个民族 29 种
文字进行双语教学，双语教师 23.5 万，每年编译教材 3500 余种。这个成就
是非常让世人惊叹和自豪的，它使中国所有不同发展阶段的民族都能接受现
代方式的教育，他们由此改变生活乃至文化发展的轨迹。

地处西南边疆的普洱地区，有 14 个世居少数民族，其中傣族、彝族、哈尼
族、佤族和拉祜族占多数，佤族和拉祜族是处在典型的原始社会和奴隶社会时
期的社会形态的民族。中华人民共和国成立以前，基本上整体没有受教育的机
会和条件，按今天的说法就是全部是文盲，今天他们受教育的年限虽然在全国
来看是比较低的，但纵向比较，成绩是突出的。从 1990 年到 2010 年的 20 年
间，① 普洱的五个主要民族平均受教育年限成倍增长，如表 7-1 所示。

表 7-1　普洱的五个主要民族平均受教育年限

民　族	1990	2010	排名
傣　族	3.15 年	6.86 年	42
彝　族	3.10 年	6.54 年	45
哈尼族	2.54 年	6.45 年	46
佤　族	2.51 年	6.32 年	48
拉祜族	1.75 年	6.00 年	50

① 孙百才、张萍、刘云鹏：《中国各民族人口的教育成就与教育公平——基于最近三次人口普查材料的比较》，《民族研究》2014 年第 3 期。

资料显示，中国民族当中，平均受教育年限最长的是俄罗斯族，排名第一，达到 11.23 年，塔塔尔族第二，10.70 年，第三的赫哲族也是 10.70 年，汉族 8.89 年，仅排在第十四名，纳西族第十八名，在云南的排名最高，8.48 年。这里反映了中国各民族的教育面是全覆盖的，年限的长短只能说明教育的实际而不是教育的机会和政策的不同，云南民族教育平均年限普遍偏低，普洱的大部分集中在四十名以后，但增加的速度是十分快速的。例如，拉祜族的情况就比较突出，1990 年只有 1.75 年，2010 年到了 6 年，增长了 3.4 倍。

（二）现代教育对认同构建的影响

"谁来决定我们是谁？"是个有着直接现实意义的命题，作者葛剑雄在其论述中给出了答案："他们是谁，要由他们自己来说。"[①] 也就是，我们是谁的最终决定权在自己，这是身份认同的问题，也是文化认同问题，但自己如何决定文化的认同或归属，教育起决定性作用。在现代教育下，人们的认同意识、认同行为和认同内容发生了巨大的变化，一种全新的文化认同正在改变着千百年来的认同传统。

一次同学聚会的文化意义，是值得我们关注的一个新的现象。遥远的边疆少数民族地区的同学聚会，有着特别的文化意义。2014 年，西盟佤族自治县勐梭镇小学 72 级（1972 年）同学聚会（图 7-1）。西盟县是民族自治县，与缅甸接壤，少数民族人口占 94%，勐梭小学 72 级一班 36 名同学，傣族 26 名，占 72%，汉族 4 名，佤族 3 名，拉祜族 2 名，因此同学聚会很特别。这次同学聚会由傣族同学发起，除个别比较远的同学外，基本都到齐了。这个同学聚会反映了 30 多年来边疆民族最基本的社区单位发生的社会与文化变迁。首先，这是边疆少数民族接受现代教育的真实写照，由此在他们意识里有了现代文化的基本认知，这一点很重要，他们都要求自己的子女上学，基本是初中以上，还有上大学的；其次，这个班是边疆少数民族地区学校民族多样性典型的班级，是名副其实的民族班，它使不同民族同学之间建立了包

---

① 葛剑雄等：《谁来决定我们是谁》，译林出版社 2013 年版，第 178 页。

容的情感基础；最后，在共同的教育背景熏陶下，彼此的感情建立在一种文化的基础上，它弱化了民族的差异性，强化了地域文化的群体认同情感，在同学面前，民族的差异显得那么的无足轻重，对共同的记忆对象"勐梭小学"则倍感珍惜。

图 7-1　勐梭小学同学聚会

在 20 世纪 70 年代，在西盟佤族自治县的绝大部分地方的居民，汉语还不流行。虽然有不少人懂相邻村寨的其他民族语言，但本民族语言是第一语言，这批同学属于较早的接受现代教育的少数民族，小学一、二年级时还有不少傣族同学汉语不精通，而今他们的后代，有的甚至不会讲或不精通自己的母语了。随着时代的变迁，他们后代的传统价值观和认同观悄悄地发生变化。一个叫岩义的傣族同学，如今已经 50 多岁了，一儿一女，儿子读到初中毕业，外出打工；女儿结婚，有一个儿子，这个岁的外孙，能讲傣族语言，会讲普通话，为此岩义比较满意，因为有不少像他外孙一样的傣族小孩，已不会傣族语了。从他女儿的结婚照上我们感受到了年轻一代傣族人的时代感。他们的结婚照是标准的现代青年流行的新婚照片，在家里的客厅门楣上挂着佛教的神符，是典型的混合式家居布置，表明了年轻一代既追求现代的新事物，又保留着传统的信仰。年轻人赶集的方式也发生了变化，传统人背马驼的方式被拖拉机、汽车代替，青年人骑着漂亮的摩托车、带着漂亮的姑娘去赶集成为赶集的一道风景（图7-2）。

图7-2　傣族青年去赶集

现代教育目前在遥远的边疆已经建立了完备的体系，幼儿园、小学、初中、高中、职业中学等不同层次的教育格局，使适龄儿童能够接受完整的义务教育（图7-3）。据统计，西盟县人口8万人，"共有各级各类学校71所，教学班级453个，在校中小学生及幼儿15411人，其中完全中学1所，初级中学6所。普通中学初中在校生4139人，普通高中在校生518人；职业中学1所，职业中学初中在校生823人，职业高中在校生162人；小学58所（完小37所，初级小学10所，一师一校点11个），教学班级319个，在校生9252人；幼儿园4所，在园和在学前班幼儿517人；教师进修学校1所，负责教师的继续教育和短期培训。2015年西盟县政府工作报告中对教育的总结

是"九年义务教育巩固率达98.4%，高中阶段毛入学率为41.53%，比'十
一五'末提高2.36个百分点。在全市率先出台西盟籍学生取得普通高中毕业
证奖励政策，兑现各类奖励资金1365万元"。2016年西盟县政府改正报告中
的目标是"促进社会事业发展。始终把教育摆在优先发展的战略地位，推进
教育均衡发展，启动实施'一村一园'工程，扩大普通高中办学规模，到
2021年，学前教育毛入学率达80%，九年义务教育巩固率达95%，高中阶段
教育毛入学率达50%"①。

这个教育体系，我们看到了小学完学率达到98.55%，也就是说适龄儿童
基本都上过小学，对现代化有所了解。笔者对西盟县力所拉祜族乡的中小学
生问卷调查显示："他们的理想职业是教师和公务员，分别有52%的学生想当
教师，17.5%的学生想做公务员，还有30%的想外出打工。"这个调查数据反
映有一半的少数民族学生想从事的是现代职业，或者到遥远的现代化都市打
工。在他们的文化结构里，有着少数民族的血统和文化背景，同时更多的是
现代主流文化和生活方式的认同，他们着汉装，讲汉语，生活习俗急速向汉
族靠拢，由此使他们与传统认同的分离和（或）重构。他们不再完全认同传
统的文化和生活方式，而是以现代的眼光看待传统的文化和生活方式，如佤
族人对神职人员魔巴的看法就比较典型。他们认同魔巴的文化传统，但对其
内容则不屑一顾，只是当作一种文化娱乐方式，这与祖辈、父辈对魔巴的膜
拜和尊重形成鲜明的对比。

生活方式的变化是最重要和普遍的现象。首先是住宅民居的变化。他们
渴望和城里的人们一样住瓦房，认为传统民居的保护是政府的责任。西盟县
保存最完好的村寨是一个名为"班母"的佤族村寨，其实这是20世纪80年
代末建盖的民居，今天成为难得的佤族"传统"民居（图7-4），与传统佤
族民居相比是比较现代的了，但人们依然不满意，要用新的建筑代替它。

其次是生计的变化。班母自然村有80户280人，耕种传统农作物已经不
再是他们唯一的生存方式，稻米基本没有人种了，现在主要种咖啡、甘蔗和

---

① 《2016年西盟佤族自治县人民政府工作报告》，知县网，见 http://www.ahmhxc.com/gong-zuobaogao/7950.html。

图 7-3　放学路上的佤族小学生

图 7-4　班母佤族村寨及其生活场景

茶叶等经济作物；这样，传统的饮食方式也悄然发生着变化，以前佤族以稀饭为主的饮食习惯变为现代的米饭加菜、汤的通行饮食方式。饮食的变化，反映生活方式的变化，稻米不种了，只能去买，牛也不养了，肉也需要买，其他生活必需品也要买，他们的生活被拖入了商品经济社会。进入商品经济社会，基本的文化学习必不可少，在我们对此类村寨的采访中，家长对孩子的要求就是去上学，而且，义务教育的条件是非常好的，虽然很多人自己没上学或辍学，但对下一代的要求是非常明确的。没有文化，最基本的经济作物的栽种都成问题，农业科技下乡对村寨农民的科学种植是非常关键的（图7-5）。

图7-5　农业科技下乡

（三）边远民族村寨的认同分层案例——拉祜村寨帕窝地的调查

帕窝地，和佤族村寨错落其间，典型的边疆民族大杂居的村寨（见图7-6），从2011年起，这里作为笔者固定的田野观测调查点，进行了连续不断的观察与访谈，在此选择几个典型案例进行分析。

1. 李保

李保，拉祜名叫扎迫，40多岁，村民小组组长，高中文化，是这个自然村学历最高的人。

关于教育问题，李保介绍，基于中国基础教育控辍保学的政策要求，适龄儿童必须上学接受义务教育。村小的老师们都有控辍保学的任务，按要求他们需要到各村寨动员辍学的孩子们上（返）学。家长们愿意通过教育改变

图 7-6　大山里的村寨（图中的三个村寨，一个是佤族村寨，两个是拉祜族村寨）

家庭贫困面貌，让孩子走出大山，到外面世界去看看学学，也愿意把孩子送到学校，由老师照顾孩子的学习和生活，但孩子的学习积极性不高。绝大部分孩子小学毕业后，都不想再上初中。为什么不想读书？他们说"读书将来也不一定找得到稳定的工作，读书没什么用，初中即使去了，也就是报到而已，都在学校外面玩（游荡）"。李保作为村里最有"文化"的人，他的想法显然和其他村民不一样。他说："我想让我的子女上大学。"因此，不难理解拉祜族的平均受教育年限是少数民族中最短的。根据全国第五次人口普查显示，"澜沧县人均受教育年限为 4.26 年，而拉祜族群众人均受教育年限仅为 3.52 年，远远落后于全国人均 8 年的受教育年限。云南省拉祜族的人均受教育年限为 4.07 年，在云南特有的 15 个少数民族中处于最低水平，与之接近的傈僳族（4.37 年）也比其高出 0.30 年。"到第六次全国人口普查时，统计资料显示，6 岁以上拉祜族人口为 446816 人，其中受过小学教育的有 278976 人，达到 62.4%，也就是说小学的普及率是很高的，同期，初中为 69673 人，但到高中阶段仅为 15415 人，只占 3.4%，大学本科仅为 4425 人，研究生 152 人，呈断崖式下降。这说明拉祜族的教育普及率在提高，但主要集中在义务教育阶段，总体受教育年限在全国范围内处于末位，处在第

50位。

"开放"几年的村寨，对于国家和政府的认知，李保说："政府是我们的依靠，没有政府，就没有我们的今天。我到过缅甸，比我小时候经历过的还要糟糕，还是中国好。如果国家需要我，比如保家卫国、国家有难，我一定会去参军打仗。"对周边其他民族的看法是什么呢？李保说："我们隔壁村寨就是佤族寨子，我们相处很好，相邻的寨子拉祜族会讲些佤族话，佤族会讲些拉祜族话，逢年过节、进（盖）新房，都会相互邀请帮忙、聚会。当然，矛盾是会有的，主要是年轻人酒醉斗殴或是交通事故等，不过都是就事论事，不涉及或者上升到民族之间的问题，周围也有不少汉族朋友，很少听说汉族欺负我们的。"关于子女将来的婚姻问题，李保的看法是什么民族都无所谓，但要能自立、孝敬老人、人品好。关于民族自治问题，当时问了5个人，都说不知道，李保作为村干部，他说他知道，就是"自我发展、自我管理、自我教育"。问他什么是自我发展、自我管理、自我教育，他说这就不清楚了。所以他说我们需要政府来主导。

村里春节很热闹，拉祜族也唱歌跳舞庆祝，20世纪七八十年代，那时我们很穷，但大家很热情，通宵达旦地唱歌跳舞。现在跳舞，要组织大家，广播通知。李保说原因有几点：一是电视的普及，春晚也是大家喜爱的重点节目，电视内容丰富，大家都愿意待在家里看电视；二是年轻人的娱乐活动很多；三是奖励不高，"舞王"的奖励只是一个猪头，以前是大奖，放到今天这已经不算什么大奖了。

2. 扎朵（见图7-7）

扎朵，男，70多岁，拉祜族，文盲，懂汉语。妻子，那朵，65岁，拉祜族，文盲，不懂汉语。扎朵夫妇有三个女儿，大女儿叫娜拉，上过小学二年级，丈夫也是拉祜族，她有三个儿子，两个上过小学三年级，在家务农，一个小学毕业，外出打工；二女儿嫁了个汉族人，是小学教师。扎朵老人说，二女儿嫁了个有工作的汉族人，很满意；三女儿有两个儿子，一个正在读初二，一个正在读小学三年级。

我们就教育、对政府的认识、与其他少数民族关系等三个层面的问题，

图 7-7　扎朵一家

对扎朵一家三代人（第一代人，用 A 代表；第二代人，用 B 代表；第三代人，用 C 代表）进行了采访，并征得同意，记录如下：

其一，在子女就学教育的认识方面，A、B、C 都表示会支持。

（1）关于教育，即是否要读书？

A：我们支持她们上学读书，觉得读书好；

B：支持孩子上学，希望他们将来好一点，但孩子们就是不爱读书；

C：不想读书，（问）为什么？（答）想回家。（问）回家干什么？（答）放牛！（问）为什么想放牛？（答）好玩。（问）将来你有孩子，是不是也让他们放牛？（答）让他们读书。（问）为什么？（答）将来能当官。（问）为什么要当官？（答）对我们好，我们会很荣耀。

（2）关于政府，即政府是什么？

A：政府是什么？扎朵说知道，老伴说不知道，在场的几个老人也说不知道。

B：不知道，他们说除非当过村干部或读到高中，才可能知道。

（3）关于国家，即国家是什么？

A：扎朵说知道，国家就是组织，更高的领导就叫国家，老伴和其他老人说不知道。

B：二女儿夫妇说不知道。

（4）关于国家领导人

A：毛主席我们知道，今天的习近平主席也知道，共产党也知道，但没见过，但很多老人说不知道。

B：知道毛主席，知道习近平总书记。

C：（扎母，19岁），我不知道，因为我只读过一年的小学。

（5）关于和周边其他民族的关系

扎朵说："我们寨子周围有佤族、傣族、哈尼族、汉族村寨，从我记事起，就和他们有友好往来，特别是佤族兄弟，有什么大事会和他们通通气，农忙时也会相互帮忙，节庆喜事都要请来热闹热闹，大家都是兄弟嘛。"

3. 村里的外来人

帕窝地村里有三个汉族家庭，均为外来人口，娶本村的女子后到此地定居。有一个汉族人叫周志海，娶了本村的拉祜族女子，两人育有一个女儿，取了汉族名字，户口簿上也注明是汉族。周志海说："我是家里的独苗，女儿必须是汉族。"他和村里拉祜族人相处得很好，没有发生过纠纷，经常和他们喝酒聊天，现在也会讲拉祜语了，他认为和自己以前生活的汉族村寨没有多大区别。

通过以上的调查材料，反映几个基本问题。一是目前的村寨，正处在转型时期，由传统的自然村寨转向现代意义的边疆新农村。新的民居建筑，由传统的茅屋变为现代的砖混结构的瓦房，建筑外形上有本民族建筑风格的标志和特征。民居建筑的变化，改变了他们长期以来传统的生活方式。现代社会的基本元素走入他们的生活，即使是最偏远的山村，汽车、摩托车、电视、手机、洗衣机也都进入普通家庭，有的家庭还贴了对联，挂上了婚纱照，他们正在追赶城镇的现代化步伐。在我们采访的许多家庭中，他们认为城里人有的，他们就应当积极努力争取，比如山村最实用的摩托车。二是对教育有积极向上的态度，几乎每家每户的成年人、老一辈，都积极支持孩子上学，他们认为教育是改变命运的直接方法，虽然很多父母自己小的时候并不喜欢上学，但对孩子的要求是比较严格的。现在的问题许多孩子读到小学毕业就不再读书了，初中尚有部分学生坚持上学，但已经不到50%，高中阶段不超过10%。也就是说，一个30人的乡村小学班级，上初中的有15人，高中的仅有3人，而且很多地方都没有读到高中的学生。是什么原因造成大量的山村孩子辍学，是经济原因吗？显然不是，因为九年义务教育，经济压力是很小的。主要原因是学生学习的积极性不高、厌学；另外，大部分父母外出打工，使留守儿童成为普遍现象，孩子们静不下心来学习。还有一个现实的问题是就业问题，大家的就业观还是要到政府部门、事业单位才叫工作，但要进入这些岗位，不读到大学是不可能的。

（四）民族地方城镇居民的认同行为案例

1. 公务员家庭

李 XY（丈夫），男，拉祜族，拉祜族苦聪支系，34 岁，大学专科，公务员；罗 YH（妻子），彝族，大学专科，香堂支系，32 岁；李 YJ（儿子），7 岁，取拉祜族族属。

（1）男方调查

问：你的李姓是怎么来的？

答：不知道，本名叫李 XY，是排字派的，我叔叔排的，他是老师，有文化，名字也是他取的，我本人不会说拉祜话，我父母也都不会。

问：你认为自己是拉祜族吗？

答：上学时才知道自己是拉祜族，我们寨子都讲汉语，周边的哈尼族也讲汉语，所以对拉祜族的观念很淡，大家和汉族一样生活，生活方式也和汉族一样，拉祜族的传统我压根就没见过。

问：你对苦聪人了解多少？

答：我几乎不了解，只是听老人讲以前生活在深山老林。

问：作为拉祜族的苦聪人，是比较特殊的一个支系，你有向单位提过特殊照顾或特殊政策吗？

答：没有提过，也没有想过，我们有什么特殊政策也不知道。

问：你知道民族区域自治吗？

答：知道，我的理解是以本民族为主体的民族自治地方，县长、乡长是主体民族，其他的了解不多。

问：你对国家的认知是怎么样的？

答：作为中国人，很幸福，对国家的民族政策很满意。

问：将来儿子想让他干什么？

答：首先好好读书，将来他想干什么就干什么吧，自己发展。现在如果有条件，想让他学一点拉祜语，我不会讲，小孩学一下也是很好的，当然，能学则学，不能学也无所谓。

（2）女方调查

问：你和李是自由恋爱吗？

答：是的。

问：你知道他是拉祜族后有什么想法吗？

答：恋爱时不知道，要结婚登记时才知道，什么民族无所谓，父母从来就没有限制我找什么民族的对象。

问：你会说彝族话吗？

答：不会，父母也不会说。

问：你对彝族了解多少？

答：不了解，从小就像现在一样生活，我感觉自己就是个汉族，也没有想过学彝族语言，"民族"身份很少会想起。

2. 民族干部家庭（混合型家庭）

李D（丈夫）：男，拉祜族，50岁，大专文化，某局局长

惠L（妻子）：女，汉族，48岁，中专文化，公务员

女儿：李JY（娜海），大学文化，公务员

儿子：李C（扎努），大学在校生

问：你的李姓是怎么来的？

答：这个我也问过我父亲，我们为什么姓李，父亲说你爷爷姓李，我们就姓李了，我生长在典型的拉祜族村寨，但我连拉祜族的名字都没有。

问：子女都选择了拉祜族？

答：是的，我是拉祜族，他们就是拉祜族。当然，国家的照顾政策也是非常重要的考虑。

问：你对民族区域自治的看法？

答：国家有相应的规定规范，我们严格按照制度办事，我们能够感受到民族区域自治给我们带来的实惠，正因为有了这个政策，我才做了局长，我知道比我能干的人还很多。

问：民族乡的建立有必要吗？

答：很有必要，一个民族要有自尊，别人要尊重，民族乡是一个好的办法，我们乡拉祜族占到50%，所以应当设立民族自治乡。

问：拉祜族文化的核心是什么？

答：拉祜礼，即拉祜族的行为规范、礼仪道德等。

3. 拉祜族调查（一个拉祜族乡长的采访）

李某，男，拉祜族乡长。西盟佤族自治县，佤族占总人口的71%，拉祜族占17%，力所乡是其唯一一个拉祜族自治乡，因此具有特殊代表性。采访问题如下：

关于中国民族区域自治问题

问：你知道民族区域自治是什么样的？

乡长：民族区域自治是对少数民族的特殊政策和制度，能给我们特殊政策，诸如在扶贫资金方面，教育、卫生、交通等项目的支持方面，体现出国家对少数民族的重视和关心。

问：民族乡的设立，从你的经验看，有必要吗？

乡长：有必要，因为我们县是佤族自治县，拉祜族乡的设立，使拉祜族有一定的话语权。

问：30%的主体民族，就可以设自治县或自治乡，那么对于其他民族是否公平？

乡长：政策大家可以共享，虽然其他非主体民族不能担任乡长，但可以担任其他职务，如乡党委书记、人大主席等职务，应该是公平的。

问：民族自治县的县长只能由主体民族担任，你是此地世居民族之一，你很有才华，但你永远没有机会担任县长，你对此的看法是什么？

乡长：从个人角度来讲，政治待遇是不公平的，比如我作为拉祜族，世代生活在这里，我们怎么努力也永远不可能当任县长。目前为止，我们这里，拉祜族连一个副县长都没有，只能在人大、政协任职，且没有正职的先例，这是不公平的，虽然县里有几个局长是拉祜族。

问：你有什么好的建议吗？

乡长：不论哪个民族，作为领导，要为这个区域的社会经济、各民族的经济社会发展服务，太强调民族，不太合适。在我县，拉祜族作为人数占第二位的民族，不可能任职县长，只能在政协、人大担任副职，且基本是女性担任，目前尚未有男性。至于广大的男性拉祜族干部，只能在科级层面奋斗，积极性大受打击，政治待遇、经济待遇处于低层次水平。再有，副县长基本是外派干部，这对于当地干部的打击很大，意见也很大，异地干部的成本太高，周末都跑光了，星期六、星期天谁来值班？有什么突发事件，怎么办？

问：对本民族的传统文化和宗教你了解多少？

答：我对拉祜族的文化关注不够，对宗教了解也不多，其实从小就接受正规的学校教育。受现代文化的影响，本民族的文化接触较少，我大哥非常关心本民族的宗教、文化，他非常积极参加传统活动。

从对不同区域、民族、职业、文化层次的人群调查情况来分析，有以下几方面值得关注。首先，教育理念的城乡鸿沟。少数民族地区的山区村寨，人们受教育的基础设施条件良好，能满足适龄儿童的教育需求，在小学阶段入学率很高，毕业率也不低，但初中的入学率就下降了，更严重的是辍学率很高，学习积极性不高，这是问题的关键。通过调查，山村里的孩子，对高山流水、崇山峻岭的自然情怀很浓厚，从小在山野自由自在，在学校里的束缚感强烈，这就是"放牛"比读书更有吸引力的原因；另一个很重要的原因是文化的差异性导致乡村学生对书产生不适甚至恐惧。边疆地区地广人稀，村里的小学离城镇很远，而中学一般在城镇，每县的民族中学基本都在县城，这些小学生突然来到"城市"，离开父母，离开熟悉的山野乡土世界，感到了空前的压力和不适，各乡村的学生汇聚到一起，陌生感强烈，有的学生直言感到很害怕。在中学阶段，学习的强度增加，学习的难度增大，乡村学生与城镇学生的学习成绩拉开，觉得自己不适合读书，产生强烈的挫折感，前途无望。这是边疆地区村寨与城镇的文化鸿沟，这个鸿沟使山区孩子对接受城镇中学阶段的教育有一种天然的抗拒心理，高中阶段的山区民族学生寥寥无几，能考取大学的可谓是凤毛麟角。在西盟佤族自治县，绝大多数村寨没有大学生。不过令人欣慰的是，山里的孩子们大多数走出了村寨，到广阔的天地闯荡，外面的世界让他们意识到读书学习的意义，让他们认识到让自己孩子读书的愿望。城镇居民，尤其是政府部门的公务员、企事业单位的工作人员、工商自由职业者等，不论什么民族，对于孩子的教育理念是相同的，他们关心孩子的教育。尤其是公务员和企事业单位人员，认为孩子不仅要读书，还要上好的学校、上大学。在高等教育大众化的今天，他们的孩子基本都能上大学。在各单位、乡镇政府部门，年轻一代的干部、职工中，主要的还是这些受过教育的城镇子弟。

其次，民族山区村寨民众对政府的信赖和支持度是非常高的。被采访对象都表现出了对政府的高度信赖。他们最能感受到的是生活质量的飞速提高。家家户户住上了宽敞的瓦房（图7-8）。一间60平方米的砖混瓦房，造价每平方米约1300元，共计8万元左右，政府每户无偿资助4万元，无息贷款额度4万元，自己建庭院、猪舍、菜园，一个惬意的农家民居就建成了，条件好的家庭，可以盖面积更大的住房。目前，山区农村每个村寨实现了村村通公路、寨寨通电网的新格局，寨子里路面水泥化，通信网络化，基础设施全面改观。

图7-8　新民居

再次，国家的认同度高度统一。在对国家政治的认知度上，山区农村与城镇居民是有认知差别的。由于接受教育和信息传播的程度不同，山区的少数民族对政治的认知度较低，关心程度也不高，而城镇少数民族居民，对政治的认知度高出很多。尤其是公务员，还从政治的角度关心民族自身的权益问题。在国家认同问题上，爱国、卫国和国家自豪感在社会不同维度人群中表现出了一致性。"如果国家需要我们时，比如参军、保家卫国，我一定会积极响应和参加"。这是一致的答案。

最后，在城镇民族居民中，民族观念逐渐淡化。在边疆地区，随着文化和生活方式的不断趋同，开始逐渐显示出淡化的趋势。一方面，当代民族文化运动的不断助推，强调民族传统和特色的营造，在物质形态上表现出了众多的民族特征，如村寨、景点、建筑、民居、服饰等，其形态特征已经超过了其文化本身；另一方面，人们的民族意识在悄悄地减退，传统的民族村寨的村民，非常乐意自己的孩子出去生活，将来娶一个或嫁一个条件较好的对象，最好是城里人，任何民族都可以，只要能好好生活就行。在采访的众多村民中，没有人要求子女一定要回到村寨照顾老人，他们大多数的愿望是到孩子那里养老。这里传递出的信息是，在民族和谐的今天，民族之间的身份和界线已经不重要了。而在城镇生活的现代青年们，在许多时候，民族身份只是在特殊时期，如民族自治县的县庆、节日等，或者是需要时，如高考、填报个人信息资料时才会被想起和提及。民族语言还只有老一辈人在特殊场合讲一讲，年轻人懂几个日常用语已经很不错了。在日常生活中，民族的观念渐行渐远。

二、群体的自我调适——现代社会的适应与传统文化的扬弃

群体的自我调适是生存与发展的必须选择，尤其是在现代快速发展变化的时代。文化的传承机制本身是无情的，社会的变迁带来了文化的变迁，这犹如一把双刃剑，存在着巨大的风险和挑战，但为其迎来了前所未有的发展契机。在社会变迁剧烈的大背景下，传统意义上的文化传承空间已被打破，因此，要使民族文化得到顺利传承和发展，民族群体自身的文化适应与文化

调适是摆在眼前的艰难甚至是痛苦的抉择。

在云南边疆民族地区，文化正经历翻天覆地的变化，我们不能悲观地将其看作民族或地方传统文化的崩溃或灾难，它更多的是浴火重生，关键的问题是能否重生。我们从云南普洱的边疆民族地区的传统仪式的变化与革命，看到了传统民族文化调适带来的传统文化与认同方式的新变化。我们以普洱主要的世居民族佤族、拉祜族、傣族、哈尼族等民族的传统仪式的变迁来考察这一变化过程。

中国社会发展的不平衡，使不同的民族对仪式的理解和表达呈现多样性，有的是宗教的或世俗的，有的是传统的，还有时尚的、创新的。比如与传统无关的中国现代"春晚"，就是典型的当今中国式的过年仪式。但是，不是所有的仪式都能幸运的保持和被人们接受。事实是许多传统仪式正在成为历史名词，尤其是中国边疆一些少数民族的古老而繁缛的仪式。以佤族为代表的少数民族传统仪式的现代抗争与创新突围，能否为古老的传统仪式的保存与现代适应探寻一条生存之路？

中国佤族的传统仪式为代表的古老仪式文化在经历了穿越时空的社会巨变后，传统仪式赖以生存的基石荡然无存，仪式会以什么样的面目呈现和立足于现代社会？是孤立的文化变革现象还是同类文化现象的现代生存抗争？革命与创新是否真能够拯救风雨飘摇的传统仪式？

（一）佤族的传统仪式——原始仪式的遗产

佤族是中国最具代表性的古老传统文化保存者之一，其仪式的原始性、传统性和独特性尚未脱离我们现代生活的视野，因此，以其作为传统濒危仪式的生存现状来研究具有典型性和代表性（图7-9所示）。

传统的佤族社会是灵治社会，从个人到群体、从家庭到社会，仪式无处不在，仪式成为不可或缺的社会生活内容和行为指南。因此佤族一年到头都充满着各种仪式，一年中大约有50—60天是在进行宗教仪式活动，包括有接新水、拉木鼓、砍牛尾巴、猎头祭谷等。典型的仪式展现在几个大的宗教活动中，与神狂欢是原始民族的特征，其核心是什么？猎头、剽牛与司岗里。在20世纪50年代，佤族还保留猎头血祭的仪式，保持稻作文化中祭稻的典

图 7-9 佤族的仪式

型方式。"我国南方汉、傣、壮、苗、彝、白、德昂、布朗、仡佬等稻文化地区的各民族都有稻魂祭和稻俗礼仪。东南亚各民族也都有稻魂祭。然而,内容之丰富,祭仪之古朴,应以佤族为最"。① "猎头祭鬼是佤族最大的宗教活动,是佤族文化核心枢纽……从时间上看,历时约 20 天,最少也得 15 天;从内容上看,其形式最复杂,内容最丰富;杀鸡看卦,出征仪式、迎头仪式、祭头仪式、念咒仪式,剽牛、歌舞、酒宴等,几乎将佤族的宗教庆典、生活习俗、民族性格都展示出来了"。② "其隆重的人头祭献也就成了稻作祭仪的典型"。③ 牛是佤族的图腾,剽牛是佤族重大祭祀中的祭品制作活动和祭祀流程中必不可少的程序和内容,大型仪式活动必剽牛,剽牛的数量和氛围表示仪式活动的重要程度。20 世纪 50 年代调查材料显示,西盟佤山的剽牛场面:"永广寨有一个富裕户,在一次主祭宗教活动中剽了约 30 头牛,死牛躺了一大片。"④ 魔巴是佤族的神职人员和祭师,佤族人说:"没有魔巴,我们就不会生活了。""佤族文化的东西大多掌握在魔巴手中,从历史文化、生活习俗、道德规范等,他们都是权威的解释、传授和维护者,在某种程度和意义

---

① 魏德明(尼嘎):《佤族历史与文化研究》,德宏人民出版社 1999 年版,第 198 页。
② 左永平:《解读佤族"猎头祭鬼"习俗》,《思茅师专学报》2008 年第 2 期。
③ 左永平:《佤族猎头与剽牛——原始宗教祭祀仪式的典型方式》,《文山师专学报》2008 年第 2 期。
④ 罗之基:《佤族社会历史文化》,中央民族大学出版社 1995 年版,第 357 页。

上讲，魔巴决定了佤族传统文化的命运。"①

从仪式的形式和内容上讲，佤族的仪式与现代社会是存在巨大矛盾的。在现代社会中，它的消亡被看作是一种必然甚至是必须。从文化的角度讲，它也是一种文明，文明的精髓应当保留下来。

（二）传统的崩溃——现代社会佤族仪式的危机

佤族传统仪式与现代社会对仪式的理解有巨大的反差，其基础是原始社会末期的社会形态、神秘的祭师（魔巴）、猎头祭鬼和木鼓，这是其文化形成的基石和核心要素。进入 20 世纪，佤族文化经历了三个革命性的变化。一是"直接过渡"。佤族是中国少有的几个原始民族之一，20 世纪 50 年代被列入中国 15 个"直接过渡"② 的民族，他们一跃千年，顷刻间社会形态翻天覆地，其脆弱的社会形态和结构轰然崩塌，赖以生存的文化也随之瓦解。二是猎头祭鬼习俗的终结。猎头是佤族最大的祭祀仪式，是佤族文化的核心枢纽。1950 年 10 月，西南少数民族代表应邀到北京参加国庆一周年庆典，毛泽东主席接见西盟佤族头代表拉勐，得知佤族还有猎头祭祀习俗时，对拉勐说："你们可不可以不砍人头，用猴头或狗头来代替呢？"拉勐说："不行，猴头不行，狗头也不行，用老虎头可以，可老虎不好捉。"③ 1958 年 8 月，政府下令禁止猎头。从商周时期的大规模人祭、人牲开始到 20 世纪 50 年代的佤族人头祭祀终结，佤族为中国的原始祭祀仪式画上句号，这也是佤族最大传统仪式结束的句号。三是神秘的祭师——魔巴走下神坛；"进入 20 世纪 60 年代，魔巴受到来自两个方面的冲击和挑战，一是现代的科学技术，二是政府行为。在 20 世纪六七十年代，魔巴做鬼被视为"封建迷信"的东西被禁

---

① 左永平：《魔巴制度——佤族传统文化体系的核心支柱》，《云南师范大学学报》2008 年第 3 期。

② 直接过渡政策：1954 年 6 月，经中央批准，中共云南省委在调查研究的基础上，根据边疆少数民族的特殊情况，决定在景颇族、独龙族、怒族、德昂族、佤族、布朗族、基诺族等少数民族和部分拉祜族、哈尼族、瑶族居住地区，不划阶级，不搞土改，而是在党和政府的领导帮助下，通过办互助组、合作社的方法，发展生产，发展文化教育事业，向社会主义直接过渡。

③ 西盟佤族自治县政协：《文史资料》（内部资料）第 1 辑，第 191 页。

止。"① 一是总体看来，魔巴制度在衰落的现实。二是魔巴神秘性消失，青年人不再相信和崇拜魔巴，正如岳宋著名魔巴岩旺（第二届佤族木鼓节中主持剽牛的大魔巴）所说："现在没有年轻人愿意学做魔巴。"三是在现代文明的冲击下，魔巴赖以存在的社会心理需求和人们现实需求的要求在减弱和逐步消失，使魔巴文化后续发展的潜力受到影响，甚至会演变成对这一制度的威胁。② 现代化的风暴席卷了佤族传统文化的面纱，文化的仪式也随风飘走。

图 7-10　今天的仪式，娱乐性的意义大于传统的文化性

（三）仪式的抗争——革命与创新

20 世纪 90 年代以来，中国政府以后佤族传统文化的复兴来看，仪式是重头戏，剽牛、木鼓、司岗里祭祀等传统大型仪式，都褪去了神圣的外衣，以世俗的面孔出现在人们的面前，完全演变为娱乐性质的仪式，丧失了神性及

① 左永平：《木鼓回归》，云南大学出版社 2008 年版，第 22 页。
② 左永平：《木鼓回归》，云南大学出版社 2008 年版，第 23 页。

其土壤，传统仪式的功能几乎荡然无存（图 7-10）。佤族的社会与文化发生了革命性的变化，这与民族学和人类学所面临的世界性的现代化浪潮是一致的。现代社会的迅猛变化导致所谓"不发达"世界文化的崩溃，西方的学者早就注意和研究了这个问题。"困难之处在于，这种变迁发生得太快，以至于传统社会无力慢慢应付。在欧洲和北美好几代人完成的变迁，在发展中国家却企图用一代人的时间就做到。在这一过程中，他们常常会面临他们自己无意放弃的许多宝贵的价值受到侵蚀。"① 这里涉及一个世界性的严峻的理论问题：现代化一定是痛苦的吗？假设是这样，那么它要走多远？还是我们可以避免现代化的文化阵痛，探索一条鱼与熊掌都可能兼得的文化道路。首先我们要看到，文化是个变化的形态，快速的变化就一定是暗淡的吗？文化要解决的是我们碰到的问题，所以，文化的变迁就是必然的了。中国在 20 世纪 50 年代开始提出了中国各民族共同发展的思路，在云南特别提出了针对 15 个少小民族的"直接过渡"政策，将以佤族为代表的不同社会形态的民族直接拉到现代社会，绝大部分与现代社会有悖的东西都被抛弃，这是中国式的社会前进方式，人们把它称为"一跃千年"的历史巨变，这种急剧变化的社会变迁，我们会不可避免地失去些传统，但对千百万不同形态的群体而言是件好事。20 世纪 80 年代，中国及时的文化反思，使一场旨在挽救民族文化的运动悄然兴起，大批的学者和成果纷纷产出，研究者们强烈地感受到了少数民族传统文化遗失的惊人速度，感受到传统文化的极度危机，关注如何保护与传承的诸多举措与借鉴，民族学与文化人类学成为学科，也充分说明民族文化受到大众关注。中国政府对民族文化的关注也在强化，2015 年 7 月 5 日，在德国波恩举行的第 39 届世界遗产大会上，贵州遵义海龙屯遗址与湖南永顺老司城遗址、湖北唐崖土司城遗址联合代表的中国土司遗产项目成功入选《世界遗产名录》，成为我国第 48 个世界文化遗产。作为少数民族最多的云南省，对民族文化的传承保护可谓费尽心机。中华人民共和国文化和旅游部在 2018 年 12 月发布的信息显示，云南省已经迈入世界遗产和民族文化遗产大

---

① ［美］威廉·A. 哈维兰：《文化人类学》（第 10 版），瞿铁鹏、张珏译，上海社会科学出版社 2006 年版，第 485 页。

省行列。"目前，云南省拥有世界遗产 5 处，与四川省一道并列全国第二位；有中国传统村落 615 个，占全国总数的 15%，位居全国第一；有各级历史文化名城（镇、村、街）84 处，占全国总数的 6.91%，位居全国前列；有不可移动文物点 14704 处，可移动文物 784196 件；公布各级文物保护单位 4205 项（其中国保单位 132 项、省保单位 332 项），占全国总量的 5.3%；有省级备案博物馆（纪念馆）131 个；江川李家山墓地、剑川海门口遗址等 6 项重大考古发掘入选年度'全国十大考古新发现'。有四级非物质文化遗产保护名录 7808 项（其中国家级 122 项、省级 610 项、州市级 2103 项、县级 4973 项），认定各级非物质文化遗产代表性传承人 11055 人（其中国家级 125 人、省级 960 人、州市级 2649 人、县级 7321 人）；有 85 个少数民族聚居村寨列为省级民族传统文化生态保护区，数量居全国之首；有 4 个项目入选国家级非遗生产性保护示范基地，14 个传统工艺入选第一批国家传统工艺振兴项目；有 228 部古籍入选《国家珍贵古籍名录》。"① 从国家到地方，传统文化保护取得了巨大成就，虽然很令人欣慰，但是我们的传统文化消失和衰落的速度依然没有减弱。最为明显的例子就是民族语言说得越来越少，民族服装穿得越来越少，民族语言文字教学难以推广。

问题在哪？原因正如 360 董事长周鸿祎在其著作《我的互联网方法论》一书中所言"没有人能打败趋势"。② 趋势是什么？在信息时代，没有人能阻止我们对时代生活的追求，全球化、信息化带来的世界观和价值观，对人们的思想意识带来的是颠覆性的变化。人们渴望生活在同一水平线上，享受现代社会和文明的成果。

基诺族也是中国的原始民族之一，20 世纪 50 年代还完整地保存着父系氏族的生活方式。到 20 世纪 80 年代，一切都变了，一个多年研究基诺族的学者这样描述："1983 年后我曾连续几年到基诺山寨过春节，在雅诺寨我曾经希望青年们组织起来在春节跳民族舞、唱民族歌，也动员大家穿上民族的传统服装，但是青年们都不乐意，他们讥笑老人唱民族歌，穿民族服装的行为。

---

① 中华人民共和国文化和旅游部：《云南省迈入世界遗产和民族文化遗产大省行列》，见 https://www.mct.gov.cn/whzx/qgwhxxlb/yn/201812/t20181211_836457.htm。

② 周鸿祎：《周鸿祎自述：我的互联网方法论》，中信出版社 2014 年版，第 5 页。

这个时期很多青年人，尤其是受到学校教育的青年人一句流行的口头禅是："我们是80年代的新一辈。"① 佤族呢？情况同样不乐观，"佤族本民族的服饰，今天绝大部分地区已被现代服饰所代替，尤其是男子服饰，当前现实生活中，即使是最偏远的村寨也很难见到身着本民族服装的男子……部分农村山区，传统服饰的消失正在成为现实。据调查：'以西盟县中课乡窝笼村为例，全村佤族占总人口的89%，却找不到一套完整的佤族服装'"②。中国的九年义务教育覆盖所有地区，即使是最边远的佤族山寨，年轻人都接受至少是小学或初中的教育，对现代社会的了解是毋庸置疑的。在西盟佤族自治县的一个乡，调查显示："10—16岁的学生，就学率达98.7%，少数民族人口占90%以上的力所乡，孩子们的着装100%为现代服装，节庆日民族服装着装率也只达到30%；对是否知道佤族神话《司岗里》，有75%回答不知道；他们的理想职业是教师和公务员，分别有52%的学生想当教师，17.5%的学生想做公务员，还有30%想外出打工，这是一种纯现代的想法。"③

是保护不力还是其他原因？其实中国对于民族文化的保护，《中华人民共和国宪法》（以下简称《宪法》）做了相应规定。《宪法》第22条规定："国家发展为人民服务、为社会主义服务的文学艺术事业、新闻广播电视事业、出版发行事业、图书馆博物馆文化馆和其他文化事业，开展群众性的文化活动。国家保护名胜古迹、珍贵文物和其他重要历史文化遗产。"第119条规定："民族自治地方的自治机关自主地管理本地方的教育、科学、文化、卫生、体育事业，保护和整理民族的文化遗产，发展和繁荣民族文化。"《宪法》对文化遗产、民族文化的保护和发展做了宏观的制度设计，但对于千差万别的民族文化形态，还是需要各地方政府根据地方区域的发展历史、民族文化、民俗传统等实际情况，制定相应的文化保护法规加以补充和完善。为此，地方政府也做出相应的地方法规，云南省率先于2000年制定了《云南省民族民间传统文化保护条例》，2007年国家又推出了"文化生态保护区"，充

---

① 郑晓云：《最后的长房：基诺族父系大家庭与文化变迁》，云南大学出版社2005年版，第57页。

② 左永平：《木鼓回归》，云南大学出版社2008年版，第87页。

③ 左永平：《论佤族活形态神话的终结》，《思茅师专学报》2009年第4期。

分彰显了国家对民族文化保护的力度和决心。问题在于中国是民族、历史和文化多样性十分突出的国家，对民族文化的保护，仅靠法规和规划性的保护是不能适应千差万别的文化形态。"文化生态保护区"是个比较切实的举措，但目前全国只有 18 个实验区（文化形态 15 个），作为民族多样性典型的云南只有迪庆文化生态保护实验区（2010 年）和大理文化生态实验保护区（2011年）两个。国家级文化生态保护实验区覆盖云南还有很长的路要走，这意味着云南广大民族地区只能走自己的路。云南以普洱茶为纽带的普洱文化区域，正尝试着文化保护与创新的实践。

既然现代化的浪潮不可阻挡，传统文化保护的思路就必须改变，一个我们曾经以批判眼光审视的一个文化现象——"规划性文化改造"，值得我们研究和讨论。所谓"规划性文化改造"，是政府将少数民族的传统的、零散的民俗、仪式或节日，按照现代节庆的特点，统一规划到相应的时间、地点进行仪式的再现并确定为法定的节庆日。这看起来有些鲁莽的"规划"，在云南的普洱获得初步成功；佤族的木鼓作为本民族的最大法定节日，开启了仪式革命的号角，之后的傣族、拉祜族、哈尼族等出现了节日"创造"的热潮，孟连傣族的神鱼节、澜沧拉祜族的葫芦节、墨江哈尼族的双胞节等，民族节日的创造行为是否是一条文化保护的有效路径还有待实践。普洱市的一个创意是将同一区域节日创造作为区域文化来打造，把相连的澜沧县、西盟县和孟连县联合规划出一个不同民族的节庆串烧，即每年 4 月上旬，把澜沧拉祜族的葫芦节、西盟佤族的木鼓节以及孟连傣族的神鱼节串联起来，规划的初衷是弘扬民族文化，发展文化旅游产业，不惜将仪式上升到节日的规模，拉祜族的拜年仪式、佤族的木鼓仪式和傣族的放生仪式改变为大规模的"传统节日"，更有让人惊讶不已的墨江哈尼族的"双胞节"。[①] 这完全与传统文化不同的"节日"竟然获得成功，这是文化颠覆并获得成功的案例。虽然对文化规划有着诸多的缺憾，甚至带有破坏性，但是我们如何来判断文化创新

---

① 墨江双胞节：墨江是全国唯一的哈尼族自治县，有着"哈尼之乡、回归之城、双胞之家"的美誉，因多产双胞而闻名，自 2005 年起，每年 5 月，有来自国内外的成百上千对双胞参加墨江双胞胎节，现已成为普洱的著名民族节日。在哈尼族的传统里，双胞为不详之物，而今，传统发生了颠覆性的变化，双胞成为吉祥物，双胞成为墨江哈尼族的骄傲和名片。

的价值，应当从它被文化所有者的认可度和文化要素保存度来看。普洱的传统文化规划，从创新的视角看，目前是成功的。

从文化保护的角度看，"文化生态保护区"是较为可靠的方式，但没有现成的理论和方法，技术上也不成熟。文化的保护没有现成的模式，自身的价值和适应力是基础，现代文化的良性推助不能缺失，这种良性推助力来自政府和民间的力量。从佤族传统仪式的革命性变化来分析，以仪式代表的民族传统文化正处在急剧变化和重构时期，我们应当正视纯传统文化急速"衰落"的现实。总结二十多年保护的经验，提炼创新的成果。应当从新的视角来观察与研究民族传统文化的保护与创新，从微观的单一民族和区域来研究民族传统文化，以点带面，才能上升到宏观的视野。佤族的仪式以现代的方式"重生"，能否持久是关键问题，单一民族的传统文化保护难以持久，否则就不需要苦苦寻找和培养文化传承人，独木难支。普洱地区聚居着包括佤族、傣族、拉祜族、彝族、哈尼族和汉族在内的多个民族，千百年来的共生交融，形成了和谐共处、人文独特的区域文化带，因此，它的创新之处在于将不同民族的传统仪式提升为节日，并把它串联在一起，形成该区域佤族、拉祜族、傣族、哈尼族、彝族包括汉族在内的各民族的喜庆节日。事实证明这个文化创意被各民族所接受并积极参与，"葫芦节"时各族群众开着汽车、拖拉机、摩托车涌向澜沧赶集跳舞，"木鼓节"时又涌向西盟喝酒狂欢，"神鱼节"更是四面八方涌到孟连下河捉鱼，场面宏大壮观，形成强烈的"我们的节日"的共识与氛围（图7-11所示）。共生多元的传统文化交融，形成了一种区域性的地方文化观念，因此，传统的整合与创新易被接纳和认可，这给出了我们一种答案——传统仪式文化的保护必须考虑区域的民族多样性而不仅仅是单一民族及其历史文化，尊重区域民族间的传统社会关系。①

---

① 关于传统仪式的革命部分，项目组成员范艳华老师以《仪式的革命——从佤族传统仪式的现代调适看边疆少数民族传统文化的创新与保护》为题，发表在2017年第1期的《普洱学院学报》上。

图 7-11　孟连神鱼节

三、中华民族多元一体的国家公民意识的培养与引导

当代族群的亚文化群体，不仅仅是某个民族，而且是涉及生活在边疆区域的不同民族，是带有认同焦虑和认同困惑的问题。因此，对于这种认同问题带来的焦虑和困惑，要有足够的重视和现实关怀，包括政治关怀、经济促进、文化引导等诸多领域。

（一）政治关怀与经济促进

在少数民族政治关怀和经济促进的问题上，从制度着手，体现了国家充分尊重和保障各少数民族管理本民族内部事务权利的精神，体现了国家坚持实行各民族平等、团结和共同繁荣的原则，体现了民族因素与区域因素、政治因素与经济因素、历史因素与现实因素的统一；根本目的是促进全国各民族的共同繁荣，核心是解决各民族的发展问题。从宏观上来讲，要彻底改变少数民族地区的发展问题、贫困问题，当前集中体现在国家对边疆民族贫困地区的扶政策上。党的十九大报告旗帜鲜明地提出，要"坚决打赢脱贫攻坚

战"。云南省共有农村贫困人口 332 万人，其中少数民族自治地方贫困人口占
49.7%。尤其是直过民族和人口较少民族贫困程度深，脱贫任务艰巨。2016
年国务院组织编制印发了《"十三五"脱贫攻坚规划》，中办、国办就落实
《中共中央、国务院关于打赢脱贫攻坚战的决定》制定了 10 个配套文件，32
个牵头部门和 77 个参与部门共出台 118 个政策文件或实施方案。各行业部门
将扶贫内容纳入"十三五"行业专项规划优先安排。《关于打赢脱贫攻坚战
的决定》发布以后，各省区市全面落实中央决定，编制省级"十三五"脱贫
攻坚规划，出台包括一个全面推进脱贫攻坚的文件以及若干个配套文件在内
的"1+N"精准脱贫系列文件。从省到市、县、乡，都由党政主要领导负责，
层层落实。根据精准脱贫的要求，各地脱贫方案落实到了每一个贫困村和每
一个贫困户。① 贫困一直是缠绕在边疆少数民族地区发展进步的沉重脚镣，党
中央高度重视民族地区的贫困问题，党的十九大报告指出："让贫困人口和贫
困地区同全国一道进入全面小康社会是我们党的庄严承诺。要动员全党全国
全社会力量，坚持精准扶贫、精准脱贫，坚持中央统筹省负总责市县抓落实
的工作机制，强化党政一把手负总责的责任制，坚持大扶贫格局，确保到
2020 年我国现行标准下农村贫困人口实现脱贫，贫困县全部摘帽，做到脱真
贫、真脱贫。基层政府党政一把手要把扶贫工作当作一项政治任务抓好抓
实。"云南边疆地区是少数民族成分最多、人口较少的民族聚集地区，也是全
面建成小康社会的难点地区。当前，我国已进入小康社会的决胜阶段，党和
国家高度重视，把加快少数民族地区发展摆在突出的战略地位，各级政府坚
持把人民群众放在心中最高位置，广泛开展"党员干部结对认亲交朋友"活
动，坚持把为民爱民亲民安民作为改善民生的基本要求，在广大党员干部中
深入开展进村入户"结对认亲交朋友"活动，推动党员干部通下情、接地
气、听民情、解民忧。充分发挥各级领导干部的带头作用，时常到群众家中
"走亲戚"，并形成机制。以普洱市为例，普洱市 9 县 1 区，9 个民族自治县
为贫困县，10 县（区）均为扶贫开发片区县，2011 年末有贫困人口 88.5 万

---

① 李云龙：《精准扶贫：中国扶贫战略的重大转变》，中国网，见 http://www.china.com.cn/
news/cndg/2017-02/24/content_ 40353823. htm。

人。普洱市的扶贫任务是确保到 2020 年现行标准下贫困县全部摘帽、贫困村全部退出、贫困人口全部脱贫,决不让一个贫困地区、一个民族掉队,与全国全省全面建成小康社会。为此,全市科级以上党员干部每人联系 2—3 户困难群众,与群众同吃同住同学习同劳动,心贴心与群众结亲戚、交朋友,与广大农民群众连上了"亲情链"、架起了"连心桥"。除了政府部门之外,社会各界、企事业单位也投入扶贫攻坚的伟大事业中。我们以普洱市唯一一所高校为例,在此项工作中高校发挥自身优势,特色鲜明,效果良好。该高校扶贫对象是多民族村寨——按板镇联盟村。普洱市镇沅彝族、哈尼族、拉祜族自治县按板镇联盟村,距离镇政府驻地 20 公里,平均海拔为 1800 米,人均耕地 3.88 亩,全村辖 11 个村民小组,有农户 287 户,以汉族、彝族为主,其中汉族 209 人,彝族 631 人,其他民族 72 人,少数民族占人口比例超过70%,村民收入主要以烤烟、畜牧业、林果业为主,是典型的高寒贫困山区。学校扶贫的方法除了通过桥梁建设、道路硬化、民房改造、村组活动室等项目建设实施投入 128 万元外,重点发挥文化教育优势,"扶贫先扶志、扶贫必扶智",从"输血"变"造血",通过知识、技能和先进教学理念来帮助和指导贫困地区,联盟村作为学校"挂包帮""转走访"扶贫点,学校积极鼓励联盟村建档立卡户高中毕业生报考普洱学院,学校按照国家政策同等条件下优先录取,并免除学费。学校利用"国培计划"送教下乡活动来进行教育扶贫,旨在通过送教下乡、交流合作的方式为山区小学送去教育教学方面的先进理念和方法,特邀市级优秀小学教师、心理辅导老师参与,提升效果和质量。要打赢这场脱贫攻坚战,不仅需要各级党委、政府凝心聚力,投入大量资金、物资,而且更要注重有针对性地扶志与扶智,激发贫困群众自我发展的内生动力。通过教育扶贫,让贫困地区的孩子接受良好的教育,阻断贫困代际传递,确保每个贫困孩子有学上、上得起、学得好。幸福美好的生活不会从天而降,脱贫致富终归要靠贫困群众用自己的双手来创造。"志智双扶"绝不是一蹴而就,而是需要水滴石穿的坚持和润物无声的感召。脱贫攻坚道路上决不落下一个贫困群众,也决不放弃任何一个可能性。联盟村仍然沿袭"够吃就行"的传统观念,内生动力和发展意愿欠缺;有的贫困群众享受易地扶贫搬迁政策搬进了新的居住地,却仍然保持着原有的一些不良生活习惯,

"素质贫困"问题比较突出。2018 年 1 月以来，学校的"自强、诚信、感恩"主题实践活动已经开展 10 期，主要有环境卫生大整治、迎新春送温暖、爱国电影大放送、易地扶贫搬新家、国培计划送教下乡、庆七一颂党恩助脱贫、普通话推广培训、"10·17 扶贫日"等主题活动，内容涉及多个方面。一个打扫卫生的平常活动，意义却是非常深远的，很多村民说"大学老师帮助打扫卫生还是头一次见"。目的和意义在于树立各族群众做人做事诚信可为、心怀感恩之念，激发自我奋斗和努力的自身动力源泉，从自身实际出发，做好发家致富的后续发展举措。

从扶贫在边疆民族地区开展的案例和实践来分析，政治关怀，从微观上讲，基层的政府组织要从最基层的村寨政治生活入手，要使人们逐渐认识到自己的政治权利、政治责任。现在的问题是许多山区民众不知道什么是政治或一知半解，村寨的少数民族群众就更不知道政治，如何谈政治权利和义务，如何谈他们参与政治生活。其实，我们要做的很简单，即把复杂的东西简单化，把政治与他们的现实生活联系起来，直截了当，比如政治就是你要住新的瓦房，孩子要上学、孩子要打工；要致富就要学习种植甘蔗、咖啡等，政治要现实化、简单化和生活化，才能使人们切身感受和自觉参与，结合当前如火如荼、实惠备至的扶贫活动，国家和政府的政治关怀才能起到作用。在西盟的拉祜族村寨帕窝地、佤族村寨班母，他们提出了帮助修路、帮助推销农产品等看似普通的民生问题，其就是政治生活和政治行为的一部分，政府要在执行民生工作时引导民众的政治意识，培养参与政治生活的热情。从长远的发展战略角度考虑，少数民族基层村寨和社区的治理，要培育其政治治理能力，首要的是要解决村民政治参与性不足、主动性较差的问题，引导村民参与政治活动、参与村寨管理；其次就是解决和完善乡村人才"空心化"问题，村寨受过教育的年轻人大都外出打工，为数不多的有技能或有特长的人都到外谋生，广大乡村人才"空心化"问题突出；克服自然环境因素制约，也是不容忽视的问题，少数民族地区，山高水长，村寨散落其间，一个村，不同的村民小组，近的相距几公里，远的十几公里，有的社里各户之间也有距离，交通不便，通信落后，将大家集中起来开一次村民会议非常不容易，乡村的社会治理难度大、民生改善任务重，这是政治参与度不高的客观原因。因此，进一步落实国家的惠农政策，加快基础设施建设，激发村民的治理能力、自我发展能力是当前和今后的重点工作。

少数民族地区的经济发展，关乎国家的现代化强国建设目标的实现，党和国家高度重视，习近平总书记深刻指出："增强团结的核心问题，就是要积极创造条件，千方百计加快少数民族和民族地区的经济社会发展，促进各民族共同繁荣发展……为了帮助少数民族和民族地区发展经济与文化事业，党和国家一直从各方面扶持、帮助少数民族和少数民族地区，这不是恩赐，也不是单方面的帮助。辩证地说，这是一种互相帮助。汉族帮助了少数民族，少数民族也帮助了汉族；国家扶持了民族地区，民族地区也支援了国家建设。"① 在中国经济快速发展的同时，边疆民族地区的经济也得到发展，但与整个中国的平均发展水平还有差距，与发达地区如上海、浙江、北京、江苏、广东等地区，差距更加明显。"2017 年云南累计实现生产总值 16531.34 亿元，同比增长 9.5%，增速比全国（6.9%）高 2.6 个百分点，在全国各省（区）中位列第三"。但是，云南在全国仅排名 20 位，问题依然严峻。云南的经济发展主要围绕以省城昆明为中心的滇中地区，发展极不平衡。"从全省16 个州（市）的发展情况看，各州（市）间经济发展的差距悬殊，除昆明市、曲靖市、红河州、玉溪市和大理州五州市地区生产总值在 1000 亿元以上，其余 11 个州（市）的 GDP 总量均在 1000 亿元以下，而且有 2 个州（市）在 200 亿元以下，GDP 总量最高的昆明市是最低的怒江州的 34.3 倍。25 个边境县、73 个国家级重点扶持县、7 个省级重点扶持县的经济总量占全省 GDP 的比重仅分别为 10.6%、29.8% 和 5.3%。"② 少数民族地区，尤其是直过民族地区，经济发展现状仍需加大力度。2015 年，全省 4742 万人中，少数民族占总人口的 33.4%，其中，独龙、德昂、基诺、怒、布朗、景颇、佤、拉祜、傈僳等 9 个直过民族聚居区贫困人口达到 66.75 万人，普米、阿昌 2 个人口较少民族聚居区贫困人口 3.52 万人。针对少数民族和民族地区存

---

① 《习近平谈民族工作：最关键是搞好团结 最管用是争取人心》，中国共产党新闻网，http://cpc.people.com.cn/xuexi/n/2015/0611/c385474-27139087.html。

② 包雁鸿：《2017 年云南省区域经济发展情况分析》，见 http://www.dhyj.gov.cn/tjj/Web/_F0_0_28D03A73JB39F5Z3NONTJU888Q.htm。

在的突出问题，云南省制定了发展专项规划；如编制实施《云南省全面打赢直过民族脱贫攻坚战行动计划（2016—2020）》《云南省"直过民族地区"沿边地区较大人口规模自然村通硬化路建设规划》《关于在云南直过民族聚居区普及国家通用语言工作方案》等规划方案，不断加大对少数民族和民族地区的投入扶持力度，为少数民族和民族地区经济发展奠定坚实基础。"此外，2009 至 2016 年，云南省民族宗教委建设了 561 个民族特色村寨，启动了 15 个民族特色乡镇建设。目前正在实施《云南省少数民族特色村镇保护与发展规划（2016—2020）》，建设 300 个民族特色村和 30 个民族特色集镇，促进民族特色民居得到保护和改造，民族文化得到传承发展，村镇公共服务水平和村民生产生活条件得到提升，带动当地特色产业特别是旅游业发展，营造民族关系团结和谐的良好氛围。"① 当前，国家对民族地区、边疆地区、贫困地区全方位扶持力度不断加大，少数民族和民族地区面临难得的发展机遇。2016 年 12 月 24 日，国务院颁发了《"十三五"促进民族地区和人口较少民族发展规划的通知》，详细制定了国家支持少数民族地区发展的举措和任务目标、保障机制，要"着力解决制约少数民族和民族地区发展的突出短板和薄弱环节，着力促进少数民族事业发展，着力巩固和发展平等团结互助和谐的社会主义民族关系，着力提高依法管理民族事务能力，确保到 2020 年少数民族和民族地区与全国人民一道迈入全面小康社会"。目标是到 2020 年地区生产总值和城乡居民人均收入比 2010 年翻一番，与全国差距明显缩小。云南少数民族地区是"十三五"发展的重点地区，也是云南省当前各项工作重点倾斜的地区，因此，对少数民族地区的经济问题和困难，要有前面深入地认识和了解，要结合边疆民族地区的实际，结合国务院"十三五"促进民族地区和人口较少民族发展规划的发展理念和要求，不断开拓创新，在新的时期抓住机遇，实现跨越发展。

（二）文化引导

文化是人们解决生存问题的手段，生存方式的变化，也意味着文化的变

---

① 范芳钰：《贫困人口减少 24 万人 我省少数民族和民族地区经济社会发展成效显著》，《民族时报》2018 年 10 月 16 日。

化。普洱少数民族地区，千百年来人们一直遵循着自己的文化传统，今天，社会进程发生翻天覆地的变化，文化变迁不可避免，有的变化还是强制性的，诸如住房、交通、教育、生活方式等，都与以往完全不同，由此引起人们对文化的各种焦虑。年纪在 40 岁左右的人，感受非常强烈。一个 40 岁的拉祜族汉子，上有父母，下有儿女，是承前启后的一代人。他说以前对于自己的民族，没有什么更多的想法，如今，突然发现自己的儿子不会讲拉祜语，不懂拉祜族的民俗，而且教他也不学，这让他非常焦虑，自己民族的语言、文化传统到这一代就没了？他从此开始关心拉祜族的文化，拉祜族的传统活动，有机会就一定去参加，春节一定去吹芦笙、跳芦笙舞，目的是给子女做个榜样，也是想弘扬本民族的文化，使命感油然而生（图 7-12）。

图 7-12　拉祜族的芦笙舞

　　文化的焦虑成为一代人的心病，他们对本民族的文化前途忧心忡忡，文化引导成为一种必须的关怀。

　　首先，文化引导是国民价值观的引导，作为国家公民应当以什么价值观来判断我们的基本行为，即不能局限于民族利益本身，而大多数都忽略了国家公民身份的角色，更多地关注民族的身份。这个原因是多方面的，有认识方面的问题，也有宣传教育方面的问题，当然还有经济方面的问题，人们普遍盯着改善经济现状而忽视其他方面的东西。公民意识的引导的意义在于人们能在国家的高度上去认识和理解本民族的文化，保护民族文化不仅仅是自己民族的事，更是国家的事，是所有公民的事。习近平总书记特别强调了各民族共同的国家意识和公民意识的重要性，"历史告诉我们，每个人的前途命运都与国家和民族的前途命运紧密相连。国家好，民族好，大家才会好"①。习近平总书记指出："要高举各民族大团结的旗帜，在各民族中牢固树立国家意识、公民意识、中华民族共同体意识，最大限度团结依靠各族群众，使每个民族、每个公民都为实现中华民族伟大复兴的中国梦贡献力量，共享祖国繁荣发展的成果……要在各族群众中牢固树立正确的祖国观、民族观，弘扬社会主义核心价值体系和社会主义核心价值观，增强各族群众对伟大祖国的认同、对中华民族的认同、对中华文化的认同、对中国特色社会主义道路的认同。要加强思想政治工作，营造昂扬向上的社会氛围，引导各族群众追求现代文明生活。"② 习近平总书记的重要讲话为新时代边疆民族团结建设与文化认同引导指明了方向，我们要在进一步引导文化自信的基础上，让优秀的民族传统文化在新时期发扬光大，为民族复兴提供坚实的文化支撑。

其次，少数民族的文化是中华文化不可或缺的一部分。2000 年 5 月 6 日，中国首部地方性民族民间传统文化保护条例《云南省民族民间传统文化保护条例》通过并颁布实施，这是民族民间传统文化保护的第一个全国地方性法规，意义深远，推动了云南民族民间文化的发展。澜沧拉祜族自治县是全国唯一的拉祜族自治县，该县有个拉祜族村寨叫"老达保"，寨内拉祜族传统杆栏式建筑保存完好，具有浓郁的拉祜族特色，拉祜文化底蕴深厚，是拉祜族歌舞保留最多的地方，是拉祜族传统文化保存最好的地方。老达保被评为"全国十佳魅力新农村"。2006 年老达保被列为第一批国家级非物质文化遗产传承基地，长篇诗体创世神话《牡帕密帕》的传承人李扎戈、李扎倮被列为第一批国家级非物质文化遗产传承人。老达保有民间文艺表演队（雅厄民间艺术团）1 个，民族原生态组合（达保五兄弟、达保姐妹）2 个，全村

---

① 《十八大以来重要文献选编》上，中央文献出版社 2014 年版，第 84 页。
② 习近平：《坚持依法治疆团结稳疆长期建疆 团结各族人民建设社会主义新疆》，《人民日报》2014 年 5 月 30 日。

百分之八十以上的人能弹奏吉他，能进行无伴奏多声部合唱（图 7-13 所示）。这是非常典型的民族文化弘扬的成功范例，是民族文化自觉与自信的充分表现。他们的文化，也成为普洱的地方特色文化。在这成功的背后，离不开政府的大力推动。当地政府的引导和推介，从云南到北京、上海、广州等地的演出和媒体的宣传，使其知名度迅速提高，这就是文化引导的示范效应。

再次，文化是需要发展和创新的。接受新事物，也许会导致旧事物的消失，但是更可怕的是无代替的消失，文化上的扬弃是必然的选择，创新才是民族文化发展的出路，老达保的成功就是创新的胜利。

最后，文化引导要融入现代教育。当前，义务教育使边远的农村孩子都能上学，云南省还专门针对全省边境沿线乡镇和 7 个人口在 10 万以下的特有民族及藏区小学、初中实行"三免费"（书费、杂费、文具费），保证百分之百的入学率，但大部分止步于小学阶段，初中阶段的辍学率是比较高的，高中就寥寥无几了。这样的现状无助于改变一个民族的现代化进程，这个后果极大地延缓了提升民族整体素质的进程和现代化社会的转型。教育止于初中阶段，分析原因和解决措施是关键。我们在对帕窝地村民的调查中，一个突出的现象就是孩子不想读书。他们没有目标和动力，到头来还是回家种地，或者外出打工，能从边远山村读到大学的实在太少，至少在帕窝地还没有，短时间内预计也不会有，读书无用是致命伤。这是一个要重视和解决的问题，教育对于国家民族团结、共同进步是个必不可少的举措，"在全社会提供标准化的公共教育，对于保证社会中不同阶层、种族、区域的人们的机会均等，一直被看作是必不可少的"。① 中国的现代化正在快速推进，不仅仅需要大量的流动劳动力大军，更需要受过教育的、有文化的劳动力大军，这种浪潮正由东部向西部推进。云南省作为当前国家一带一路战略的西南支点，对外开放的力度、城镇化和现代化的速度正在加快，对有文化的劳动力的需求就更显突出。因此，民族地区的教育重点应当放在中学或中职以上，要加大少数民族高等教育的入学率。除了时代的客观需求和政府的政策支持之外，我们

---

① ［加］威尔·金利卡：《多元文化的公民身份——一种自由主义的少数群体权利理论》，马莉、张昌辉译，中央民族大学出版社 2009 年版，第 112 页。

还要考虑少数民族年轻一代的就业问题和就业渠道，否则，读书无用的思想难以消除，文化鸿沟将进一步扩大，各民族共同繁荣进步的战略步骤落实将会受到很大的阻力和影响。

图 7-13　老达保的村民在唱歌

结语：流动与坚守

——云南边疆少数民族认同的多元性与统一性的关系格局

认同具有多元性和流动性，这是本书研究的主要观点，也是边疆民族地区认同的表现形式，认同的多元性和流动性带来了文化的多样性和丰富性，但认同的多元性和流动性，也附着了认同的不稳定性因素，认同的危机和风险是存在的，这是不容忽视的潜在问题，尤其是在当今复杂多变的国际环境下，必须要高度关注和防范认同风险。综观云南的历史，这种风险发生的频率不高、范围很小，原因就是云南各民族始终坚守一个认同底线，即对国家、对民族（族群）和故土的坚定认同情感，在近现代表现为强烈的爱国主义情怀，认同的流动与坚守的交织，形成了云南边疆少数民族认同的多元性与统一性的关系格局，这种关系格局，正是当今中国各族群众增强"对伟大祖国的认同、对中华民族的认同、对中华文化的认同、对中国共产党的认同、对中国特色社会主义的认同"这"五个认同"的坚实基础，对中华民族伟大复兴具有重要的现实意义。

中国边疆地区民族认同在中国社会快速变化的时代背景下，呈现出多元性与流动性特征，认同的多元性与流动性对边疆地区的民族关系、社会稳定、经济文化和边疆安全都有直接的影响，面对这一新的认同变化，我们要对其形状特征、表现形式、发展趋势有全面而深入的观察和研究。在研究上，理论与实践的结合才能把握流动变化的认同行为研究脉搏，也应当是我们研究的前沿。通过对边疆民族地区具体的基础社区——乡村变化的深入观察，传统社区的衰落和生活方式的变化是导致认同流变的主要原因。而对不同代际群体的观察和访谈，认同的代际差异是非常明显的，尤其是隔代差异更加突出，新一代的认同迷惘与困惑是当前的一个普遍现象，对这一问题的深入研究，将有助于我们在制度设计和政策引导上有更加具体和实际的思考和方向。随着现代社会流动性行为向边疆地区的渗透，民族地区相对封闭的格局已不复存在，流动成为一种常态化的行为，由此带来认同呈流动性状态，流动性认同带来的一种风险是同一群体的认同撕裂，不同认同群体的认同冲突，但同时带来的是不同认同行为的磨合与交融，对未来边疆乃至内地的和谐社会建设来说有积极和深远的意义，从中国未来发展的宏观意义而言，更是如此。

"边疆问题的解决极大程度上依赖国家在历史进程中完成政治制度和社会治理的现代转型。边疆的困扰是中国现代社会转型的困扰，边疆问题归根到底也是一个中国问题"。[①] 站在中国民族国家的立场来总结我们区域文化的研究成果，是我们研究的目的和意义所在。民族国家建立以来，近现代意义上的民族问题由此产生，多民族国家成为大多数国家的基本特征。19 世纪以来，由民族问题引发的世界性问题，如民族、宗教、边界、战争和国家内部的族群权益、语言权利、自治权利、文化诉求等，引起了各国对民族问题的高度关注和社会实践，形成了一系列较为成功的理论模式和实践范例，如美国的"熔炉政策"，加拿大的"多元文化主义"，中国的"民族区域自治"，以及苏联的"民族自决"模式。东西方模式的比较，对于中国的民族制度和理论的进一步探索和完善无疑是有深远意义的。

中国是个文化概念和民族国家概念相统一的现代多民族国家，是多民族和多元文化共存时间达几千年的国家，并且没有之一。

中华文明有着自身文化调节和文化适应的机制，与美国、加拿大等国几百年的移民文化和民族政策比较，有着更为悠久的历史和经验，这是我们不能忽视的历史遗产和宝贵的财富。同时也与沙皇俄国的扩张和苏联带有强迫性质的民族"同化"政策有着质的区别，中国的民族政策和制度，遵循人文精神的思想，正如《易经》所言："观乎人文，以化成天下。"正因为有这样"化成天下"的文治教化理念，才形成了一个遍及整个东亚东南亚的中华文化带。这是我们理解中国民族政策和研究中国民族问题的历史前提。

"多元一体"一直以来就是中华民族的显著特征，是中国文化丰富多彩、

---

① 韦兵：《认同与建构：20 世纪的西北边疆与现代国家》，《学术月刊》2014 年第 8 期。

博大精深的具体体现，是中华民族长期历史发展的积累和结晶。"多元"兼容是中华文明绵延至今、历久弥新的根源，"一体"是历史的潮流和各族人民共同的心理自觉。中华人民共和国成立 70 多年来，中国共产党创造性地把马克思主义民族理论同中国民族问题具体实际结合起来，走出一条中国特色解决民族问题的正确道路，新时期的民族理论和民族政策都鲜明体现着"多元一体"。习近平总书记总结了中华人民共和国成立 70 年，特别是党的十八大以来我国民族团结进步事业取得的辉煌成就和宝贵经验，归纳起来有 9 条历史经验："坚持准确把握我国统一的多民族国家的基本国情，把维护国家统一和民族团结作为各民族最高利益；坚持马克思主义民族理论中国化，坚定走中国特色解决民族问题的正确道路；坚持和完善民族区域自治制度，做到统一和自治相结合、民族因素和区域因素相结合；坚持促进各民族交往交流交融，不断铸牢中华民族共同体意识；坚持加快少数民族和民族地区发展，不断满足各族群众对美好生活的向往；坚持文化认同是最深层的认同，构筑中华民族共有精神家园；坚持各民族在法律面前一律平等，用法律保障民族团结；坚持在继承中发展、在发展中创新，使党的民族政策既一脉相承又与时俱进；坚持加强党对民族工作的领导，不断健全推动民族团结进步事业发展的体制机制。"习近平总书记强调："各民族之所以团结融合，多元之所以聚为一体，源自各民族文化上的兼收并蓄、经济上的相互依存、情感上的相互亲近，源自中华民族追求团结统一的内生动力。正因为如此，中华文明才具有无与伦比的包容性和吸纳力，才可久可大、根深叶茂。"① 从历史整体的角度来认知和考察中华民族多元一体的格局，云南是个缩影。云南作为不同民族、不同文化的交汇地，形成了复杂多元的关系，各民族在往来互动之间形成了"你中有我，我中有你"的关系和交往格局，恰恰成为中华民族多元一体格局发展进程中的重要环节和重要组成部分。云南具有边缘性和民族性的特征，蕴含着重新发现和解释中国整体历史的可能性，这是最为宝贵的文化财富，我们必须调整视野，重新认知各民族交往的区域属性，研究在一个

---

① 《多元一体——习近平的民族观》，新华网，见 http://www.xinhuanet.com/politics/xxjxs/2019 -09/29/c_ 1125054038. htm。

多民族地区民族和谐关系形成过程中的经验。多民族地区是不同世居民族各自历史的集合这样的观点应当被修正，多民族共享一个地域、共求发展的历史才是云南民族发展史中的核心内容。从云南历史的区域经验中，我们看到了中华民族多元一体格局发展的历史脉络和现实成果。

云南的历史地位和历史进程具有特殊意义，这丰富和拓宽了中国历史和中华民族形成的研究视野。

云南是人类社会进程中的迁徙通道和文化走廊，自然环境和人文历史奠定了包容与开放的基础和条件，因此成为多元民族生态典型区域和文明交汇的文化地带，对云南的再认识，可以极大地开拓对于中华民族的形成和中国历史研究的视野。"事实上，还存在着另一种认识角度，那就是研究那些时事焦点以外的族群问题及其历史演变，研究'中华民族'在'中国'各个角落漫长的融合史和冲突史，尤其是自觉地批评反省那种以汉人的历史、文化和价值为依托的认识局限性，进而站在少数族群的立场上并努力超越某个族群的立场，还原'中华民族'形成的历史真相，超越'统独'之争和'分合'之辩。这样的认识角度可以为理解那些今天被聚焦的族群问题和冲突提供一条新的线索。"① 这正是云南历史的特殊性所在。在中国迈向世界强国的新时代，云南特殊的历史文化积淀、民族团结资源和地理区位优势有了充分发挥的空间和平台，也可为中国边疆的振兴和发展提供有益的实践借鉴。历史以来，云南地区被视为政治、经济和文化的"边缘"地带，事实上也确实被人为地边缘化，造成了边缘化的事实。中华人民共和国成立后，伴随着现代化的植入，借地理位置与社会发展的双重推动，云南边疆的"边缘"属性正悄然发生变化。云南正在努力融入"一带一路"国家倡议，充满从边缘到中心的期待与憧憬，试图摆脱长期以来被边缘化的角色。其实国家的"一带一路"倡议为我们展现了一个重新思考边疆传统发展模式的新视域，当前云南跨越式发展就是一个"去边疆化"的尝试和努力，云南具有的传统开放性、多元性和包容性特质可以得到充分的释放和发挥。"云南经济要发展，优势在

---

① 程映虹：《从"云南"与"中国"的关系史看"中华民族"的形成》，《当代中国》2009 年第 3 期（总第 106 期）。

区位，出路在开放"。当前中国的国家战略和经济带建设，为云南的"中心"发展梦想提供了可能性，国家"一带一路"倡议、建设长江经济带和辐射南亚东南亚战略的实施，使云南形成北上可连接丝绸之路经济带、南下可连接海上丝绸之路、东向可连接长江经济带和泛珠经济圈、向西可通过孟中印缅经济走廊的独特区位优势，正从边缘地区和末梢变为开放前沿和面向南亚东南亚辐射中心。云南已经成为中国当下活跃的政治空间与经济地带之一。作为中国文化特色的一个重要元素，其包含的文化整合功能和边疆治理体系成功结合的经验，从历史到现实，已经越来越具有全国性乃至国际性意义，边缘与中心的文化争论有了新的意义和实践。

共同的历史文化认同是云南边疆各民族团结和稳定的基石。

云南不仅在中国历史的长河中扮演着重要角色，在中国近代民族国家独立和中华人民共和国成立的过程中也做出了不可磨灭的贡献，这是云南各民族团结奋斗的结果。云南 26 个民族长期共荣共存，创造了多元民族文化和谐共生的光辉典范，民族团结与稳定成为云南文化的一个显著特征，所以习近平总书记提出了云南作为中国的民族团结示范区建设是有着深厚历史基础的。民族团结成为云南文化生态的基石，有一个基本的事实就是云南各民族共同的历史文化认同基础，由此形成的特色鲜明的区域文化——云南文化。历史以来的文化交融，儒学的传播和影响"使云南人的思想观念发生了深刻的变化：忠君、爱国、崇官、孝悌等儒家伦理观念深入各民族村寨，使得以'王朝中心观'为指向的国家认同感逐步得以加深；囊括众多民族、跨越族群边界的'云南人'这个区域性称谓，逐渐得到各民族的认同和响应。各少数民族传统的民族认同和村寨意识逐步被国家、区域、族群这"三位一体"而又分层有序的认同体系所重构"。① 正是这笔历史遗产和文化财富，才会出现佤族"十七王宣言""多氏土司忠勇守国 500 年"等各民族保家卫国的英勇事迹。云南省社会科学院研究员郭家骥在"改革开放三十年云南民族关系的发展演变"的文章中精辟总结和推论出了"云南的民族问题在全国具有典型性和代表性，云南的民族关系状况，直接影响着全省乃至全国发展稳定的大局"

① 周智生：《明清汉族移民与云南少数民族和谐共生》，《光明日报》2010 年 4 月 27 日。

的一个学术判断。习近平总书记在对云南的三个定位中特别强调了把云南建
设成为我国"民族团结进步示范区",这是对云南各民族在中国历史到现代
化国家建设贡献的肯定和未来发展的定位。民族团结进步是云南历史发展的
基本特征,"长期以来,云南全面贯彻落实党和国家民族工作的大政方针,不
断探索、创新民族工作思路和方法,长期保持了民族团结、社会和谐、边疆
稳定、跨越发展的良好态势,创造了民族团结、边疆稳定的'云南经验'
'云南模式',受到党中央和社会各界的充分肯定"①。多年来云南民族团结示
范区建设的实践和探索,为我们全面、系统总结民族工作和边疆繁荣稳定的
"云南经验"提供了真实和丰富的历史与现实的借鉴,对中国新时代如何正
确处理民族关系、解决民族问题、做好民族工作,都将具有重要的理论意义
和实践价值。

中国现代化进程中出现了广泛和庞大的"亚文化群体",在边疆民族地区
带有非常明显的"民族亚文化"特征,民族亚文化群体的身份认同困惑与焦
虑将成为未来很长一段时间边疆民族地区的民族现实问题。

1949年中华人民共和国成立以后,尤其是21世纪以来中国快速的现代化
进程,使文化交融、民族交流空前频繁,在交融与碰撞的过程中产生了亚文
化群体,他们的内心世界和认同的迷惑与彷徨,他们的社会诉求和期待,是
应当加以重视和研究的新的社会现象。随着现代化进程和城镇化的日益深入,
民族亚文化群体的规模不断扩大,他们区别于他们的父母辈的民族文化特性,
拥有现代文化和知识,有着自己的价值观和价值判断,在认同上已经偏离了
传统族群内部的认同行为,呈现出多元化、流动性和不确定性,少数民族文
化精英阶层中的绝大部分就是亚文化群体,这更突出了民族亚文化群体的分
量,亚文化群体的文化诉求将会逐步成为边疆民族问题的核心,要建立相应
的政策和制度应对这个已经日益明晰的文化群体。

认同行为的分化与重构是边疆民族地区的认同行为现状,政府的引导和
创造基本的社会条件来保障认同行为健康良性的发展是必要的基础性工作。

中国历史以来形成了一个国家认同的文化基础,但不等同于国家认同固

---

① 王延中、宁亚芳:《云南民族关系现状调查与评价》,《云南社会科学》2014年第4期。

若磐石，而且今天就可以坐享其成。当前，认同的流动性和无序性是客观存在的现实，它正处在一个分化与重构的过程当中，谁来决定他们是谁，根本的还不是他们自己，而是政府，如他是什么民族，本来他可以不做选择的，但政府必须让他做出选择或决定，这就说明了政府的最后决定性作用，因此，在认同分化与重构的新的历史时期，政府在政策上、制度上的引导至关重要。然而出现认同的分化，说明政府的政策制度与快速变化的认同行为是有时序上的差距的，即不能很好和及时跟上这个变化的节奏，滞后于认同变化的形势发展，无法全面地引导和解决认同变化带来的群体焦虑与困惑，所以，政府的引导和创造基本的社会条件来保障认同行为健康良性的发展是必要的基础性工作。

中国共产党历来高度重视中国的民族问题，毛泽东同志指出："国家的统一，人民的团结，国内各民族的团结，这是我们的事业必定要胜利的基本保证。"2015 年 9 月 30 日，习近平总书记会见基层民族团结优秀代表时强调"民族团结就是各族人民的生命线。船的力量在帆上，人的力量在心上。做民族团结重在交心，要将心比心、以心换心。各民族同胞要手足相亲、守望相助，共同维护民族团结、国家统一"。习近平总书记还特别指出"加强各民族交往交流交融，尊重差异、包容多样，让各民族在中华民族大家庭中手足相亲、守望相助"。① 在中华民族伟大复兴的历史时期，中国各民族都肩负着同样的历史使命，中国各民族从来没有像今天这样齐心协力投身于中华民族复兴的伟大事业，边疆各少数民族在民族传统文化与现代文化的冲撞融合，发展创新的历史过程中，不断适应新的时代变化，不断创造新的文化，为中国的民族团结进步、民族文化创新、边疆经济发展、社会稳定在不断的努力和奋斗。民族问题在国家总体大局中具有特殊的重要性和长远性，面对的困难是巨大的，难在哪里？"难在文化认同。一个国家、一个民族，如果没有文化认同，共有的精神家园就失去了根基和底蕴"。难在民族众多，历史、文化、风俗各异，光明日报一篇题为"迎难而上 克难而胜——深入学习领会习

_____

① 内蒙古自治区中国特色社会主义理论体系研究中心、王奇昌：《民族团结是各族人民的生命线》，中国共产党新闻网，见 http://theory.people.com.cn/n1/2017/0609/c40531-29329154.html。

近平总书记关于新疆民族团结的重要论述"的文章中特别指出："各民族无论大小都有自己的优秀传统文化，都对中华文化的形成和发展做出了独特贡献。文化认同的问题解决了，就能够增强民族的自尊心、自信心、自豪感和责任感，提升民族凝聚力。没有对中华文化普遍而广泛的认同，就谈不上对伟大祖国、对中华民族、对中国共产党、对中国特色社会主义的认同。"[①] 民族认同问题在国家战略层面关乎国运兴衰，云南是中国多民族聚集的典型省份，各民族千百年来的认同关系和认同方式，可以归结为对国家、对传统历史文化的坚守——认同的坚守；各民族交流互动、相互包容的认同多元性——流动的认同。各民族坚守对国家的认同，成为云南边疆各民族的认同主流，各民族对自己的认同，造就了七彩云南的多元民族文化，在互融互通的流动交往中铸就了云南历史以来的和谐共生、爱国护家的爱国主义情怀、民族团结精神和包容互助的民族关系。这是中国民族关系史中的典范，边疆各族人民认同的多元性和国家认同的坚守与执着精神，这是云南各民族对中国民族关系理论的一个伟大贡献。新时代云南形成的民族多元认同的现实，是中华民族多元一体格局建构过程中的真实写照，对多元一体的发展和建构有直接的理论意义和现实借鉴价值。

---

① 张可让：《迎难而上 克难而胜——深入学习领会近平总书记关于新疆民族团结的重要论述》，《光明日报》2016 年 12 月 22 日。

参考文献

一、著作

1. 云南省普洱市民族宗教事务局编:《普洱市民族志》,云南民族出版社2009年版。

2. [美] 威廉·A. 哈维兰:《文化人类学》(第10版),瞿铁鹏、张珏译,上海社会科学出版社2006年版。

3. 左永平:《木鼓回归》,云南大学出版社2008年版。

4. 葛剑雄等:《谁来决定我们是谁》,译林出版社2013年版。

5. 郑晓云:《最后的长房:基诺族父系大家庭与文化变迁》,云南大学出版社2005年版。

6. 李绍明、程贤敏编:《西南民族研究论文选》,四川大学出版社1991年版。

7. 罗之基:《佤族社会历史与文化》,中央民族大学出版社1995年版。

8. 魏德明(尼嘎):《佤族历史与文化研究》,德宏人民出版社1999年版。

9. 马戎编著:《民族社会学导论》,北京大学出版社2005年版。

10. 龚荫:《中国土司制度史》(上编),四川人民出版社2011年版。

11. 尤中:《云南民族史》,云南大学出版社1994年版。

12. [美] 杜赞奇:《从民族国家拯救历史》,王宪明等译,江苏人民出版社2009年版。

13. 王明珂:《英雄祖先与弟兄民族》,中华书局2009年版。

14. 段世琳主编:《班洪抗英纪实》,云南民族出版社1998年版。

15. 云南日报报业集团书刊编辑部编：《中国云南彝族》，云南民族出版社 2011 年版。

16. 林超民主编：《民族学评论》（第三辑），云南人民出版社 2010 年版。

17. 石硕主编：《藏彝走廊：历史与文化》，四川人民出版社 2005 年版。

18. 高翠莲主编：《国外中国民族边疆史著译介》，中央民族大学出版社 2012 年版。

19. 方国瑜主编：《云南史料丛刊》（第一卷），云南人民出版社 1990 年版。

20. 梁建芳：《西洱河风土记》，云南大学出版社 1998 年版。

21. 王明珂：《华夏边缘：历史记忆与族群认同》，社会科学文献出版社 2006 年版。

22. ［美］本尼迪克特·安德森：《想象的共同体——民族主义的起源与散布》（增订版），吴叡人译，上海人民出版社 2011 年版。

23. 《民族问题五种丛书》云南省编辑委员会：《佤族社会历史调查》（一），云南人民出版社 1983 年版。

24. 云南省民间文学集成编辑办公室编：《佤族民间故事集成》，云南人民出版社 1990 年版。

25. ［美］托马斯·库恩：《科学革命的结构》，金吾伦、胡新和译，北京大学出版社 2003 年版。

26. 《邓小平文选》第一卷，人民出版社 1994 年版。

27. 中共普洱县委史志办编：《碑魂——民族团结誓词碑史料辑》，内部资料（思内图）2000 年第二号。

28. 张会龙：《当代中国族际政治整合——结构、过程与发展》，北京大学出版社 2013 年版。

29. 周鸿祎：《周鸿祎自述：我的互联网方法论》（电子书），中信出版社 2014 年版。

30. 西盟佤族自治县政协编：《文史资料》（内部资料）第 1 辑。

31. ［加］威尔·金利卡：《多元文化的公民身份——一种自由主义的少数群体权利理论》，马莉、张昌辉译，中央民族大学出版社 2009 年版。

二、论文

1. 程映虹：《从"云南"与"中国"的关系史看"中华民族"的形成》，《当代中国》2009 年第 3 期（总第 106 期）。

2. 黄泽：《族群视角下的云南少数民族支系研究》，《西南边疆民族研究》2003 年第 1 期（总第 1 期）。

3. 范勇：《云南青铜文化的年代与分期》，《四川文物》2007 年第 4 期。

4. 李绍明：《西藏民族学院学报（哲学社会科学版）》2006 年第 1 期。

5. 费孝通：《中华民族的多元一体格局》，《北京大学学报（哲学社会科学版）》1989 年第 4 期。

6. 白寿彝：《关于中国民族关系史上的几个问题》，《北京师范大学学报》1981 年第 6 期。

7. 侯绍庄：《牂牁大姓谢氏考》，《贵州文史丛刊》1982 年第 1 期。

8.《诸葛亮与云南地名》，《四川地名》1991 年第 3 期。

9. 廖国强：《竹楼：云南少数民族的文化质点》，《云南师范大学学报（哲学是科学）》1996 年第 4 期。

10. 冯建勇：《近现代中国民族国家构建之历程——民国中央政府统合边疆民族地区的理论探讨》，《社会科学》2014 年第 2 期。

11. 周智生：《云南各族人民为维护祖国统一的光辉历史》，《云南民族》2010 年第 3 期。

12. 陈明富、马汝慧：《云南各族军民对抗日战争的特殊贡献》，《重庆社会主义学院学报》2010 年第 3 期。

13. 熊坤新：《中国少数民族的抗日斗争》，《炎黄春秋》2006 年第 6 期。

14. 陈夕：《中国共产党与少数民族的抗日斗争》，《人民日报》2005 年 8 月 22 日第 9 版。

15. 赵永忠：《20 世纪 50 年代初期西南的民族团结公约》，《贵州民族研究》2012 年第 5 期。

16. 马进卫：《"直过区"的历史跨越之"毕其功于一役"》，《云南日报（文史哲）》2009 年 8 月 14 日。

17. 安琪：《帝国边陲——欧美学界对中国西南的研究演变》，《思想战线》2009 年第 3 期。

18. 李安宅：《近年海外西南土司研究》，四川大学中国藏学研究所 2011 年 9 月 26 日。

19. 陆琴文：《党的民族政策在云南散居民族地区的实践——对昭通典型地区的调研报告》，《昭通学院学报》2013 年。

20. 郑信哲：《论少数民族流动人口的城市适应与融合》，《中南民族大学学报（哲社版）》2014 年第 1 期。

21. 白佩君、胡兆义：《城市的他者——少数民族流动人口的城市化适应》，《青海社会科学》2013 年第 5 期。

22. 孙百才、张萍、刘云鹏：《中国各民族人口的教育成就与教育公平——基于最近三次人口普查材料的比较》，《民族研究》2014 年第 3 期。

23. 那金华：《云南"直过民族"地区教育状况及对策分析》，《国家教育行政学院学报》2008 年第 1 期。

24. 左永平：《解读佤族"猎头祭鬼"习俗》，《思茅师专学报》2008 年第 2 期。

25. 左永平：《佤族猎头与剽牛——原始宗教祭祀仪式的典型方式》，《文山师专学报》2008 年第 2 期。

26. 寇鸿顺：《试论毛泽东思想与中国特色社会主义族际政治整合模式》，《湖北民族学院学报（哲学社会科学版）》2010 年第 6 期。

27. 菅志翔：《中国族际通婚的发展趋势初探——对人口普查数据的分析与讨论》，《社会学研究》2016 年第 1 期。

28. 李晓霞：《中国各民族间的族际婚姻的现状分析》，《人口研究》2004 年第 3 期。

后　记

　　云南最显著的特征是民族文化的多样性，为什么会有多样性，什么因素决定了它的多样性，这种多样性会一直保持下去吗？这是我一直想要研究的问题。在中国快速发展的现代化面前，如何保持这些文化多样性的民族，如何看待和审视自己的民族文化和社会身份，在汹汹巨变的社会环境中如何找到自己的认同归宿，这就是当前存在的理论问题——身份认同问题。认同是个文化概念，但实质上是个体对文化和环境的接受和依赖程度。离开了文化和环境的载体，认同依然顽强地存在于个体之中，所以，认同是文化延续和传承最重要的要素。因此，认同具有很强的稳定性。当今世界的快速革新变化，超出了传统文化，尤其像云南这样的少数民族传统文化的认知和防卫能力，冲击着一向稳定的个体认同行为。在新的、更具魅力的文化面前，传统认同的坚固堡垒被击破，认同由单一变为复合，由固定性变为流动性，这是云南少数民族认同行为的现状。《云南边疆少数民族认同变迁研究》一书，旨在对这一现状进行历史、文化和现实的梳理和研究。

　　我作为云南边疆少数民族地区成长的一员，经历了边疆社会的变迁与发展，对认同的多元性与流动性有着切身的感受，浮萍飘荡的认同追寻一直在心灵深处涌动翻腾，认同的困惑与迷惘一直萦绕在身边。2012年申报教育部社科规划基金项目时，就以"边疆社会变迁与民族多元认同问题研究——以云南为例"（12XJA 850004）作为课题研究。本书是该课题研究的重要成果。对于这一问题的研究，一是基于传统的地方民族文化研究的基础和积累，二是自我人生的经历就是一个研究的背景案例，三是研究建立在长期、广泛的田野调查基础之上。本书的研究视角和对象力求广泛性与真实性，研究地域除普洱地区外，田野调查遍及云南的怒江州、德宏州、保山市、临沧市、玉溪市、红河州和西双版纳傣族自治州等地，走访数十个不同民族的城镇社区和边远农村村寨社区，采访对象包括不同年龄段、不同文化程度、不同区域生活的城乡居民以及不同民族家庭背景的成员，特别是对民族混合型家庭的调查采访。我们把特征鲜明的地区作为研究重点，普洱市西盟县的帕窝地村和阿佤莱寨、澜沧县景迈的翁基和糯干寨、孟连县的囡西村、江城县的坡脚寨和整董村等边疆民族自治县的部分民族村寨作为定期观察的田野观测点，通过连续多年的跟踪调查，给研究积累了丰富的第一手田野资料，为研究的开展和完成奠定了坚实的基础。

　　认同问题的研究，尤其是研究对象复杂的边疆少数民族认同问题的研究是个宏大而现实的课题。我明显感到在前沿理论和先进研究方法上的储备不足，除了大量阅读相关国内外的有关理论的论文、成果专著之外，还有请教同行专家进行弥补。我要感谢云南大学李子贤教授，李老先生作为中国的神话学家、民族学家，长期以来一直亦师亦友，指导和帮助我对地方民族文化的研究，感激之情难以言表。研究是个长期而又乏味的过程，甚至让人不时会有放弃的念想，这里要感谢同行朋友的支持与鼓励，更要感谢田野调查中那些朴实友善的朋友对我始终如一的帮助和支持。

　　本书中有大量的照片、一些图片和地图。所有使用的照片，除2幅来自好友提供外，其余为我多年田野时期拍摄的照片；两幅照片分别是图7-9"佤族的仪式"，由中国美术家协会会员马力教授提供；图1-1"藏彝走廊新貌"由孙立飞老师提供。使用的封面（《蛮遥》）封底（《赤阳》）绝版木刻作品图片由中国美术家协会会员、普洱学院张晓春教授提供。这里感谢各位朋友的支持。

　　衷心感谢普洱市政府、普洱市民宗局对本书的出版资助，感谢普洱市拉祜族文化协会的支持。对人民出版社有关人员对本书的排版、校对的辛勤付出亦表示谢意。

左永平

2018 年 10 月 18 日

责任编辑:陈寒节

装帧设计:徐　晖

图书在版编目(CIP)数据

云南边疆少数民族认同变迁研究/左永平 著 .—北京:人民出版社,

　　2020.12

ISBN 978-7-01-022604-0

Ⅰ.①云… Ⅱ.①左… Ⅲ.①边疆地区-少数民族-民族意识-研究-

　　云南 Ⅳ.①K287.4

中国版本图书馆 CIP 数据核字(2020)第 211937 号

云南边疆少数民族认同变迁研究

YUNNAN BIANJIANG SHAOSHUMINZU RENTONG BIANQIAN YANJIU

左永平　著

人 民 出 版 社 出版发行

(100706　北京市东城区隆福寺街 99 号)

北京中兴印刷有限公司印刷　新华书店经销

2020 年 12 月第 1 版　2020 年 12 月北京第 1 次印刷

开本:710 毫米×1000 毫米 1/16　印张:14.5

字数:246 千字

ISBN 978-7-01-022604-0　定价:45.00 元

邮购地址:100706　北京市东城区隆福寺街 99 号

人民东方图书销售中心　电话:(010)65250042　65289539